JN205461

Kamimura Hatsumi

神村初美

［編著］

介護と看護のための日本語教育実践

········· 現場の窓から ·········

ミネルヴァ書房

は じ め に

　高齢化や労働人口減少などの国内事情により，日本の介護・看護現場への外国人材の受け入れは拡大の向きにあります。今後ますます，介護と看護の日本語教育の必要性が唱えられることでしょう。

　では，そもそも，外国人介護・看護人材が就く現場の実際とはどのようなものなのでしょうか。彼らは日本での介護や看護という専門職種にどのように携わり，どのような日本語教育支援を得ているのでしょうか。一方で彼らにとっての望ましい日本語教育支援とは何であるのでしょうか。さらに携わる日本語教師は，介護や看護の専門知識をどれくらい学べばいいのでしょうか。言語教育と介護や看護の専門性との線引きはどのように扱えばいいのでしょうか。本書は，これらの問いに，介護と看護の日本語教育の実践事例をたどることによって，読者なりの応えを探る書です。

　主な対象読者を，①これから介護と看護の日本語教育に携わってみたいと思っている大学院生および，日本語教師を目指す者，②すでに外国人介護・看護人材の日本語教育に携わっている日本語教師，または教育関係者，③外国人介護・看護人材のための日本語教育に興味を持っている，または，これから始めようとしている行政や企業関係者，としています。それは，今後ますます外国人介護・看護人材のための日本語教育が必要とされるところから，ひとりでも多くの方々に介護・看護の日本語教育に興味と関心をもっていただきたい，携わっていただきたいという想いからです。それぞれの事例をたどりながら疑似体験をすることによって現場への理解を深め，同時に，分野横断的な知識を得ていただくことを，また，今後出会うであろう（または，今現実に直面している）介護・看護の専門日本語教育実践の中での課題を解決するその一助となることを目指しています。

この書を紡ぐこととなったきっかけは，ひとえに筆者の実践であり，冒頭で述べた日本語教師が抱える課題は，筆者自身の課題でした。その実践の過渡で「知行合一」の書が欲しいと強く思ったところに由ります。知行合一とは，陽明学による思想で，実践を優先する考え方です。学びとは実践を目的としたものであり，ただ知識を蓄積するためのものではないという「学びの捉え方」です。実際の事例から学びとり，自分の事例に照合させ，分析・検討を繰り返し，そこから自分の課題への解決策を導き出すこと（以下，「実践からの学び」）です。

　外国人介護・看護人材のための日本語教育は緒に就いたばかりで知見の積み重ねが待たれる状態にあります。しかし，日本語教育担当者は，昨今のめまぐるしい外国人材受け入れ施策の展開に沿ったイマココでの対応を迫られます。また国家試験の合格や現場での十全とした即戦力人材の育成といった成果を待ったなしで求められます。これに対応し得る教育力は，現在の日本語教育業界のマジョリティである留学生のための日本語教育からみた場合，マイノリティ的であり，フロンティア的領域ともいえます。こういったフロンティア的領域においては従来からある「先知後行」といった，知識を先に知ってこそ実践できるという考え方，つまり，まず学び，そして実践するという形態では対応しきれないと考えます。フロンティア的領域では参考にすべき知そのものが明らかになっていないからです。すなわち，実践からぴったりとあった知を作り上げていく必要があり，知行合一は必然でもあると言えます。

　筆者は，東京都と首都大学東京による「アジアと日本の将来を担う看護・介護人材の育成事業」（以下，事業。この事業は，EPA による介護・看護人材の育成や支援を多角的に図ることで，東京都および近隣関東圏の EPA 介護・看護候補者が各国家試験の合格を果たせるように促すことを目的としたもので，2012年4月から2018年3月まで行われていました。執筆時現在（2019年10月）も，介護の専門日本語教育支援については，首都大学東京の公開講座に形態を変え引き継がれています）に携わった2012年の事業開始当時は，2008年 EPA 第1陣の各国家試験の受験年であり，合格率が低かったところから，もっぱら受け入れの枠組みへの是非や，各国家試験合格のため日本語教育支援の検討（国家試験の語彙の研究や教材開発）が多

く，介護・看護の日本語教育実践に関する論考や報告はほとんど見られません
でした。また，それらに関する情報も極めて少ない状況でした。留学生のため
の日本語教育で培われた知恵や工夫を EPA 候補者のための日本語教育に当て
はめた指南的な講義等はいくつか見られました。

　しかし，残念ながら，福祉医療現場の一員として実働しながら国家試験の合
格を時限付きで目指す，という外国人福祉医療人材のための専門日本語教育へ
の応用には難いものがありました。学習者の背景や目指される目標が全く異な
るからです。言語の習得はあくまでも目標達成のための手段であって，目指さ
れる専門分野やコミュニティでの成員ともなれるよう言語教育を配慮する必要
があり，その支援体制は国によって支えられているが，明確な時限付きという
ものが EPA 候補者であるからです。

　また，プロジェクトの主担当教員という立ち位置であったため，教育のみな
らず，実践的な運営意思決定を行う実務能力をも必要とされていました。しか
し，それらへのぴったりとあった知を見つけることもできませんでした。そこ
で，JICWELS による EPA 候補者対象の集合研修を都度見学したり，先進的
な事例があると聞けば，浜松へ徳島へと足を運び，各種関連学習会に参加した
り，事業受講候補者の施設を巡回訪問したりなど，最良の教育支援とは何であ
るのかを探っていました。こうした試行錯誤から得た学びが先の「知行合一」
です。具体的には 3 つありました。

　1 つは，介護と看護の日本語教育の現場では，従来から唱えられている「教
えるための授業実践力」と同時に，教育環境を整えるために諸機関と連携を取
りながら実現可能性のある教育を構造化する実践力，いわゆる「コースデザイ
ン実践力」が，担当する日本語教師に求められるという実践知です。そこで，
本書においては，この実践知を，「コースデザイン実践力」として「第Ⅰ部
外国人介護・看護人材のための日本語教育のコースデザイン実践」で，また，
「教えるための授業実践力」として，「第Ⅱ部　外国人介護人材のための日本
語教育実践」「第Ⅲ部　外国人看護人材のための日本語教育実践」のなかで取
り上げています。

2つ目は，「実践からの学び」でした。前例がほとんどないフロンティア的課題の場合，課題解決のために得るべき情報や学びはその「実際の事例」の中にあると確信したのです。具体的には，先人の事例と自身の事例との異なりと重なりを客体化させて，そこに現場の諸条件をあわせて鑑み（受け入れ施設からの要望や自身ができることできないことなど）目指される目標との射程を図るというものです。この一連の流れがまさに「事例からの学び」の体現化であり，各人の進むべき方向であるというものです。

　そこで，本書では，先鋭的で多様な介護と看護の実践事例を多数，取り上げることとしました。実践の中で実際に起こった困難点に焦点を当て，その困難点をどのように克服していったのかそのプロセスを提示しました。また，そこから得た知見はなんであるのかを実践者の体験を通したことばをもって分かりやすく説いています。

　そして3つ目は，「事例からの学び」で得た思考過程は，ケースメソッドと呼ばれる，課題への最善策を検討するひとつの手法であるというものです。ケースメソッドとは，ある事例（ケース）をもって，「様々な失敗や成功を疑似体験し，それに対して，建設的な議論を行うことで，『どんなことを問うべきか』『何を考えればいいのか』を学ぶ訓練法」（竹内 2010）で，事例（ケース）は与えられるが，知識や理論などは与えられず，学習者自身が，事例への解決策を探る中で考えて答えを作り出していくというものです。課題の正確な把握から，順次優先順位をつけて解決を図ることができるようになり，さらには様々な立場から客観的に物事を捉えることができるようになるともされています。また，分野横断的に知識を体系化する力がつき，どんな状況でも屈せずに考え続け，自分なりの回答を導き出すことができるようになるという能動的実践者形成をも含まれるといいます。

　本書においても「事例からの学び」のケースメソッドから課題解決を図りたい読者のために，また，介護・看護のための日本語教師養成講座での実習を想定する担当教師のために，巻末に付録として筆者が介護と看護の日本語教師養成授業で実際に使用した資料を「介護と看護の日本語教育実践のためのケース

スタディワークシート」として添えました。読者自身の課題を解決するヒント
を得る素材として，または養成講座のグループワークで，各受講者が課題への
思考や議論を深めるために，そして抱える各自の課題を客体化させ，アウト
プットさせるための教材としてご活用いただけたら幸いです。

　では，ここで本書の構成を紹介したいと思います。序章では，介護と看護の
日本語教育に携わるために，踏まえておいた方がいいと思われる，日本の福祉
をめぐる外国人材受け入れの基本的な諸相について記しています。高齢化社会
と少子高齢化問題，外国人受け入れの施策，特に外国人介護人材については，
EPA候補者，技能実習，特定技能に分け，概論を記しました。また，EPA候
補者や教育担当者から得た現場の生の声も添えました。

　続く第Ⅰ部は外国人介護・看護人材のための日本語教育のコースデザイン実
践編です。第1章では東京都と首都大学東京による公学連携事業とその前提と
なった介護の漢字教材開発についてで，第2章ではJFによるEPA候補者の
ための訪日前研修で現地研修（インドネシア・バンドン）から国内研修へ大規模
事業が移行するというダイナミックな展開につき，第3章は，AOTSによる
訪日後研修で，6か月間という限られた期間のなかでの取り組みにつき，第4
章では，法人としての介護人材育成のために行ったベトナムを中心とした試み
から，各章でそれぞれ主担当としてかかわった筆者たちが，各コースデザイン
実践にどのように取り組んだのかを説き，そして，得た知見を記しています。

　続く，第Ⅱ部は外国人介護従事者のための日本語教育実践で，第5・6・7
章はEPA候補者を対象とした公学連携事業内での実践で，第5章でシラバス
の構築を，第6章で介護の専門家と日本語教師とのティームティーチングでCBI
モデルを援用し図った実践を，第7章で，EPA介護士をアシスタントとして
起用し図ったEPA介護士のための持続可能な日本語教育支援について，各実
践とそこから得た成果を記しています。第8章では，産学官連携による日本語
学習支援として，日本人配偶者などを対象とした地域に根差した実践について，
第9章では，EPA候補者を対象としたフィピンにおける訪日前研修での自律

学習支援の取り組みについて，第10章では専門学校における介護の専門日本語教育としてのブリッジ教育について，各々の課題及びそれに取り組むプロセスから得た成果を記しています。第11・12・13章は介護施設における EPA 介護候補者を対象とした，国家試験対策を含んだ介護の専門日本語教育実践についてで，第11章は国家試験合格への支援としての学習者のストラテジー（学習方法）の開発を，第12章は介護施設で日本語教師が教育活動を行う際のその役割について，第13章は介護の専門家が学習と仕事との相乗効果から図った取り組みを，それぞれその事例での課題から紐解き記しています。

　そして，第Ⅲ部は外国人看護従事者のための日本語教育支援で，第14章は EPA 看護候補者をいかにして国家試験の合格に導くかという橋渡しの看護の専門日本語教育について，第15章は法人における独自の外国人看護人材育成の試みを，第16章は EPA 看護候補者の教育支援として図った看護師国家試験対策指導とテキスト作成の試みを，第17章では看護師であった筆者の経験を活かした EPA 看護候補者への日本語教育実践を，やはりそれぞれの実践の課題を介し，解き，記しています。また，コラム１では EPA 第１陣教育に携わった筆者が訪日前教育を終えた EPA 候補者の旅立ちに寄せる思いを，コラム２では介護の専門家である筆者が昨今の急速に進む外国人介護人材の受け入れの動きに寄せる思いをそれぞれ記しています。

　いずれの論考も各人の実践に基づくものであるところから，読者が読み解きやすくなるように，巻末の執筆者紹介欄に各執筆者が論考内の実践に携わっていた時の立ち位置を添えています。

　可能な限り最新の外国人受入の情報やデータに即した内容となるよう努めました。しかし，目を見張るほどの勢いで変化する外国人福祉医療人材をめぐる政策と密生に関連しているところから，手元にお取りいただく時節の状況と多少ずれが出てくるかもしれません。その点はどうかご容赦いただけたらと思っております。

　最後に，編者である神村の遅筆や時節への対応から，遅々として編集作業が

進まずにいたにもかかわらず，構想時点から忍耐強く支えてくださったミネルヴァ書房の林志保さん（2018年8月退職），および林さんの後を引き継ぎ，後任としてさらに辛抱強く携わってくださった水野安奈さんの両者に，深く御礼申し上げます。林志保さんと水野安奈さんのお力なくしては，この本が世に出ることはなかったでしょう。本当にありがとうございました。

参考文献

竹内伸一（著）・高木晴夫（監修）（2010）『ケースメソッド教授法入門——理論・技法・演習・ココロ』慶應義塾大学出版会

近藤彩・金孝卿・ムグダ ヤルディー・福永由佳・池田玲子（2013）『ビジネスコミュニケーションのためのケース学習——職場のダイバーシティで学び合う【教材編】』ココ出版

介護と看護のための日本語教育実践

──現場の窓から──

目　次

はじめに

序　章　日本の福祉をめぐる外国人材受入れの諸相

第Ⅰ部　外国人介護・看護従事者のための日本語教育のコースデザイン実践

第1章　介護の漢字教材の開発と公学連携による

第2章　学習者の環境に合わせた研修デザイン ……… 登里民子 … 49

凡　例

　下記の用語については略称での表記とした。本書は介護従事者への記述が多いため，介護と看護がある場合，介護を先に記す。なお，就労は日本国内における就労を指す。

	各種表記例	本書内における略語
1	既に就労しているまたは就労を希望する外国人の総称	外国人材
2	既に就労している，または就労を希望する外国人介護人材/看護人材の全体をそれぞれ指す場合	外国人介護人材/外国人看護人材
3	就労を希望する外国人介護人材/看護人材をそれぞれ指す場合	外国人介護人材/外国人看護人材
4	既に就労している外国人介護人材/看護人材をそれぞれ指す場合	外国人介護従事者/外国人看護従事者
5	経済連携協定	EPA
6	EPA 介護福祉士候補者／EPA 看護師候補者全体を指す場合	EPA 候補者
7	EPA 介護福祉士候補者／EPA 看護師候補者をそれぞれ指す場合	EPA介護候補者/EPA看護候補者
8	EPA 介護福祉士候補者のみの論考の場合	EPA 候補者
9	EPA 看護師候補者のみの論考の場合	EPA 候補者
10	EPA による介護福祉士	EPA 介護士
11	EPA による看護師	EPA 看護師
12	EPA による介護福祉士／EPA 看護師全体を指す場合	EPA 介護士・看護師
13	EPA による介護福祉士／EPA 看護師をそれぞれ指す場合	EPA 介護士/EPA 看護師
14	EPA による訪日前の日本語研修	訪日前研修
15	EPA による訪日後の日本語研修	訪日後研修
16	日本語教師	日本語教師(略さない)
17	公益社団法人国際厚生事業団 JICWELS	JICWELS
18	日本語能力試験	JLPT
19	一般財団法人海外技術者研修協会	AOTS
20	一般財団法人海外産業人材育成協会	HIDA
21	独立行政法人国際交流基金	JF

日本の福祉をめぐる外国人材受入れの諸相

神村初美

　本章は，介護と看護の日本語教育に携わるために，ふまえておいた方がいいと思われる，日本の福祉をめぐる外国人材受入れの基本的な諸相について論じる。介護と看護の日本語教育と日本社会の在り方や政策は無縁ではない。むしろ，それに伴って時節の日本語教育に大きなうねりがもたらされる部分もある。また，介護と看護の日本語教育に携わる者にとって，昨今の福祉分野の外国人材受入れへの基礎的な知識は必要不可欠となる。本書は，介護と看護の日本語教育に携わり始めたばかりの者，これから携わってみたい者，または大学院等で介護と看護の日本語教育について学んでいる者を主な対象としている。そのため，上述した対象者をふまえ，外国人福祉医療人材の受入れをめぐる基本的な諸相を取り上げ記すこととする。まず政策面として，日本の高齢化とそれに伴う外国人材の受入れの動きを，次に，日本語教育面として，EPA 候補者と今後増加が見込まれる技能実習制度，および特定技能に基づく外国人材の概要を記す。すでに上述に関してご存知の読者は，本章内を適宜読み飛ばしていただくことも可能である。

1　高齢化社会と外国人材

（1）高齢化という日本の現実

　日本が高齢化社会であると言われて久しい。では，まずこの高齢化とは何であるのか。世界保健機構（以下，WHO）によると，全人口に占める65歳以上の高齢者の割合が 7 ％を超えた社会を「高齢化社会」と呼び，14％を超えた社会

表序. 1　WHO に基づく高齢化と日本の状況

WHO に基づく高齢化による社会の呼称	全人口に占める65歳以上の高齢者の割合	日本の高齢化の状況
高齢化社会	7 ％を超えた社会	1970年に突入
高齢社会	14％を超えた社会	1995年に突入
超高齢社会	21％を超えた社会	2007年に突入

を「高齢社会」と呼ぶとしている。さらに21％を超えると「超高齢社会」となる。内閣府の「平成30年版高齢社会白書」によると，日本は，まずこの「高齢化社会」7 ％のラインを1970年に超え，次いで1995年に「高齢社会」14％のラインに突入し，2007年には21％を超え，「超高齢社会」に移行している（表序.1 参照）。

　2017年10月 1 日時点で，日本の総人口は 1 億2,671万人であるのに対し，65歳以上の人口，いわゆる高齢者人口は3,515万人で，高齢化率は27.7％とされている。75歳以上人口は，2018年には65〜75歳人口を上回り，その後も2054年まで増加が続くものと見込まれている。また，平均寿命は，2016年現在，男性80.98歳，女性87.14歳であるが，2065年には，男性84.95歳，女性91.35歳となり，女性は平均90歳を超えると予想されている。一方，出生数は減少を続け，年少人口（0 〜14歳）と出生数はいずれも2065年時点で，2017年10月調査時現在の半分程度になると推測され，現役世代1.3人で 1 人の65歳以上の者を支える社会，肩車をするように 1 人の高齢者負担を担う，いわゆる「肩車型社会」が到来すると試算されている。

　このような急速な少子高齢化の要因は，大きく分けて，①年齢階級別の死亡率の低下による65歳以上人口の増加，②少子化の進行による若年人口の減少，であるとし，医学の進歩による高齢者層の増加と女性の社会進出が上述の①②を生んだ大きな背景要因であると示されている。

　日本の高齢化を地域別に見てみると，都市部よりも地方の高齢化率の割合が高く，2017年現在で，もっとも高いのは秋田県で35.6％，もっとも低いのは沖縄県で21.0％となっている。今後高齢化率はすべての都道府県で上昇し，2045

表序.2　主な都道府県別高齢化率の推移

	2017年		
	総人口 （千人）	65歳以上人口 （千人）	高齢化率 （％）
北海道	5,320	1,632	30.7
宮城県	2,323	631	27.2
秋田県	996	354	35.6
東京都	13,724	3,160	23.0
神奈川県	9,159	2,274	24.8
大阪府	8,823	2,399	27.2
広島県	2,829	809	28.6
福岡県	5,107	1,384	27.1
沖縄県	1,443	303	21.0

出所：内閣府（2018b：10）より筆者作成。

　年には，現在最も高い秋田県では50.1％となり，実に2人に1人が65歳以上の高齢者となると予想されている。同年，東京都でも30.7％に達すると見込まれ，今後少子高齢化は大都市圏を含め全国的な広がりを見せるとの試算である。

　テレビのニュースや新聞等でも，たびたび，東京や大阪などの大都市には人口が集中し，地方は高齢化や人口減少が進み農業や漁業などの後継者が不足していると取り上げられる。しかし，主な都道府県別高齢化率の推移を示した表序.2の数字からは人口が集中する大都市においても同じように高齢化が進んでいることが分かる。読者のなかには人口が溢れ，若者が集中する大都市の高齢化を説かれても，実感がわかない感もあるのではないだろうか。筆者は2017年4月から2019年3月まで，東京都豊島区池袋の，いわゆる東池袋地区に位置する大学に勤務していた。大学の近隣には，西武デパート，パルコにルミネ，サンシャイン60と，若者に人気の大型店やファッションビルがひしめく。またJR池袋駅東口の西武デパートからまっすぐ前方に伸びるグリーン大通り近辺には，大型電気量販店をはじめ，多種多様な店舗が軒を連ねる。曜日や時間帯を問わず老若男女，多くの人々が集いとても賑やかである。しかし，そのにぎやかな大通りから少しそれた脇道のフランチャイズ系コーヒーショップでは，

多くの高齢者と思しき方々が集い，楽しそうに談笑している。そういった姿を，日々，よく目にした。ご近所さんといったいでたちで，至って身軽でよそ行き感はない。おそらく近隣にお住まいの方々であろう。高齢者用の手押し車をわきに置き，静かに本を読んでいる初老のご婦人，新聞を大きく広げ，読みふけっている初老の男性，海外旅行のパンフレットを広げながら談笑する年配の女性グループなど，多様な高齢者が集う。そこに若者や子供連れママたちといった姿は見られない。その小道から一歩出れば，都会の喧騒があふれ出す池袋であってもである。

　少子高齢化の波は紛れもなく大都市にもあり，イマココにある。そして，このイマココの足元は，私たちの将来と点と点でつながっている。健康長寿であれば問題はない。しかし，人は死に向かって生きているようなもので，どんなに健康な人であってもいつかは必ず老い，何らかの疾病を患い，人の助けが要るようになる。老いる世代の人口が多く，それを支える子世代の人口が少ない少子高齢化という社会の現象に例外はない。他人事でもない。今を生きる日本人すべての喫急課題なのである。

（2）高齢化する世界とアジアの現状

　日本だけが高齢化にあるかと言えばそうではない。WHO は，ほぼすべての国において，平均寿命の伸びと出産率の低下により，60歳以上の人口が，どの年齢層よりも急速に伸びているとしている。これを裏付けるデータが，内閣府の「平成30年版高齢社会白書」内の「第1章 高齢化の状況」で「世界の高齢化の推移」に示されている。

　高齢化率が7％を超えてからその倍の14％に達するまでの所要年数を倍加年数というが，図序．1内の，倍加年数を見ると，欧州諸国の緩やかな高齢化と，アジアの急激な高齢化の様相が見て取れる。

　図序．1を見ると，倍加年数で欧州諸国のうち英国は，1929年から1975年まで46年かかり，ドイツもほぼ同時期の1932年から1972年までで，40年間で推移している。ところが福祉先進国のスウェーデンでは1887年から1972年まで85年

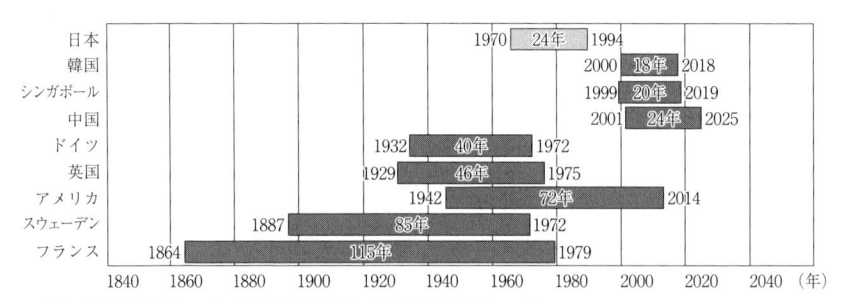

資料：国立社会保障・人口問題研究所「人口統計資料集」（2018年）。
注：1950年以降は UN. The Aging of Population and Its Economic and Social Implications（Population Studies, No. 26. 1956），および Demographic Yearbook, 1950 年以降は UN, World Population Prospects：The 2017 Revision（中位推計）による。ただし，日本は総務省統計局「国勢調査」，「人口推計」による。1950年以前は既知年次のデータを基に補間推計したものによる。

図序．1　主要国における高齢化率が7％から14％へ要した期間

出所：内閣府（2018：7）。

もかかり，驚いたことにフランスは1864年から115年もかけ，やっと1979年に14％を超えている。また，アメリカを見ると欧州に比べ後発的ではあるが，1942年から2014年までで72年かけて14％に達している。ここから，欧州諸国，および米国では，長い時間をかけて，緩やかに高齢化が進んできていることが分かる。浅川（2017）はこういった欧州諸国における高齢化の状況に対し，それぞれの国の経済成長度が緩やかになったり，終盤期になったりしてから高齢社会を迎えているので，その経済成長後の恩恵を社会保障に振り向けることが比較的やりやすい状況にあったため，高齢化社会への移行の対応策を工夫し図る余裕が欧州諸国にはあったと述べている。

　一方，アジア諸国の場合，特に日本は高齢化の先行事例で，すでに1970年に高齢化率7％を超え，その24年後の1994年には14％に達している。韓国では2000年から2018年のわずか18年間で推移し，シンガポールの場合は1999年から2019年の20年間で到達すると予想されている。中国の場合は，2001年に7％を上回り，2025年には14％に達すると見込まれ，この間，24年であり，かつての日本とほぼ同じ勢いである。

　内閣府の資料にはないが，若き国という印象のベトナムにも高齢化の波が

徐々に迫ってきている。ベトナムは，国連の調査で平均年齢は現時点で28歳と，日本の平均年齢の46歳よりも非常に若い。しかし他方，国連の調査で，2017年に高齢化社会に突入し，2034年に高齢社会，2049年には超高齢社会になると予想されている。この高齢化社会7％から高齢社会14％に達する時点での倍加年数は17年間と，アセアン諸国のなかでももっとも短かく，急速な高齢化が近年問題視されている。背景要因としては急激な経済発展と政府の人口統制政策が挙げられている。1986年のドイモイ（経済開放）以降の急激な経済発展による「国民の生活水準の向上」が平均寿命の底上げを促進させ，増えすぎた人口を制御するために実施した「2人っ子政策」が裏目に出て出生数を減少させた，その結果であるとの見方もある。

　このようにアジア諸国は，日本を上回るスピードで少子高齢化が進むと予想される。アジア諸国の急速な高齢化である，このアジア諸国の急速な高齢化は，今後，アジア諸国の共通課題となることは想像に難くない。アジアの少子高齢化においては，欧州諸国の高齢化の状況に反して，経済の成長期と高齢者の増加が同じ時期で，重ねて，比較的短期間で高齢化率が進んでいるところから，経済の成長への対応と高齢者の増加への対応を図りながら舵取りを進めなければならないといえる。

（3）アジアにおける少子高齢化と外国人材──中国と台湾を例にして

　アジア各国における少子高齢化とそれを支える外国人材の諸相を中国と台湾の例から挙げる。

　まず，中国の例から挙げる。中国では1979年から2015年まで一人っ子政策を導入していた。周（2015）は，中国国家統計局の調査から取り上げ，2013年1月時点での中国の人口は13億5,404万人に達し，そのうち，65歳以上の人口は1億2,714万人で，総人口の9.4％を占め，70歳以上の高齢者は32％，80歳以上の高齢者は11.8％と示されるとしている。この中国の65歳以上の総人口は同時期の日本の3400万人に対して約4倍である。2013年の時点で中国は，すでに1億人以上の高齢者人口を抱える国となったのである。中国は2010年，GDP が

世界第2位となるなど，急速なスピードで経済成長を遂げていたが，その途上で高齢化を迎えてしまったといえ，「豊かにならない段階で高齢化の時期を迎えてしまったことから，経済発展水準とのバランスを欠いてしまっている状況が生じ，その結果として社会の高齢化への対策が大幅に遅れている（石田2012）」との指摘もある。こういった富まずに老いてしまう中国の高齢化の現状を「未富先老」と表す向きもある。

　一方，中国の中間層や富裕層では，高齢者の介護の担い手としてすでに地方出身の女性を住み込みで雇うことが広く行われている。また，日本のリエイ（千葉県浦安市）などの介護事業者やニチイなどの大手の介護産業の参入による「日本的介護」の導入も進んでいる。だが，①介護制度が確立しておらず在宅サービスもまだそれほど普及していない，②有料老人ホームは富裕層向けで利用料が高額，③親の介護は自宅で家族が担うものという一般通念が根強くある，④内実的には共働きが多く介護に手が回らない，といった点が依然，懸念材料となり，「日本的介護」の施設が整備され，理念への理解を得てもなお，入居者はなかなか集まっておらず厳しい運営状況，との報告（千葉銀行上海駐在員事務所 2017）も見られる。

　次に台湾の例を挙げる。台湾は，少子高齢化という点でアジアの先陣を切っている。内閣府（2018a）によると，15〜49歳までの一人の女性が平均して一生の間に何人の子供を産むかを表す合計特殊出生率は，タイが1.482（2013年），シンガポールが1.200（2016年），韓国が1.172（2016年），香港が1.205（2016年），台湾が1.170（2016年）と日本の1.440（2016年）を下回り，この台湾の数値は世界最低レベルとなっている。台湾は2010年には出生率が1.0を切るなど，急激な少子高齢化への危機感があった。そのため，介護分野ですでに多くの外国人材が雇用されており，日本とは違った形で外国人介護人材の登用が進んでいる。城本（2010）によると，外国人介護従事者は10万人を超え，個人的に雇用する家庭は16万世帯にも上るとされている。台湾では，個人契約で外国人介護人材を住み込みで雇用し，在宅介護を維持する例が多い。

　台湾政府はこういった外国人介護人材を含めた外国人労働者の管理に，シン

表序. 3 「2011年外国人労働者の重点政策と受け入れに関する指針」
での外国人介護人材受入れの枠組み概要

> ・「出稼ぎ労働者」であり「移民」ではないと規定
> ・家族の帯同は不可（単身期限付きで労働に従事し，帰国の条件）
> ・労働開始後2度の更新手続きが必要
> ・最低賃金にあたる収入は保証される
> ・介護労働者は，家庭もしくは社会福祉，精神障害者収容・治療並びに重度の
>   患者がいる場合，要介護者1名に対し1人（実際は曖昧）
> ・出身国で介護実務の訓練等を受けても台湾の介護資格（免許）は取得不可
> ・渡台前：①身体検査　②100時間規定訓練（生活ケアなど）⇒修了証発行
> ・渡台後：90時間の研修の義務付け（強制力はない）

出所：中華民国台湾投資通信（2012）を参考に著者作成。

ガポール方式を採用している。シンガポール方式とは，常に政府のコントロール下に置かれる外国人労働者の受入れ基本方針を指し，ホワイトカラー層とブルーカラー層に大きく分けられる。台湾の場合，ホワイトカラー層は高学歴・富裕層の外国人労働者で，滞在期間はゆるく，税制の優遇処置があり，積極的な受け入れが促されている。一方，ブルーカラー層は単純労働者として時限付きで，①台湾人の雇用に影響がないこと，②制度導入後移民させないこと，③治安を乱さないこと，④産業高度化の妨げにならないことの条件の下に雇用される。ブルーカラー層は，すでに1992年に製造業，および家事労働，介護労働部門において導入を決定し開始されている。2011年には，「外国人労働者の重点政策と受け入れに関する指針」で諸条件が規定された（概要は表序.3に記す）。

　台湾の場合，介護施設で就労する外国人介護従事者もいるが，住み込み型で個人家庭で同居する就労形態が多く，その場合，高齢者の介護や身の回りの世話，炊事洗濯や掃除といった家事労働も請け負う。その際の雇用主の満足度は，特に台湾人介護従事者よりも安価という雇用費用の側面で高いとされる。

（4）日本的介護の輸出

　アジア諸国は今後，本格的な高齢化を迎える。だが，各国の介護サービスは往々にして整備が遅れている。そこでアジア諸国は，高齢化先進国である日本

の介護の知識やスキルといった，いわゆる「日本的介護」に期待を寄せている。また，それに伴って，日本の介護事業者側はアジア諸国への海外進出を活発化させている。内閣府も，2035年にはアジア地域で約500兆円の高齢者関連市場が生まれると試算し，介護ロボットなどを含めた IT 産業や医療機器，医薬品，被介護者が日常の生活で必要とする介護用品や介護食を含めた生活産業など，「日本的介護」を基軸とした経済活動の裾野の広大に期待を寄せている。

　上述の気運を受け，政府は2016年 5 月に健康・医療戦略推進本部に「アジア健康構想推進会議」を設置し，2016年 7 月に「アジア健康構想に向けた基本方針」を決定した。そして，この「アジア健康構想に向けた基本方針」内に「アジア健康構想」について記し2016年夏から開始した。

　この「アジア健康構想」は，急速に進むアジアの高齢化に対応し得る健康長寿社会の実現を目指し，アジア地域の持続可能な経済成長を支援するというものである（図序. 2 参照）。具体的には，高齢者関連事業の需要増加に対して，日本の高齢化対策や「日本的介護」を，官民連携のプラットフォーム（基盤）として海外に展開（以下，輸出）するという構想で，今後，アジアに紹介する「日本的介護」の事例整理や「人材還流」・「教育関連の整理」「介護事業者の海外進出支援」の 3 本柱で進める方針というものである。輸出は，東アジアや東南アジア，南アジアを優先しつつ，さらに中央アジア，西アジアおよび北アジアも視野に入れるという（図序. 2 参照）。まず第 1 段階は，政府と民間が協力することで，制度面，人材面から介護システム輸出を考察し，アジア地域において日本の介護システムが普及するよう後押しする。次に第 2 段階では，日本においては外国人材の採用が円滑化し，アジア地域においては日本式介護事業が普及した状態を想定するとされている。

　では，この「日本的介護」とは何であるのか。この「日本的介護」とは『自立支援介護』を指す。これは国際医療福祉大学大学院の竹内孝仁教授を中心として展開してきた「基本ケア」の理論に基づくものである。「基本ケア」では，水分摂取，食事（常食のケア），排泄の自立（オムツ外し），運動（歩行），の十分な担保に取り組むことによって認知機能の回復を促すという趣旨で行われる介

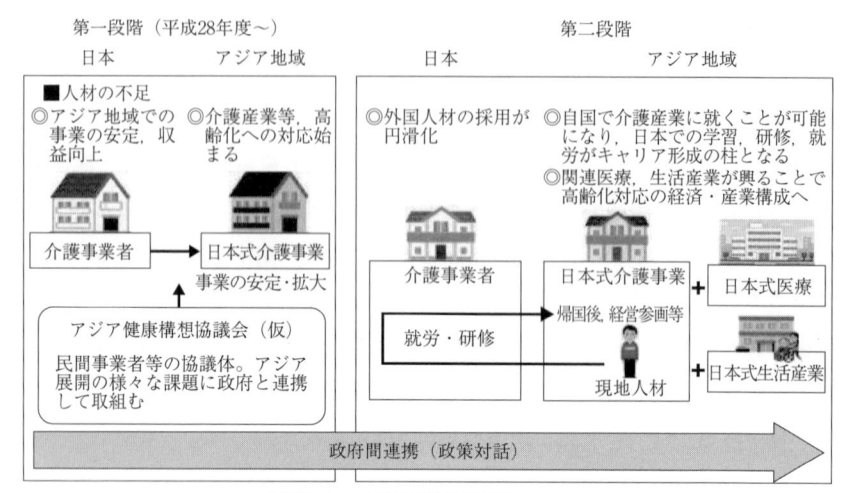

図序.2 アジア健康構想について

出所：内閣官房健康・医療戦略室 内閣府（2018：4）。

護で，従来から見られる「できなくなった部分を補完する介護」ではなく，「残存機能を生かしながらできるようになることを目指す自立を支援する介護」であるとされている。

また，「人材還流」とは何であるのか。こちらはまさに近年急速に進んでいる外国人介護人材の受入れ枠の拡大と，帰国後，自国で介護産業に就き，その際に，日本での学習・研修・就労がキャリア形成の柱となることを形容している。つまり人手不足が深刻な日本の介護現場に外国人介護人材を受入れ，彼らの帰国後は，彼らが自ら日本で得た知識や経験を自国での「日本的介護」の展開に資するという，人材が点から点をたどって流れるというものである。

2018年7月25日付の「アジア健康構想に向けた基本方針（AHWI Asia Hearth and Wellbeing Initiative)」では，2017年11月の外国人の技能実習枠「介護」の施行を皮切りとして，今後政府が，認定される送出機関のうち，「日本的介護」に関心のあるアジアの現地機関が適切に日本語教育や介護の事前講習を行えるよう教育カリキュラムの提供等を行うとともに，日本国内の日本語学校とのマッチングを促すこと，また，日本の介護事業者とのマッチングからモデル

ルートとしての見える化を図ると記されている。すでにベトナム，インドでは開始され，今後このモデルルートは，カンボジア，ラオス，フィリピン等にも展開されていく。まずはベトナムに注力し，増加が見込まれる技能実習生への支援を在日ベトナム人コミュニティとの連携を活用しながら図り，人材還流を進めていくという。そして，さらにこういった方略をもって，アジア各国へ「人材還流」を広げていく計画だ。まさにアジアを舞台にした国内外の人材の往来，いわゆる「人材の還流」による経済活性化策である。

2　移民ではない外国人就労者受入れの時代へ

　総務省によると2018年5月1日現在で日本の総人口は1億2,649万人で，前年同月に比べ約23万人（0.19％）減少し，それに伴い国内の労働人口も減少傾向にあるという。さらに日本経済新聞（2018年6月5日）によると，2017年10月調査では，日本の労働力人口は約6,600万人で，外国人労働者は約127万人と，労働力の約50人に1人は外国人が担うとされた。一方，15〜64歳の生産年齢人口は2040年度には2018年度と比べた場合，約1,500万人減る見込みだという。数字に見る国内の労働人口の減少は顕著であり，少子高齢化現象と併せ考えると，何らかの人手不足を補う対応策が必要であると読み解ける。このような背景を受け，日本は，初の単純労働分野での外国人の就労を認める方針へと大きく舵を切った。

　2018年6月5日，政府は「骨太の方針」[1]（以下，骨太方針）の素案として，新たな在留資格（のちの特定技能）の創設を盛り込んだ。これは外国人労働者の受入れ拡大に向けた新しい資格で，2025年ごろまでに50万人の受入れを目安としたものである。この骨太方針による在留資格（のちの特定技能）は，「移民政策とは異なる」と強調された。その後，2019年4月1日に出入国管理法の改正とともに，この新しい在留資格は「特定技能」との名称で開始された。

　特定技能は，介護，ビルクリーニング，素形材産業，産業機械製造業，電気・電子情報関連産業，建設，造船・船用工業，自動車整備，航空，宿泊，農

業，漁業，飲食料品製造業，外食業の14分野が対象となる。これまであった外国人技能実習制度（以下，技能実習）では研修期間を終えると本国に帰らなければならなかった。一方，特定技能では，技能実習で得た経験をいかしてそのまま国内で仕事ができるようになる。特定技能で在留中に高度人材と認められた場合は，専門的・技術的分野の資格へ移行できるもので，実質，長期的な日本での就労が可能となる

　特定技能は1号と2号に分かれる。1号は「特定産業分野に属する相当程度の知識または経験を必要とする<u>技能を要する業務に従事する</u>外国人向けの在留資格」とされ，特定分野で一定の技能や日本語能力があると認められる必要があり，日本語と技能の試験が課される。特定技能1号での日本語の能力水準を測る試験は，各業界ごとに実施される。建設や農業などでは日本語が苦手な人でも認める方向で，技能面の能力を確認するとある。在留期間1年で，6か月または4か月ごとの更新となり，最長5年間の滞在が可能となる。家族の帯同は基本的に認められていない。受入れ機関，または登録支援機関による支援の対象となっている。たとえば技能実習（最長5年）の修了者で，特定技能1号に移行する場合，日本語と技能の両方の試験が免除され，最長で総計10年間の滞在が可能となる。また，特定技能1号の範囲であれば幅広い就労が可能となる。

　一方，特定技能2号は「特定産業分野に属する<u>熟練した技能を要する業務に従事する</u>外国人向けの在留資格」とされ，在留期間は3年で，1年または6か月ごとの更新となり，技能の水準は試験等で測られるが，日本語運用能力の試験等での確認は不要とされている。要件を満たせば家族の帯同も認められる。特定技能2号の場合は，受け入れ機関又は登録支援機関による支援の対象となってはいない。なお特定技能2号は，2019年4月現在，建設と造船・船用工業の2分野のみの受け入れが可能となっている。

（1）　外国人介護人材受け入れのしくみについて

　第1節で記した通り日本政府は，経済活動の一環として，「日本的介護」の

輸出を加速させるとともに，外国人介護人材の大幅な受け入れを「人材還流」の趣旨のもと拡大している。主な施策の流れを表序.4にまとめる。また施策を整理すると図序.3のようになる。

　EPAに関しては，第3節で詳細に記すこととし左から在留資格「介護」，技能実習，特定技能1号の順で説く。図序.3の左から2番目の在留資格「介護」は，2017年9月1日施行となったことに始まる。専門的・技術的分野での受け入れが制度の趣旨であり，養成施設ルートと実務経験ルートの2通りがある。いずれも一部の例外を除き介護福祉士国家試験（以下，国家試験）の合格が課せられる。養成施設ルートはいわゆる各種専門学校などの介護コースに「留学」の在留資格で入国し，その後，介護福祉士養成課程を2年以上過ごすことが国家試験の受験要件である。もう一つの実務経験ルートでは，技能実習生等で入国後，介護施設等で3年以上の就労，およびび研修を経ることが国家試験の受験要件となっているが，2019年1月18日現在，法務省令を改正予定であるとされているため変更の可能性はある。養成施設ルートの場合，在留資格は，国家試験に合格するまでは「留学」であり，合格後は「介護」となる。EPA候補者および在留資格「介護」によって国家試験に合格した後は家族の帯同が可能となり，在留期間更新の回数に制限はない。

　そして左から3番目の技能実習は，本国への技能移転が制度趣旨となっており，2017年11月1日に開始された。この技能実習はそもそも，外国人の技能実習の適正な実施及び技能実習生の保護に関する法律のなかで，「我が国で開発され培われた技能，技術または知識の開発途上国等への移転を図り，その開発途上国の経済発展を担う「人づくり」に協力することを目的とした制度」と定義され，「技能実習は労働の需給の調整の手段として行われてはならない」とされている。「企業単独型」と「団体管理型」の2種類の受け入れ方式があり，このうちの「団体管理型」がほとんどを占める。「団体管理型」は，事業協同組合等の中小企業団体や商工会議所，商工会等が受け入れ団体となって研修生を受け入れ，それぞれの中小企業で実施研修や技能実習を行う形態である。技能実習の1年目は「技能実習1号」となり，原則，2か月間の座学の研修を受

表序.4 外国人介護人材受け入れに関する施策の流れ

平成29（2017）年9月1日：在留資格「介護」の開始
平成29（2017）年11月1日：外国人の技能実習の適正な実施及び技能実習生の
　保護に関する法律（技能実習法）の施行　「技能実習2号」の開始
平成30（2018）年6月5日：骨太方針の素案　新たな在留資格の創設
平成31（2019）年4月1日：出入国管理法の改正施行　新しい在留資格「特定
　技能」の開始
平成31（2019）年4月1日．特定技能の開始
　外国人介護人材の受け入れの枠組みが出そろう。

出所：筆者作成。

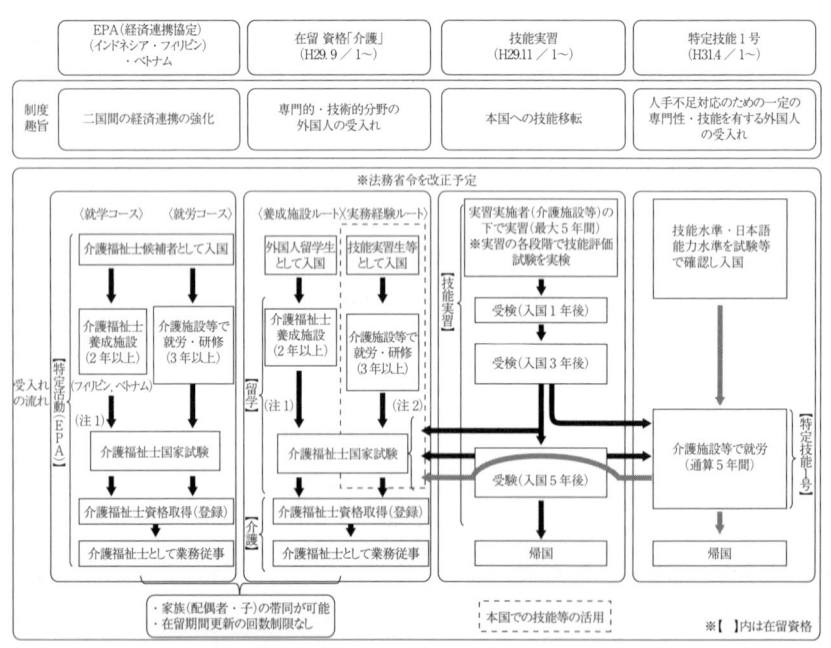

注1：平成29年度より，養成施設卒業者も国家試験合格が必要となった。ただし，平成33年度までの卒
　　業者には卒業後5年間の経過措置が設けられている。
注2：「新しい経済対策パッケージ」（平成29年12月8日閣議決定）において，「介護分野における技能
　　実習や留学中の資格外活動による3年以上の実務経験に加え，実務者研修を受講し，介護福祉士の
　　国家試験に合格した外国人に在留資格を認めること」とされており，現在，法務省において法務省
　　令の改正に向けて準備中。

図序.3　外国人介護人材受入れの仕組み

出所：全国厚生労働関係部局会議社会・援護局（2019：1）。

けることになっている。この講習機関である受け入れ側と技能実習生の間に雇用契約はない。その後就労2，3年目には「技能実習2号」となれるが，所定の技能評価試験（学科と実技）に合格する必要がある。

　これら技能実習における「介護」枠での受入れ開始当初は，入国時にJLPT N4（ややゆっくりの会話であれば理解できるレベル），1年後までにN3（日常会話や新聞の見出しが分かるレベル）に合格しない場合は帰国しなければならなかった。しかし，特定技能への移行拡大を視野に，2019年4月1日より要件が緩和された。来日1年後，N3に不合格の場合であっても，さらに2年間の技能実習「介護」での就労が可能と変更されたのである。その結果，技能実習生は，そのまま日本で約3年の経験を積めるということになり，特定技能1号の「技能実習2号を修了した外国人は試験等免除」の要件の3年を満たせる。そのため，「特定技能1号」の在留資格で，そこからさらに最長で5年間の就労が可能となる。また，N3合格の場合は，N3不合格者と同じく「特定技能1号」への移行が可能となるのに加えて，技能実習「介護」でそのまま2年間の就労も可能という選択肢が生まれたわけである。

　技能実習「介護」と特定技能「介護」は似たような受入れ枠に映る。しかし，技能実習の場合は，先に記したように開発途上国等の人々に日本の技術や知識を習得してもらい帰国後に母国でそれらの知識や技術を生かすという，いわゆる「技術移転者」である。一方，特定技能は，日本の人手不足を補うための明確な労働力としての「労働者」と位置付けられており，就労の初日から国の人員配置基準上で「一人」として数えられるとなっている。ここが異なる。そのため特定技能の場合は，技能実習と異なり来日直後から介護現場の即戦力とし，介護施設などで身体介護（身体に直接触れて行う，食事や入浴，排泄，着替えなどの介護）を中心に業務に従事する。

3 EPA 介護福祉士・看護師候補者

（1）EPA 候補者の受入れの枠組み

　外国人介護人材受入れの先陣を切ったのが2008年に開始されたこの EPA に基づく受入れである。本節では，まず，EPA 候補者の受入れの枠組み概要について要点を記し，次いで，主に EPA 介護候補者の教育支援に携わっていた経緯から，EPA 介護候補者についての諸事を記す。

　EPA（Economic Partnership Agreement：経済連携協定）とは，財務省のウェブサイトによると，「2つ以上の国（又は地域）の間で，自由貿易協定（FTA：Free Trade Agreement）の要素（物品及びサービス貿易の自由化）に加え，貿易以外の分野，例えば人の移動や投資，政府調達，二国間協力等を含めて締結される包括的な協定」と定義されている。また経済産業省では，「特定の国や地域同士での貿易や投資を促進するため，①「輸出入にかかる関税」を撤廃・削減する。②「サービス業を行う際の規制」を緩和・撤廃する。③「投資環境の整備」を行う。④ビジネス環境の整備を協議する」とされている。要するにEPA とは，国と国とにおけるモノやヒトの流れを円滑にすることによって，経済の活性化を図る協定である。EPA 介護・看護候補者は，この経済連携協定に基づく「ヒトの流れ」にあたるもので，2019年現在，フィリピン，インドネシア，ベトナムの間で締結されている。各 EPA 締結国での斡旋機関で募集が行われ，その後各国内で訪日前研修を受けて来日する。来日後は，訪日後研修を受け各施設や病院に配属される。EPA 看護候補者の場合は在留期間の上限は3年で，EPA 介護福祉士の場合は上限4年であり，その間，各病院や介護施設で就労・研修に就きながら，日本の看護師・介護福祉士資格の取得を目指す。これらの受入れは，日本の看護・介護分野の労働力不足への対応として行うものではなく，相手国からの強い要望に基づき交渉した結果，経済活動の連携の強化の観点から実施するものである，とされている。在留資格は「特定活動（EPA）」となる。EPA 候補者の受け入れの枠組みの詳細については厚生

労働省のウェブサイトに詳しい。

　日本は，インドネシアと EPA（2008年 7 月 1 日発効）に基づき2009年度から，フィリピンと EPA（2008年12月11日発効）に基づき2009年度から，さらにベトナムは，日本・ベトナム経済連携協定に基づく交換公文（2012年 6 月17日発効）に基づき2014年度から，EPA 候補者の受入れが開始され，2018年度までの累計で EPA 介護・看護候補者 3 国併せて5,602名が入国している。EPA 看護候補者は累計1,300名で，EPA 介護候補者は，累計4302名（内フィピン就学コース37名含む）が入国している（2019年 3 月 7 日時点）。

　EPA 介護候補者ルートの場合は，実技試験を受ける必要があるが「介護技術講習会，又は実務者研修」を受講・修了すれば実技試験が免除される。実技試験は与えられた課題を 5 分以内で実施するもので，合格基準は課題の総得点の60%（課題の難易度により補正した点数以上の得点で実技試験の合格者とする）となっている。上記の実技試験をふまえて，介護福祉士の国家試験を受験し，合格すれば引き続き就労が可能となる。また，滞在最終年度（ 4 年目）で不合格だった場合も，1 年間の滞在延長が可能であり，その際，引き続き EPA 介護候補者で就労もできる。

　EPA 候補者は，あくまでも経済活動に関する二国間の連携強化が目的であり，介護・看護分野の人材不足への取り組みとして行うものではないとされているため，外国籍ですでに介護・看護分野で勤務している外国人であっても，EPA に基づく一定の要件を満たしてからの入国でなければ「EPA 候補者」になることはできない。さらに，何らかの在留資格で日本への入国後に EPA 候補者になることもできない。

　また，EPA 介護候補者が日本の国家資格である介護福祉士資格を取得するための要件は，インドネシア，フィリピン，ベトナムでそれぞれ異なる（表序. 5 参照）。詳細は厚生労働省及び JICWELS のウェブサイトにおける「インドネシア，フィリピン及びベトナムからの外国人看護師・介護福祉士候補者の受入れについて」が詳しい。

表序.5　EPA 候補者の出身国別の資格取得要件

【インドネシア・フィリピンからの資格取得要件】	【ベトナムからの資格取得要件】
1それぞれ自国での候補者要件をクリア 2訪日前日本語研修（6ヶ月） 3日本語能力試験 N5程度以上の取得 4訪日後日本語等研修（6ヶ月） 5受け入れ施設（病院，介護施設）での業務・研修 ※日本語研修の免除について ・日本語能力試験 N2以上の取得者 　（訪日前・訪問後の日本語研修が免除） ・日本語能力試験 N3または N4の取得者 　（訪日前日本語研修が免除）	1自国での候補者要件をクリア 2訪日前日本語研修（12ヶ月） 3日本語能力試験 N3以上の取得 4訪日後日本語等研修（2.5ヶ月） 5受け入れ施設（病院，介護施設）での業務・研修 ※日本語研修の免除について ・日本語能力試験 N2以上の取得者 　（訪日前日本語研修が免除）

出所：筆者作成。

（2）EPA 候補者の受入れにおける今後の課題

　EPA 候補者の受入れは執筆時点の2018年度で10年目を迎え，国家試験の合格率は高まってきており，おのずと EPA 介護士・看護師に寄せる期待も高まってきている。特に，介護・看護人材としての適性は，10年を経てなお評価が高い。また，EPA 候補者への来日前研修，および来日後研修については，各受入れ段階の教育機関での10年間にわたる研鑽の積み重ねから，整備が整いつつあるといえる（詳細は第Ⅰ部参照）。一方で，施設着任後の教育支援，および合格後の教育支援については，受入れ施設にゆだねられている向きもあり，まだ手探りの諸相がある。特に EPA 介護士・看護師がいきいきと自分らしく，かつ持続的に日本社会に参画していけるような支援（以下，「EPA 人材の持続可能なキャリア支援」）は過渡にあり，議論の余地がある。

　では，冒頭で挙げた介護・看護人材としての適性について，それを示す具体的な例を挙げたい。筆者は 5 年間，EPA 介護候補者の授業[2]を担当した経緯をもつが，それらの内の，介護の専門日本語の読解と文法の授業からまずあげる。

　読解の授業ではインドネシア人介護候補者のジャン（男性・仮名）さんの例から説く。ジャンさんは，当時来日 2 年目で，N 2 後半程度の日本語力であった。東京近郊の教育熱心な介護施設に着任し，1 週間の内の特定日の午後

は業務が免除され，学習の時間を確保される環境にあった。ある時ジャンさん
は，国家試験の総合問題の読解で，心臓のなかでの血流の流れとその機能に関
する設問に対し，設問への解答は得てもなおその解説を日本語で言いたいがう
まくできないと，しきりに悔しがっていた。筆者が，自分なりの言葉でいいか
らと解説をするように促すと，筆者との少しのやり取りを経た後に，すっくと
立ち上り，クラス全員の前に出て，英語も添えながら一気にまくしたてた。心
臓における血液の流れについて動脈と静脈に分け，どのような構造なのか心臓
の絵図をホワイトボードに書き，身振り手振りを交えながらの熱弁であった。
ジャンさんのその迫力のある解説に，彼の医療における専門知識の深さと，介
護・看護に携わる者の誇りにも似た気概を，その場にいた誰もが感じることが
できた。また，医療に疎い筆者にも理解し得る「心臓のなかでの血液の流れ」
の解説であった。母国の看護大学で医療につき十全とした学びを得ているから
こそである。母国で培ったこのような医療の知識と看護に対するまなざしを日
本の介護現場で活かせるように導いてあげたいと強く思わせてくれた出来事で
もあった。

　介護の専門日本語の文法の授業では，候補者の作例からあげる。文法の授業
では，最後に候補者による作例を課していたが作例産出時には，いずれの候補
者も決まって利用者を思い慕う愛があふれ出るような文を紡ぎだしていた。日
本語教師には太刀打ちできないような作例は枚挙にいとまがなかった。限られ
た授業時間の中での作例には，自身の内面が表出されやすい。挙げられた課題
の文法項目を自身の内面にある思いと繋げて，表現するという作業になるから
である。そのため，ストレートな感情がきわ立ち，ときには EPA 候補者の人
生観や暮らしぶりさえ垣間見えるときもある。

　具体的な作例は，そのうちの介護のオノマトペの授業からあげる。「A さん
は，頑張ってぎりぎりまで歩いてきた。」「今月もたくさん仕送りしてぎりぎり
だ。」「D さんは食事の時，鼻水が出てほほほと笑っていた。」「田中さんは家
族の写真を見てしくしく泣いていらっしゃった。」「F さんは，朝起きて散歩に
行ったとき，とてもスタスタと歩いて，急に機嫌が悪くなって，それからドン

ドンと歩いて帰ってしまいました。」などである。どの作例も，利用者を常日頃からよく観察しているからこその発想と作例であり，そこにあたたかいまなざしが介在していることが，オノマトペという心象表現を通し伝わってくる。

　介護業務に就く者として持つべき専門知識を有し，高齢者に寄り添う心根をおのずと得ているのが EPA 人材なのである。介護人材としての適正を大いに有していると言える。

　次に，10年間にわたる EPA 研鑽の積み重ねの中から，徳島県にある法人健祥会グループでの先駆的な EPA 介護士のキャリア形成の例を挙げる。日本初EPA 介護士による永住権獲得者の例である。永住権は，外国人が滞在期間を制限されずに永住できる権利で，就労への制限もない。取得するためには，申請に際し日本人の身元保証人が必要であり，①素行が良い，②生活できる資産や技能がある，③永住が日本の利益にあう（日本に10年以上在留し就労資格を持って5年以上在留），が要件となる。

　徳島県の事例では，上述の身元保証人には，長年 EPA 候補者の教育に携わっている法人の教育担当者がついた。永住権申請者は第1陣のインドネシア人 EPA 介護士で，滞在4年目で合格し，その後，インドネシアから妻を呼び寄せ，日本で子供も授かっている。申請者の妻は，日本語が分からなかったが，地域の日本語教室などで学び，法人の計らいで，申請者と同じ施設内で職を得ている。申請者である EPA 介護士は，子供も大きくなり，帰国すべきか迷ったと言う。しかし，日本が好きだから，将来，日本で起業し，日本とインドネシアを結ぶ懸け橋となるような人材の育成から母国に貢献したいと思い，永住権の取得に至ったとのことである。健祥会グループは，EPA 初期段階から受入れを開始しその歴史は長い。毎年多くの EPA 候補者を受入れ，配属先は，徳島県にとどまらず，東京や大阪など，さらには法人関連施設等も有し，事業は多岐にわたる。EPA 候補者のための専門チームがあり，日本語教育支援，国家試験対策，生活支援等外国人受入れのノウハウにたけてもいる。EPA 介護士から永住希望者を輩出した所以は，こういった受入れの歴史や整った体制，および蓄積されたノウハウによるところが大きい。しかし，「EPA 人材の持続

可能なキャリア支援」はどうあるべきかを考えた場合，今後，法人の規模や受入れの人数，態勢等にかかわらず，健祥会の事例に見られるような方向性が望ましいと考える。

　一方で，先に述べた候補者の富んだ適正や10年間の研鑽の積み重ねをもってもなお，合格後の帰国組が後を絶たず，「EPA 人材の持続可能なキャリア支援」どころではないとの声も聴く。適正を有しているからこそと時間とお金と労力を注ぎ育成し，結果，合格しても，帰国してしまう場合も依然として多いからである。神村（2017），JICWELS（2019）によると，その帰国の理由としては，EPA 候補者自身の結婚や家族の諸事などが多く挙げられている

　EPA 候補者として来日後，国家試験の合格まで入れると最短で 4 年を費やす。EPA 介護候補者の場合，母国での実務経験は要件ではないため，大学を卒業直後に EPA で来日した場合，20代中盤であり，国家試験受験年度のころは出身母国での結婚適齢期にあたる。当然，結婚，出産を考える。子供を育て，家庭を築き，かつ社会の中でやりがいのある仕事をもち，自身の能力を発揮していけるような道筋を夢見描くであろう。すると，「ずっと日本で介護現場」は EPA 介護候補者の life（自分らしい生き方）の枠組みで語られていないとも言える。帰国理由として多く挙げられた結婚や家族の諸事の裏側には，候補者側の将来への展望と，受入れ施設側のイマココへの思い「ずっと日本で介護現場」が交差し，すれ違っている場合もあることが透けて見えてくる。

　ある受入れ施設の例からすれ違いを説く。都内の N 施設では EPA 介護候補者 2 名（女性・インドネシア人）を受入れ，国家試験合格まで献身的にサポートしていた。結果，見事に 2 名とも初受験で合格を勝ち取った。しかし，喜びもつかの間，その 1 年後に1名が結婚で帰国し，もう 1 名も間もなく私事で帰国し，その後，再入国で別の施設に就いたのである。N 施設の EPA 教育担当者の落胆は大きかった。キャリアウーマンという考え方もあるのになぜ結婚で帰国するのか，なぜ，サポートの 3 年間を顧みずにほかの施設に異動してしまうのかと。EPA 枠での受入れは，教育支援金が施設に支給され，教育支援や国家試験の合格が教育担当者の責として課せられており，かつ不合格の場合は帰

国を余儀なくされるところから，教育担当者の負担は計り知れないものがある。よって，その気持ちも理解できる。

しかし，結婚で帰国した彼女，および再来日し他施設に就いた彼女に目を向けてみると，日本での経験に感謝し，生かし，その後をたくましく生きている。彼女たちに行ったその後のインタビューでは，教育担当者への感謝の言葉が溢れ出ていた。同時に，自身の未来に対することばも溢れた。施設を異動した彼女は，異動した施設を退職後，日本人男性と結婚，出産を経て，違った形の幸せを手に入れ，今も日本で暮らしている。インドネシアに帰国した彼女も結婚後子供をもうけ，インドネシアの地元で企業通訳者として忙しくも充実した日々を送っている。

さらに実際に，さまざまな EPA 帰国者を訪ねて行ったインタビューからは，「ずっと日本で働きたい」と口にしながらも常に帰国したいと言う気持ちも同時にあり，そのはざまにいたという本音が聞かれた。と同時に，日本や受入れ施設でお世話になった方々への感謝の言葉も並んだ。今後は日本と母国との架け橋になりたいと語り，担当していた当時の入所者の名前を憶えており，その入所者のその後を心配する者さえいた。

こういった事象は EPA 介護士に限らず，同世代の日本人であってもあり得ることではないだろうか。自由な意志に基づき世界を移動するという生き方。異国の地での多様な経験を味方につけ，人生を豊かにし，その後を謳歌したいとする人生観。個人の価値観を大切にし，必要以上にこだわりを持たないという視点。つまり，日本人，外国人問わず多様な生き方を闊歩する時代であり，その表れであるように思われる。

帰国してしまったからと言って落胆する必要は全くないと考える。日本での軌跡は静かにそして確実に彼らの心に息づいている。彼らが帰国後，日本での介護の仕事や生活について，自分の家族や知人に語り，その聞き手の誰かが日本での介護職に興味を示すかもしれない。そして，その興味を示した聞き手の内の誰かが，外国人介護従事者として来日する可能性も大いにある。帰国者と手を取り合う心が私たちの中にあれば，それは，各個の根となり，いずれ木と

なり花を咲かす。いつかは実も付けるのではないだろうか。国がアジア健康構想で目指す，まさに人材還流という実である。

　EPA 合格組への対応策は，まず，EPA 介護士側の立場になってとらえ，次に，介護人材として可能性あふれる彼らの能力を発揮させ，生かし，かつ，こちらからの条件や要望も伝えながら，中長期的なスパンで柔軟に図っていく。そして，あくまでもこの中長期的なスパンの時間軸で多様な生き方を前提とし構想を練る。こういった工夫から，それぞれの応えが見つかるのではないだろうか。また，こういったお互いを認め合い，双方歩み寄るところから，最良の「EPA 人材の持続可能なキャリア支援」に結実すると考える。

　訪日前研修については第 2・9 章で，また訪日後研修については第 3 章で，EPA 介護候補者については，第 6・7・11・12・13・17章で，EPA 看護候補者については第14・15・16章で，筆者の取り組み事例と共に詳細に述べられている。ぜひ，ご一読いただき，EPA 受入れ10年の軌跡を各筆者と共にたどっていただきたい。

4　外国人介護人材の受入れに寄せて

　ある日本語教師が，介護の現場を知るために，EPA 介護候補者が勤務する施設にボランティアとして介護に携わった。その際に，「一人でも手があると助かる」という実感を得たという。施設は要介護度の重度化が顕著で「おなかがいっぱいだ」といった意思表示さえできない入所者が多く，付きっ切りの介助要員が必要となっている状態であったという。医療の進歩とともに，認知症等への最新研究や最先端医療による対応策も試みられている。その結果，平均在所年数も伸び，すべてにおいて人手が足りない状態だったというのである。介護現場における人材の補てんは待ったなしで，外国人材は必要不可欠な存在なのだとも語る。

　一方で，ある EPA 介護士は，日本人の介護士はすぐに辞めてしまい，募集をかけても集まらないからその穴埋めに自分たちが現場に入らなければならな

くなる，と疲れた様子で語ってくれた。日ごろから接している利用者のことは気になるので穴埋めであっても誠意を込めて働くが，そういった状態が続き，夜勤時，30名をひとりで看るのが常態化した折には，疲れやストレスから，やりきれない気持ちになると訴える。たとえやりがいを感じていて，日本が好きでいても，故郷のことが浮かび，辞めたくなってしまうといったジレンマに陥るというのである。ここに「人手不足だから外国人で賄う」といった当座をしのぐ対症療法に依存している介護現場のイマがある。

　外国人介護人材受入れ先進国のドイツでは，1960年代に高度経済成長期に人手不足を解消するため，二国間協定によりトルコから大量に単純労働者を受け入れた。しかし，言葉や文化の違い，就労環境の悪さを放置したため，ドイツ語をほとんど話せないトルコ人が地域で孤立し，その結果トルコ人コミュニティが多数形成された。そして文化統合が後手となったこともあり，受け入れたトルコ人が反発を起し社会の分断が進んでしまった。つまり，ドイツ社会の混乱の一因に外国人材がなってしまった，という弊害が生まれたのである。このような状況をドイツではマックス・フリッシュの言葉から「労働者を呼んだのに，来たのは人間であった」（Wir riefen Arbeitskräfte ,und es kamen Menschen）と揶揄されるという。

　人手不足だからといって，外国人材を受け入れるだけでは不十分で，当座をしのぐ対症療法ではいずれ不満から現場は息詰まる。介護に携わる日本人も外国人も同じように，生きがいや誇りをもって，生き生きと介護に就ける，持続可能な介護現場の構築が今，求められている。アジア諸国はいずれも高齢化の過渡にある。介護人材の争奪戦は先の話ではない。外国人介護人材から「選ばれる国」「選ばれる介護現場」になるための「受入れの枠組み」「魅力的な日本の介護現場」，および外国人介護人材が日本で自分たちの未来を描けるような「外国人介護人材のキャリア支援の構築」が急務である。この喫急な課題に対し，日本語教育関係者の果たす役割は大きい。なぜならば，外国人介護人材と受け入れ施設との両者をつなぎ，両者からの想いや本音を同時に汲み取ることができる，中庸な立ち位置の最前線にいるからである。逆に言えば，最も中庸

な立場であるからこそ，商者をつなぐ適者となることができるのである。この立ち位置を大いに生かしたいものである。では，どうやったら「活かす」ことができるのであろうか。それがまさに本著で記すところの介護と看護の日本語教育の実践なのである。

注

1）「骨太の方針」とは，自民党政権下で政府が毎年発表する，経済財政に関する基本方針の通称で，正式名称は「経済財政改革の基本方針」。経済財政諮問会議の答申を受け，6～7月に閣議決定を経て策定されるもの。

2）東京都と首都大学東京による「アジアと日本の将来を担う看護・介護人材の育成事業」を指す。EPA による看護師候補者・2012年度～2017年度にわたり行われた。詳細は第1・5・6・7章を参照されたい。

参考文献

安里和晃（2007）「施設介護に従事する外国人労働者の実態―雇用主の評価をもとに―」『Works Review』Vol.2, 132-145.

安里和晃（2008）「介護従事者として統合される移住労働者と結婚移民―台湾の事例から―」『異文化コミュニケーション研究』第19号，43-77.

安里和晃編著・前川典子（編）（2009）『始動する外国人材による看護・介護―受け入れ国と送り出し国の対話―』笹川平和財団.

浅川澄一（2017）「高齢化が猛スピードで進む中国の介護事情」〈https://diamond.jp/articles/-/126122〉（2019年10月19日）.

朝日新聞「『移民』の受け入れ方」オピニオン（2017年1月8日）.

朝日新聞「単純労働受け入れ　一足早い韓国では」経済6面（2018年11月3日）.

朝日新聞「『移民』の言葉使わぬまま」経済6面（2018年11月10日）.

朝日新聞「外国人の労働環境を守るには」総合3面（2018年11月10日）.

朝日新聞「実習生『稼ぎたくて』東京へ」社会12面（2018年11月26日）.

朝日新聞「外国人は部品ではなく生活者，共生策　検討せず出せるか」社会12面（2018年11月28日）.

朝日新聞「実習生ひずみ手付かず」社会12面（2018年12月8日）.

朝日新聞「外国人受け入れ拡大　改正入管法4月施行」1面（2018年12月8日）.

朝日新聞「外国人受け入れ　新制度案　大都市集中回避へ措置」総合2面（2018年12月14日）.

朝日新聞「介護の日本語高い要求」総合5面（2018年12月19日）.

朝日新聞「日本語の力　介護現場不安」総合2面（2019年3月30日）.

朝日新聞「特定技能『すぐに働きたい』」1面（2019年4月14日）.

朝日新聞「ベトナム　最貧国地域『外国へ行けば御殿』」総合2面（2019年4月14日）.

朝日新聞「看護師　国境を越えて応募　介護と外国人材　ドイツの現場上」生活面（2019年5月1日）.

朝日新聞「単純労働受け入れ　一足早い韓国では」経済6面（2018年11月3日）.

石田路子（2013）「中国における高齢者介護サービスの現状と課題」『城西国際大学紀要』集21号, 1-29.

一般社団法人日本自立支援介護・パワーリハ学会（2018）"Functional Recovery Care Text(FRC)".

一般社団法人日本自立支援介護・パワーリハ学会（2019）「自立支援介護とは」〈https://jsfrc-powerreha.jp/care-for-independent-living/〉（2019年10月19日）.

医療・介護 CB News マネジメント（2019）「外国人介護人材6万人, どう受け入れる（1）特定技能1号人材「即戦力」」〈https://www.cbnews.jp/news/entry/20190214163359〉（2019年10月19日）.

教えて ASEAN.NET（2017）「若き国, ベトナムに高齢化社会の波が到来?!」〈http://e-asean.net/3445〉（2019年10月19日）.

神村初美・石川陽子（2015）「台湾における外国人介護従事者の事例報告―ベトナム・フィリピン人介護従事者への聞き取り調査から―」看護と介護の日本語教育研究会第7回例会資料.

神村初美・西郡仁朗（2016）「候補者にとって有効的な介護の日本語教育支援とは何か――集合研修でのアンケートとヒアリング調査を通して」『2016年度日本語教育学会春季大会予稿集』249-254.

神村初美（2017）「外国人介護人材のための持続可能な日本語教育――EPA 介護士を起用した「日本語アシスタント」の試みを通して」『2017年度日本語教育学会春季大会予稿集』245-250.

公益財団法人長寿科学振興協会（2019）「長寿ネット」〈https://www.tyojyu.or.jp/net/kenkou-tyoju/tyojyu-shakai/sekaiichi.html〉（2019年10月19日）.

公益社団法人国際厚生事業団 JICWELS（2018）2019年度受け入れ版「ＥＰＡに基づく外国人看護師・介護福祉士受け入れパンフレット」PDF 版.

公益社団法人国際厚生事業団 JICWELS（2019）「EPA 看護・介護受入事業」〈https://jicwels.or.jp/?page_id=14〉（2019年10月19日）.

公益社団法人国際厚生事業団 JICWELS（2019）「EPA 外国人看護師・介護福祉士受入れのあらまし」〈https://jicwels.or.jp/?page_id=16〉（2019年10月19日）.

厚生労働省（2019）「インドネシア, フィリピン及びベトナムからの外国人看護師・介護福祉士候補者の受入れについて」〈https://www.mhlw.go.jp/stf/seisakunitsuite/bunya/koyou_roudou/koyou/gaikokujin/other22/index.html〉（2019年10月19日）.

厚生労働省社会・援護局（2018）「技能実習「介護」における固有要件等について」〈http://www.otit.go.jp/files/user/docs/info_kanri_11.pdf〉（2019年10月19日）.

笹川平和財団（2009）『始動する外国人材による看護・介護―受け入れ国と送り出し国の対話―』.

産経新聞 Sankei Biz［2016］「ベトナム，高齢化社会に突入」〈http://www.sankeibiz.jp/macro/news/160422/mcb1604220500001-n1.htm〉（2019年10月19日）.

シルバー新報（2009）「台湾の介護事情／乏しく高い在宅サービス／外国人住込み型が主流-BIMA CONC」（2009年8月21日）.

シルバー新報（2019）「外国人人材へ期待します」（2019年1月1日）.

城本るみ（2010）「台湾における外国人介護労働者の雇用」『人文社会論叢　社会科学篇』第24号27-64.

周金蘭（2015）「中国における高齢化の現状と高齢者対策」『現代社会文化研究』No.61, 135-152.

全国厚生労働関係部局会議　社会・援護局（2019）「外国人材受け入れの仕組み」（2019年1月18日）資料〈https://www.mhlw.go.jp/content/12000000/000484666.pdf〉（2019年4月20日）.

竹山淑乃（2018）「高齢化を迎えたベトナム」『IIMAの目　公益財団法人国際通貨研究所』No.38, 公益財団法人国際通貨研究所開発調査部.

田尻英三（編）（2017）『外国人労働者受け入れと日本語教育』ひつじ書房.

千葉銀行上海駐在員事務所（2017）「中国の介護事業について」〈https://www.chiba-bank.co.jp/hojin/other_service/market/pdf/china_1711.pdf〉（2019年10月19日）.

崔麟祥（2009）「台湾の老人介護施設外国人ケアワーカー研修モデルの経験共有」『始動する外国人材による看護・介護―受け入れ国と送り出し国の対話―』笹川平和財団, 40-41.

中華民国台湾投資通信（2012）「台湾におけるシルバービジネスの現状と日本企業の事業機会」October 2012 vol.206.

中華人民共和国国家統計局（2013）『中国人口統計データ』（2014年12月4日）.

徳島新聞電子版（2019）「外国人材 in 徳島　健祥会グループ EPA 1 期生　介護福祉士が永住権を取得」〈https://www.topics.or.jp/articles/-/192752〉（2019年10月19日）.

内閣官房健康・医療戦略室　内閣府（2018）『アジア健康構想の推進について』資料〈www.kantei.go.jp/jp/singi/.../eiyo.../siryou03.pdf〉（2019年10月19日）.

内閣府（2018a）「平成30年版高齢社会白書（全体版）（PDF 版）」〈https://www8.cao.go.jp/kourei/whitepaper/w-2018/zenbun/30pdf_index.html〉（2019年10月19日）.

内閣府（2018b）「経済財政運営と改革の基本方針2018（骨太方針）」〈https://www5.cao.go.jp/keizai-shimon/kaigi/cabinet/2018/decision0615.html〉（2019年10月19日）.

内閣府（2018c）「専門的・技術的分野における外国人の受け入れに関するタスクフォース（第2回）議事次第」（平成30年5月29日資料），1-3.

内閣府（2018d）「経済財政運営と改革の基本方針2018—少子高齢化の克服による持続的な成長経路の実現（平成30年6月15日閣議決定）—」〈https://www5.cao.go.jp/keizai-shimon/kaigi/cabinet/2018/2018_basicpolicies_ja.pdf〉（2019年10月19日）.

日刊工業新聞（2017）「日本の介護をアジアに。国際・アジア健康構想協が始動」〈https://newswitch.jp/p/7915〉（2019年10月19日）.

西日本新聞電子版（2018）「新 移民時代 日本語教育「国に責務」 推進基本法案初明記へ 外国人受け入れ環境を整備」〈https://www.nishinippon.co.jp/feature/new_immigration_age/article/419924/〉（2018年5月28日）.

西日本新聞電子版（2018）「外国人就労受け入れ拡大に政府転換 新資格の創設着手 骨太に明記へ」〈http://qbiz.jp/article/134211/1/〉（2019年10月19日）.

日本経済新聞デジタル版（2018）「外国人，単純労働にも門戸 政府案「25年に50万人超」」〈https://www.nikkei.com/article/DGXMZO31103490Z20C18A5MM8000/〉（2019年10月19日）.

日本経済新聞デジタル版（2018）「外国人就労拡大，首相が表明 建設・農業・介護など」〈https://www.nikkei.com/article/DGXMZO31413180V00C18A6MM8000/〉（2019年10月19日）.

法務省入国管理局（2018）「新たな外国人材の受入れに関する在留資格「特定技能」の創設について」資料〈https://www.kantei.go.jp/jp/singi/gaikokujinzai/kaigi/dai2/siryou2.pdf〉（2019年10月19日）.

丸尾眞（2007）「ドイツ移民法における統合コースの現状及び課題」『ESRI discussion paper series ; no.189』内閣府経済社会総合研究所，1-39.

三木博文・長井圭子（2015）「ベトナムの高齢化の現状と日本の支援の可能性」『こうえいフォーラム』第23号，55-64.

みんなの介護（2017）「【特集】超高齢社会の「今」が分かるニッポンの介護第210回「アジア健康構想」で介護のグローバル化が進む！2035年以降も見据える？日本式介護の輸出が急務となっている理由とは？」〈https://www.minnanokaigo.com/news/kaigogaku/no210/〉（2019年10月19日）.

みんなの介護（2019）「【特集】超高齢社会の「今」が分かるニッポンの介護第692回 介護業界に特定技能者を6万人受け入れ予定！しかし，早くも人材確保に暗雲が…原因は「低待遇」に 2019/05/15」〈https://www.minnanokaigo.com/news/

kaigogaku/no692/〉（2019年10月19日）．

みんなの介護（2019）「【特集】超高齢社会の「今」が分かるニッポンの介護第696回
　　EPA の外国人介護士は特定技能へ移行可能に！資格取得が目的のはずが…労働
　　力として重視傾向か？」〈https://www.minnanokaigo.com/news/kaigogaku/
　　no696/〉（2019年10月19日）．

GLOBAL NOTE グローバルノート 国際統計・国別統計専門サイト 統計データ配信
　　（2018）「世界の合計特殊出生率 国別ランキング・推移」〈https://www.global-
　　note.jp/post-3758.html〉（2019年10月19日）．

World Health Organization Center for Health Development（WHO）（2018）
　　"AGEING"〈http://www.who.int/kobe_centre/ageing/ja/〉（2018年10月28日）．

第Ⅰ部

外国人介護・看護従事者のための
日本語教育のコースデザイン実践

介護の漢字教材の開発と公学連携による EPA 候補者支援事業

西郡仁朗・神村初美

1 公学連携事業の背景

　首都大学東京では東京都，および国際医療福祉大学との連携による「アジアと日本の将来を担う看護・介護人材の育成」プロジェクト（以下，事業）を2012年度から2017年度まで行ってきた。これは EPA によって来日した看護・介護人材に対して主に各国家試験の合格を促し，資格取得後，母国で迎えるであろう高齢化社会のエキスパートとして活躍できる人材を育成する，という支援事業である。首都大学東京は東京都が設置者となっている大学で，東京都との間でさまざまな連携事業が行われているが，本章で紹介する事業もその1つである。この事業が開始されるまでに，いくつかの大学間国際交流や大学院生を中心とした EPA 候補者支援活動があった。事業はこういった背景をいかしながら運営され，事業終了後も大学による社会貢献講座として受け継がれている。

　本章においては，事業を支える前提となった取り組みから主に介護の漢字教材の開発を紹介する。また，事業終了後の俯瞰的な総括を記し，いかに社会貢献性の高い事業を図り，紡ぎ，地域に開かれた講座へと繋いだのかを説く。具体的には総括で，EPA 候補者支援事業のコース運営上の留意点を示すことによって，社会貢献性の高い取り組みを他機関や大学等で開く際の一支援となることを目指す。なお，筆者らが関わってきたのは EPA 介護候補者であるため，以降の記述は介護福祉士に限ることとする。

2　インドネシア教育大学との交流と大学院生の支援活動

　首都大学東京の日本語教育学教室では，以前からインドネシア教育大学日本語教育学科との間で交流があり，大学院生の受け入れと送り出し，テレビ会議システムを利用した遠隔日本語教育などを行っており，今現在も続いている。このインドネシア教育大学の一人の教員は2008年時に開始された EPA 候補者の受け入れ事業に深く関わっており[1]，そこから当方の教員と大学院生はこの制度に大きな問題があることを知った。2008年当時，EPA 候補者の受け入れは大きなニュースであり，介護施設には報道関係者が取材にきてテレビや新聞にたびたび取り上げられ注目の的であった。

　しかしその後間もなく配置された各介護施設から「悲鳴」が聞こえてきた。2008年の訪日前研修はわずか 6 か月間[2]で実際の業務に必要なコミュニケーション能力が身についていないまま施設に配置され，さらに，施設着任後の支援は不十分であったためである。そのため，実働下で日本語教育を行うには，どうやったらよいのか，まったく誰も分からないという声が数多くあがった。JICWELS による公的な巡回指導はあったが，回数が限られていて十分なものではなかった。

　こうした状況のもと，首都大学東京の大学院生から，介護施設に配属されたEPA 候補者たちとの交流と，学習支援を行いたいという声があがってきた。そこで，大学院でのゼミ活動において，EPA 候補者への具体的な学習支援を模索した。大学院生は，ゼミ活動で EPA 候補者を巡る先行研究についての学びあいを重ね，問題への理解を深めていった。そこから，具体的な学習支援として，介護現場で使用されている漢字に注目することとなった。その後ゼミ活動自体は終了したが，大学院生たちは自主的に活動を継続させた。当時大学院生の 1 人であった筆者（神村）は介護福祉施設で EPA 候補者のための日本語の授業を始めた。その施設関係者と信頼関係を築き，やがて 1 年分の申し送り書のコピー（以下，「申し送り書 1 年分」）を受けるまでになっていった。こうし

た活動とは別に，東京都福祉保健局から依頼され，筆者（西郡）と健康福祉学部看護学科の教員が，「介護福祉の用語集」を英語とインドネシア語で翻訳し作成するという事業も同時進行で行っていた。

3　『耳と目でおぼえる介護の漢字』の開発

（1）自学自習用の介護の漢字音声教材開発の始まり

　介護の漢字教材の開発は，実際に EPA 候補者への日本語教育に携わっていた当時首都大学東京の大学院生であった筆者（神村）を中心とした合計 7 名の大学院生（以下，大学院生チーム）が当たった。大学院生チームは介護福祉に関しては素人だが，自主的な学びから，介護現場での申し送り書には専門的な語彙が多く使用され，その多くは漢字語彙であり，なかには常用漢字以外のものも含まれることを知った。EPA 候補者は漢字圏出身ではないところから，漢字の習得には困難が伴う。さらに介護福祉士国家試験（以下，国家試験）の受験要項を満たすための 3 年間の実働が必須とされているため，不規則なシフト体制で，漢字学習に多くの時間を割くことには困難が予想された。また，継続的な漢字学習が望まれるところから自律的な学習者に繋げる工夫の必要性が考えられた。一方，既存の介護の漢字教材は，難解な介護の漢字を音と意味と字形の表出を「かたまり」ごと学ばなければならず，学習者の負担は大きいままであった。そこで大学院生チームはこれらの背景を鑑み，介護現場に即した例文に専門漢字語彙を埋め込み，漢字習得における認知的な負担の軽減と，忙しいなかで効率的な学びが可能となる，漢字と音声との関係性に着目した自学自習の，介護の漢字音声教材を開発することとした。

（2）『耳と目でおぼえる介護の漢字』開発の方法

　大学院生チームは，教材で取り上げる介護の漢字を 2 段階を経て選出した。まず，過去 8 回分の国家試験に頻出している漢字と介護分野の漢字教材で扱われている漢字の重なりを調査した中川（2010）の「頻出漢字とハンドブックで

扱われている漢字429字の重なり」一覧表から，学習すべき取出し漢字の指標を定め，その一覧表区分から，日本語能力試験の旧2級，旧1級，級外で示された漢字を学習目標範囲と設定した。そして，それら一覧表内での国家試験における頻出漢字125字，国家試験と漢字教材の両方に含まれる漢字229字の合計354字を取出し漢字の対象と決めた。次に，①「申し送り書1年分」，②「介護福祉の用語集」，③介護福祉士国家試験模擬試験問題集のなかから，取出し漢字の対象と決めた合計354字を，以下の視点で照らし合わせた。

①介護の基本の五大介助（食事・排泄・移動・身体清潔・衣類脱着）で必要とされる漢字

②介護施設の就労で必要とされる漢字

③介護福祉士国家試験で必要とされる漢字

　その結果，指標とした354字との重なりの合計273字を学習すべき介護の専門漢字（以下，「選出した介護の漢字」）として設定した。教材で扱うカテゴリーは「介護業務」「病気・損傷」「施設の生活」とし，表1．1に示す資料を参考に，さらに小分類を定めた。また，「選出した介護の漢字」である273字を使用し，例文を作成した。なお，例文作成にあたり，使用頻度が高いと思われる介護専門用語の和語やカタカナ語も取り入れた。

　作成した例文は，①EPA候補生の教育担当者，②首都大学東京健康福祉学科の大学院生，③同教員に介護・医療分野での視点による精査を依頼した。インドネシア語・英語訳に関しても，日本語教育専門家で介護分野での翻訳経験のある翻訳者を依頼するとともに，同条件における他の翻訳者がダブルチェックを行った。CDへの音声録音は，日本語教育専門家が中心となり東京方言話者とインドネシア語，および英語の母語話者が発話を担当し行った。冊子，音声CDともにインドネシアと英語訳をつけ，忙しい候補者の生活のなかで手軽に学習できるようあえてCDと紙媒体を用いた。

（3）『耳と目でおぼえる介護の漢字』の特徴

　『耳と目でおぼえる介護の漢字』における「選出した介護の漢字」，および例

表 1 . 1　教材内のカテゴリーと小分類と参考資料の関係

カテゴリー	例文作成のための参考資料	資料から定めた小分類	例文数
介護業務	「申し送り書 1 年分」「介護福祉の用語集」	食事・排泄・移動整容・入浴・衣類脱着	85文
施設の生活	「申し送り書 1 年分」「介護福祉の用語集」	施設の行事・利用者の様子・介護者の対応・注意事項・記録)	51文
	介護福祉士国家試験模擬試験問題集	介護制度関連・問題行動	
病気・損傷	介護福祉士国家試験模擬試験問題集	脳・体・障害・けがその他	105文

出所：筆者作成。

文の概要をまとめると以下となる。

　・提出漢字総数　　　　　　　　　　合計　273字

　・提出介護専門語彙・熟語総数　　　合計　499語

　・提出例文総数　　　　　　　　　　合計　241例文

　（介護業務85　病気・損傷105　施設の生活51)

　介護関連の漢字のテキストは，これまでにも出版されている。しかしそれらは，漢字の「読み方」と「意味」と「字形」をまとめて提示し，「聞いて分かる」「意味が分かる」「書ける」という漢字を使用する際に必要な技能さえも 1 つの「かたまり」として習得できていることが前提となっていた。その「かたまり」を十分に理解しなければ，漢字の学習を進めることが困難な構造ともいえ，非漢字圏学習者の時間的・精神的な負担は大きいままであった。

　そこで，漢字習得の効率性を図りながら，かつ，学習者の漢字学習での負担の軽減を図ることができるよう幾多の試行を重ねた。その結果，漢字と音声との関係性に着目した。従来の漢字学習法の「書く」だけではなく，学習者の耳と目と口も駆使することによって，習得を促進するとしたのである。

　具体的には，まず，介護の専門漢字を実際の介護現場で使用される文章をもって提示し，「漢字の意味」を類推しやすくした。そして，介護現場で使用される表現や文法形式を，すぐに消えてしまう音声だけでなく，じっくりと目でも確認することができるように日本語と母語（インドネシア語・英語）との交

互に提示するサンドイッチ構造とした。これによって目標言語と母語の音声と視覚情報とを交互に，かつ容易に目と耳で確認することが叶い，漢字への心理的負担の軽減につながることを目指した（図1．1参照）。

　次に，扱った合計273字の介護の漢字が初めて文章のなかで提示されるときは，文章から取り出し，そこに音読みや訓読みを添え，大きく提示した。

　重要な漢字を取出し，大きく提示することによって，目で見て「漢字の形」を楽に認識し，音読みや訓読みの「読み方」と繋げられるように，また漢字への心理的負担の軽減をさらに図った。表1．2に教材の特徴とその根拠を整理し示す。

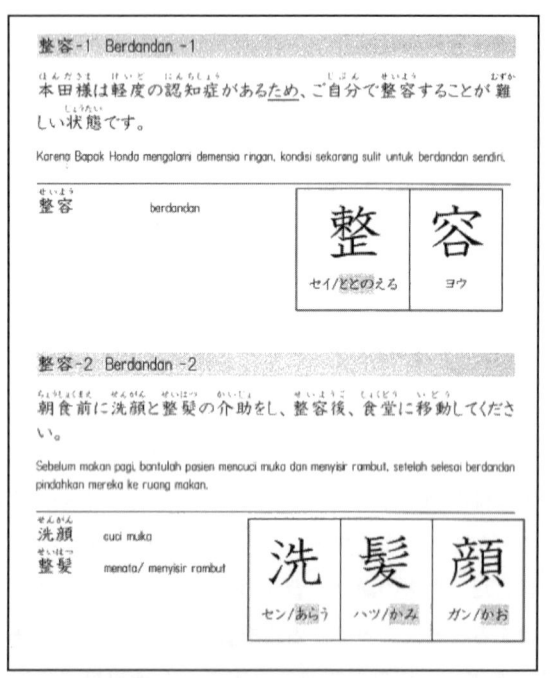

図1．1　『耳と目で覚える介護の漢字（インドネシア語版）』の内容
出所：Hatsumi Kamimura et al.（2017）。

表 1 . 2 　『耳と目でおぼえる介護の漢字』の特徴とその根拠

特　徴	根　拠
1 ）漢字の音と意味と字形の表出を切り離す	・非漢字圏学習者は音と意味のつながりは容易 ・「聞いて分かる・意味が分かる・書ける」を同時に塊ごと学ばなくてもいいとし，心理的負担の軽減を図る
2 ）ステップアップ式	①漢語の音を聞いて意味が分かる⇒②漢字を見て意味が分かる⇒③漢字が読める
3 ）本当に必要な文脈（日々の介護業務で用いる内容）で，すぐに役立つ漢字から学ぶ	・漢字習得方法の知識は基礎研修により心得ている ・難解な漢字学習の動機づけを促進させる
4 ）サンドイッチ構造	・目標言語の間に母語を挟み提示することで認知的な負担の軽減を図る
日本語（目標言語）＋インドネシア語・英語（母語）＋日本語（目標言語）	
5 ）介護福祉士国家試験対策に配慮	・漢字学習取り組みへの動機づけを促進させる

出所：筆者作成。

4　教材の試用からの考察と課題
——漢字チュートリアル——

　教材完成後，大学院生チームは，自分たちがチューターになり自発的に教えるという活動を始めた。EPA が開始された2008年当時，都内には数名の EPA候補者がいたが，接点が見いだせず，インドネシア教育大学の先の教員の協力を仰ぎ，彼の元教え子の EPA 候補者が対象となった。彼らは遠隔地に居住していたため，SNS（Ning）を駆使し親交を深めながら，ウェブ会議システム（SPREED）による漢字のチュートリアル（以下，漢字チュートリアル）を行うこととなった。参加者は，すべてインドネシア人の EPA 候補者で，合計11名（男性 4 名女性 7 名），年齢は23歳から28歳である。参加地は 1 都 1 府 6 県（佐賀県，鹿児島県，徳島県，兵庫県，大阪府，千葉県，東京都，山梨県）にわたり，日本語学習歴は，インドネシア国内で 2 週間から半年で，日本国内では一律 1 年8 か月であった。

　漢字チュートリアルでは実施各回で報告を課していた。そこで，受講者11名

図1.2　漢字チュートリアルへの参加を SNS で呼びかける大学院生チーム
出所：筆者提供。

を習熟者組と未習熟者組に分け，その報告を大学生チームが分析した（図1.2）。

　結果，介護の漢字学習に際し，①漢字の読みよりも正確な漢字を選ぶ方が難しい，②未習熟者組でも口頭運用能力は低くない，③習熟者組は漢字に興味を示す傾向があるとともに自分なりの学習方法を心得ている，④未習熟者組は漢字の自学自習の必要性を痛感しているものの，実生活での実行はあまりできていない，などが分かった。また，受講者からは「申し送りのときに使える表現が多いので申し送り書を書くときに使いたい」「例文が国家試験対策や介護現場で働くときにとても役に立つと思う」といったコメントが寄せられた。

　一方，ワークブック等の副教材を望む声も聞かれたため，精度を図った完成版，およびワークブックの作成を，事業の2014年度で行った。

　この漢字チュートリアルは，事業にも引き継がれ EPA 候補者への漢字チュートリアルとしていかされていった（Kamimura, et al. (2017)）。大学院生たちが自ら問題意識を持って支援策を考え，調査をもとに教材を作成したこと，さらに，電子ネットワークを利用して漢字チュートリアルを行い，EPA 候補者支援を拡充していったことは特筆に値する。日本語教育学に関わる人々として頼もしい限りである。

5　「アジアと日本の将来を担う看護・介護人材の育成」事業の全体像と実際

（1）「アジアと日本の将来を担う看護・介護人材の育成」事業の開始

　上述のような動きのなかで，首都大学東京の教員や東京都知事本局[3]との間で，発展的に公学連携事業として支援事業を実施していく気運が生まれた。そして事業として発案され，東京近郊の介護福祉士施設に配属されているEPA候補者に対する無料の学習会を開催することとなった[4]。図1.3は事業の全体概要である。

　首都大学東京荒川キャンパスの健康福祉学部が事業実施の窓口となり，この事業のために特任教員として筆者（神村）ら[5]が採用され，運営に当たった。

（2）事業におけるコースの概要

　事業での支援の対象となっているEPA候補者は，受入れ施設で3年間の就労の後でないと，国家試験の受験資格は得られない。また，日本語能力の面からも専門分野の能力の面から見ても，最初から国家試験対策を行うのは難しいと考えられた。そこで，この着任後教育における3年間を活用するような形態で学習を積み上げていくコース設計をすることとなった。コースの設計には介護福祉現場の声を反映させ試行錯誤を繰り返しながら，筆者（神村）を含めた特任教員と外部講師諸氏が手作りで組み立て，さらに改善を図ってきたものである。具体的にコース概要を図1.4に示す。

　来日1年目は原則的に日本語コースに参加することとなる。ただし日本語といっても介護の現場に即し，現場での情報収集に基づいた日本語学習を行ってきた。その次の2年目の段階が専門日本語コースで，介護の専門的な内容を多く含めている（第5・6・7章参照）。日本語教師が教えるには，介護の専門性についてまで責任が負えるのか，という意味で難しい面があるため，介護の専門家と教材や授業内容について連携を図ったうえで授業を行っていた。また，

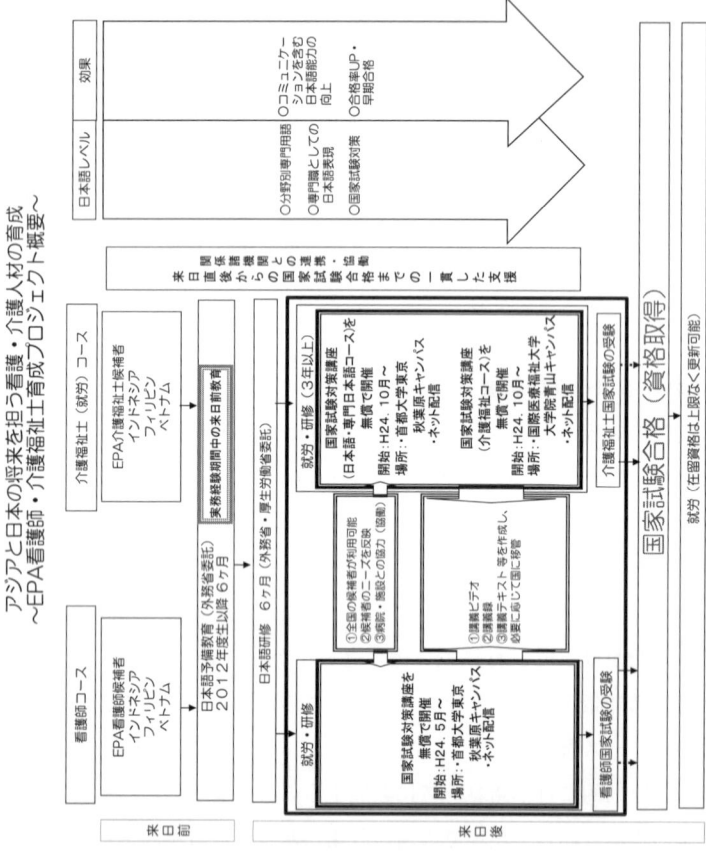

図1.3　「アジアと日本の将来を担う看護・介護人材の育成」事業の全体概要図

出所：「アジアと日本の将来を担う看護・介護人材の育成による公学連携事業」。

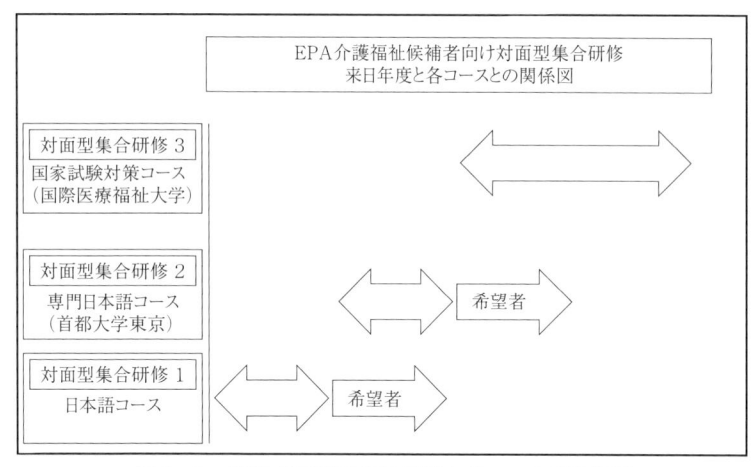

図1.4　EPA候補者の来日年度と各コースの関係図

出所：筆者作成。

一部分ではあるが，介護の専門家と日本語教育の専門家でのティームティーチング（第6章参照）を行ってきた。3年目は，国家試験対策コースとして実施してきたが，これについては首都大学東京には介護福祉学科がないため，国際医療福祉大学の講師陣に依頼し，授業の運営にあたってきた。実際の授業の詳細は第5章，第6章，第7章に記したため，そちらを参照されたい。なお，事業で行われた介護の日本語の授業を便宜上，対面型集合研修と呼ぶ。

　対面型集合研修は，首都大学東京の秋葉原キャンパスで行われた。通常は施設での実働下で自習しているEPA候補者にとって，2週間に1度ほど同じ境遇にある同朋やEPA候補者仲間と顔をあわせる機会となり，学習の動機を維持し高める意味でも，情報の交換・交流という意味でも大きな糧となり，楽しみとなっていたようで，出席率は極めて高かった。

　漢字チュートリアルは，前節で述べた『耳と目でおぼえる介護の漢字』や漢字チュートリアルの実践を活用した。ウェブ会議システムを利用し，さらにタッチペンによる筆記で漢字を書く際の指導も加えた。遠隔地のEPA候補者には大きな助けとなるものであったが，本事業は東京都との連携事業であると

ころから，漢字チュートリアルへの参加は東京都近郊の EPA 候補者で，かつ秋葉原キャンパスでの対面型集合研修の参加者に限られていた。また時限付きであったため2014年度で打ち切られた。

（3）対面型集合研修の受講者数の推移

　対面型集合研修の年度別受講者（登録者）数を表１.３に記す。はじめのうちは広報が十分でなかったせいもあり，受講者数に限りがあったが，次第に数が多くなってきた。これはこのコースに対する信頼が，受講した EPA 候補者からその後輩へ，また施設のなかへも広がってきたためであると自負している。

　2017年度については事業終焉年度のため専門日本語コースのみ開講した。参加者は東京都のみならず，千葉県，茨城県，神奈川県，埼玉県，山梨県，さらには長野県佐久市の施設から高速バスで通ってきている EPA 候補者もいた。

（4）対面型集合研修受講者への便宜供与

　この対面型集合研修への参加費は無料であり，講師人件費やさまざまな経費に関して比較的潤沢な予算が確保され実施されてきた。授業の効果検証と日本語能力の伸長を確認するため，JLPT を受験することを推奨し，その受験料も事業側が支弁した。また，国家試験合格者で施設に勤務しているかつての学習者であった EPA 介護士をアシスタントとして雇用し，対面型集合研修への補完を図った（第７章参照）。彼らは，受講者にとって自分のロールモデルとして頼もしい存在であり，さまざまな相談を持ちかけられていたようである。また，専門日本語コースの一部をティーム・ティーチングで行えたことは，専門日本語教育として画期的なものであったと思われる。国家試験問題を題材にし，日本語としての解説と専門家からの背景説明がなされ，受講者と教師とでさまざまな議論も行える環境は，得難いものであったと考える。また，こうした実際のコースで使用した資料をもとにいくつかの教材も作成されている。優良なものであるが，これらは非売品で市販されていない。以下に記す。

　・『耳と目でおぼえる介護の漢字　インドネシア語版』（音声 CD 付）

表 1.3　年度別　対面型集合研修の登録者数

年　度	2012	2013	2104	2015	2016	2017
日本語コース	12	16	21	32	64	なし
専門日本語コース	12	19	23	21	42	66

出所：筆者作成。

・『耳と目でおぼえる介護の漢字　英語版』（音声 CD 付）
・『耳と目でおぼえる介護の漢字　ワークブック』
・『EPA 来日者のための介護福祉士国家試験対策の専門日本語Ⅰ』
・『EPA 来日者のための介護福祉士国家試験対策の専門日本語Ⅱ』

（5）対面型集合研修の運営上の留意点

　6 年間にわたる対面型集合研修では，EPA 候補者のための日本語教育としての経験が積み上げられてきた。特に留意した点を以下に列挙する。

①共感的なコミュニケーションの重視

　対面型集合研修の実際の授業運営の根幹には共感的なコミュニケーションの重視が据えられていた。介護福祉の現場では，認知症を患っている場合も多く，事実の理解が不明瞭で，ときに妄想を抱く場合もある。たとえば夕方になり家族のために夕食の支度で買い物に行かねばならないと訴えたり，物を盗まれたと誤って訴えたりする場合もある。こうした場合には，利用者の訴えを否定するのではなく，十分に傾聴し，共感し，利用者が不安を抱くことなくコミュニケーションを取ることが必要である。そういった視点を介護の日本語教育の根幹に据え，展開してきた。具体的には，まず自身のことばで語らせソロの生成を図り（自分自身の考えや意見を客体化させること），協働学習をもって互いの意見を確認し交換する，そして最後によりよい共感的なコミュニケーションを考えるというものである。

②オノマトペの重視

　介護の現場では，擬音語・擬態語などのオノマトペが多用される。特に，痛みの種別を訴える場合，ずきずき痛い，しくしく痛むの違いが大事となる。食

事介助の場合，「ごっくんしてください」などの声かけで入所者の残存機能を促すことが叶う。また，反対に被介護者の気持ちも汲み取りやすくなるからである。よって，介護現場では極めて重要であると言えるが一般の日本語教育ではオノマトペの導入は数が限られ，外国人には習得しにくいものとされ消極的である。しかし，介護の現場に根差した日本語教育では，介護のオノマトペを十全とした実働が叶うような教育を取り入れることが求められる（神村 2017）。そこで，対面型集合研修でも積極的に取り入れた。

③協働学習に基づく個人化の重視

　国家試験の事例問題では，利用者への適切な対応を求める内容のものがある。こうした事例などについて，グループで議論しながら協働学習によって理解を深め，自分ならばどう対応するか「個人化」して考え，意見を交換していくことで，事例問題などに対する深い理解を促進できる（野村他 2018）。

6　社会貢献事業としての介護の日本語教育

　本章においては，事業を支える前提となった介護の漢字教材の開発とチュートリアル授業，事業終了後の俯瞰的な総括を記し，現在までの繋がりを示した。

　介護福祉分野の日本語教育は，日本語教育の新しいフィールドとしてさまざまな試行が行われてきている。本章で紹介したものは，EPA 候補者を対象とした事業であり，手探りのなかでの開発的な日本語教育が行われてきた。公学連携事業としては2017年度で終了したが，こうした外国人介護人材を巡る事業の必要性はますます高まっている。そのため，2018年度からは大学の社会貢献講座の1つとして，「首都大学東京オープンユニバーシティ」において「介護の専門日本語1および2」として施設配属1年目の日本語コースと2年目の専門日本語コースを継続することとした。社会的要請の高い分野への対応として，さまざまな先駆的な取り組みを生かし，充実した内容とし，さらに繋いでいきたい。

注

1 ）詳しくは，西郡他（2018）を参照されたい。

2 ）訪日前研修は，2012年度がインドネシア人 EPA 介護候補者で，2013年度がフィリピン人 EPA 介護候補者で，各合計 1 年間に延長されている。

3 ）石原慎太郎東京都知事の任期中おかれていた都の部局であり，都の行財政の基本的な計画，および総合調整，知事の特命に関わる重要な施策の企画，および立案，都市外交などを分掌していた。知事本局解散後は政策企画局外務部が担当となっている。

4 ）きっかけの 1 つとして，石原元都知事が当時のフィリピンのアキノ大統領と親しく，フィリピンの人材の受入れ支援の一助となるべく企画されたとの話もある。

5 ）介護の日本語教育分野における特任教員は，初年度 1 名， 2 年目からは 2 名態勢となった。特任教員として神村初美（筆者）（2012年 4 月から2017年 3 月），三橋麻子（2013年 4 月から2015年 7 月），野村愛（2015年 8 月から2018年 3 月），奥村匡子（2017年 4 月から2018年 3 月）の各氏が当たった。

参考文献

神村初美（2017）「『ハッとする』と『ホッとする』って何がどう違うんですか？―介護のオノマトペを考える―」看護と介護の日本語教育研究会，第14回例会，第 4 回看護と介護の日本語教師のための教師研修，講演，於：佐賀大学.

社会福祉法人　光風会（特別養護老人ホーム　光風園）資料.

社団福祉法人　東京都社会福祉協議会（2010）『平成21年度　介護福祉士国家試験筆記試験直前対策講座』.

東京都福祉保健局高齢社会対策部（2009）『介護福祉の用語集　Kamus istilah Kaperawatan Healthcare Terminorogy』.

中川健司（2010）「介護福祉士国家試験を受験する上で必要な漢字知識の検証」『日本語教育』第147号,67-81.

西郡仁朗・神村初美・アエプサエフル バッフリ・ジュジュ ジュアンシー（2018）「国際間大学協働による日本語予備教育の可能性」宮崎里司・西郡仁朗・神村初美・野村愛（編）『外国人看護・介護人材とサスティナビリティ』第 1 章，くろしお出版，222-233.

野村愛・奥村匡子・奥村恵子・加藤真実子・西郡仁朗（2018）「介護の専門日本語教育における「個人化」活動の試み― EPA 介護福祉士候補者の自律的な学習の支援を目指して」看護と介護の日本語教育研究会，第15回例会，研究発表会，ポスター発表，於：首都大学東京.

Hatsumi Kamimura, Kaoru Fujimoto, Keisuke Imamura, Asako Mitsuhashi, Jiro Nishigori（2017）「『耳と目でおぼえる介護の漢字』自学自習用音声付き教材の開

発」CASTEL/J 2017，ポスター発表，於早稲田大学.

第2章
学習者の環境に合わせた研修デザイン
——EPA 候補者を対象とする大規模研修の海外移転——

登里民子

本章では「コーディネート」の定義を「日本語研修を企画し，複数の日本語教師をとりまとめて研修を運営すること」とし，それを行うリーダー的日本語教師を「コーディネーター」と呼ぶ。また本章で紹介する日本語研修において，コーディネーター以外の研修担当日本語教師を「(日本人／インドネシア人／フィリピン人) 講師」と呼ぶこととする。

1 海外移転の背景

2008年8月，インドネシア第1期 EPA 候補者208名が来日した。筆者が勤務する独立行政法人国際交流基金 (以下，JF) は，このうち EPA 介護候補者56名を対象とする訪日後研修を外務省より受託し，大阪にある JF 関西国際センター (以下，JFKC) で実施した。筆者は2005年から約2年間，インドネシアで勤務していた経験から，この研修のコーディネートを担当することとなった。便宜上，本章ではこの研修を JF 国内研修と呼ぶ。

2009年度からフィリピン人 EPA 候補者受入れと EPA 候補者の看護師国家試験受験が始まったが，合格率は低迷した。また病院・施設内のコミュニケーションの問題や試験勉強のプレッシャーにより，志半ばで帰国する EPA 候補者が多かったことから，さらなる日本語教育支援が叫ばれるようになった。そこで2011年から訪日後研修の前に訪日前研修が付加され，これを JF が外務省より受託[1]した。本章では，この研修を JF 国内研修と対照して JF 現地研修と呼ぶ。

　JF 国内研修と JF 現地研修の概要と成果については，それぞれ登里・石井・今井・栗原（2010），登里他（2014）を参照されたい。本章では登里他（2014）で報告しきれなかった「環境条件の変化がコースデザインに与えた影響，企画・運営上の課題とその対応策」を中心に紹介したい。そのうえで，2 つの研修の経験から学んだ「大規模な専門日本語研修のコーディネーターに求められる能力と態度」について，ささやかながら私見を述べたい。

2　JF 現地研修のコースデザイン

　本節では海外移転に伴う条件の変化が目標設定とカリキュラムに与えた影響をまとめる。なお JF 現地研修は2011年に開始されたが，当初は研修期間が変則的だったため，本章ではインドネシア，フィリピンとも 6 か月間に統一された2013年来日[2]の例を中心に紹介する。

（1）環境条件の変化

　JF 国内研修と JF 現地研修は「ゼロ初級を基本とする EPA 候補者を対象とする宿泊型集中日本語研修」という点では共通している。しかし，EPA 候補者受入れ事業の枠組みが修正されたこと，研修会場が国内から海外に移転したことにより，さまざまな条件に変化が生じ，コースデザインや研修運営に影響をおよぼした。表 2.1 に両研修の環境条件をまとめる。

①研修期間

　JF 国内研修の期間は外務省により 6 か月間と規定されていたが，実際は手続き上の事由により 5 か月間となった。JF 現地研修では初回となる2011年はインドネシアが 3 か月間，フィリピンは看護 2 か月間，介護 3 か月間となった。その後，2013年から両国とも 6 か月間に統一された。

②研修規模・対象者

　JF 国内研修ではインドネシア第 1 期 EPA 候補者208名のうち，EPA 介護候補者56名を対象としたが，JF 現地研修では看護・介護の両 EPA 候補者を対

表 2 . 1　JF 国内研修と JF 現地研修の環境条件

	JF 国内研修 （2008年来日）	JF 現地研修（2013年来日）	
		インドネシア	フィリピン
研修会場	国際交流基金関西国際センター（JFKC）＜大阪＞	インドネシア教育文化省語学教員研修所＜ジャカルタ＞	技術教育技能開発庁語学研修センター＜マニラ＞
期　　間	5 か月（計画上は 6 か月）	6 か月	
対象者	インドネシア第 1 期介護候補者	インドネシア第 6 期看護・介護候補者	フィリピン第 5 期看護・介護候補者
EPA 候補者数	56名（介護56名）	157名（看護48名・介護109名）	150名（看護66名・介護84名）
研修担当講師	研修リーダー 2 名（筆者含む注1)） 日本人講師19名注2)	国内教務担当 1 名（筆者） 主任 1 名 副主任 2 名 日本人講師19名 インドネシア人講師12名	主任 1 名 副主任 2 名 日本人講師20名 フィリピン人講師 9 名
クラス数	6 クラス	10クラス	9 クラス
1 クラス当たり EPA 候補者数	10名	13〜17名	13〜18名
修了後進路	病院・施設着任	訪日後研修	
最終成績表の読み手	EPA 候補者本人 病院・施設の担当者	EPA 候補者本人	

注 1 ：JF 国内研修はリーダー 2 名体制で運営した。筆者はそのうちの 1 人。
注 2 ：実際には研修前半は19名，後半は18名であった。
出所：JF 内資料より筆者作成。

象とし，さらに対象国が 2 か国に増えたため，研修対象者数は大幅に増加した。初回となる2011年は両国合わせて235名であったが，2013年は307名，2017年には570名に増加し，2016年以降は630名から650名程度で推移している。またクラス数も，1 クラスあたりの EPA 候補者数も JF 国内研修に比して増加した。

③研修担当講師

　JF 国内研修の担当講師は JFKC の専任および非常勤講師で，全員日本人であった。それに対して JF 現地研修では，国際交流基金日本語専門家および上級専門家を「現地主任・副主任」として派遣した。現地主任・副主任以外の日本人講師は日本から単年度派遣し，それに加えてインドネシア人／フィリピン

人講師を採用した。

（2）筆者の立ち位置の変化

　JF 現地研修での筆者の立場は，JF 国内研修とはかなり異なるものとなった。

　JF 国内研修での筆者は，実際に研修を担当する教師チームのリーダーの 1 人であった。研修期間中は JFKC に勤務し，ほかの日本人講師と同様に日本語授業，教材やテスト作成，評価作業などを分担した。日常的に講師や事務スタッフと話し合い，EPA 候補者の学習や生活の状況について，情報をやり取りしていた。また筆者自身も毎日，JFKC の教室や食堂で EPA 候補者と接し，彼らの学習意欲の浮き沈みや生活上の悩みを共有できていた。そうして集めた情報をもとに，研修途中で授業内容を柔軟に修正することも可能だった。

　それに対して JF 現地研修では，ジャカルタとマニラの会場で日本人講師とインドネシア人／フィリピン人講師をとりまとめて研修を運営するのは現地主任・副主任であり，筆者は JFKC で他の業務も兼任しながら，両会場の研修を調整する立場となった。本章では便宜上，JF 現地研修における筆者の立場を「国内教務担当」と呼ぶ。筆者がジャカルタとマニラの研修会場を訪れる機会は研修期間中に 1 回，数日程度しかない。しかし研修終了後は現地主任・副主任とともに，外務省に対して研修成果を報告すると同時に，訪日後研修の実施機関に対して，教務面での引き継ぎを行う立場であった。研修期間中，現地と頻繁に電話やメールでやり取りすることで状況把握に努めたが，自分自身が日常的に EPA 候補者や講師と接していないため，もどかしい思いをしたこともあった。JF 国内研修，JF 現地研修における筆者の立ち位置を図 2.1，図 2.2 に示す。

　JF 国内研修の研修リーダーとしての業務は，JFKC の他研修でのリーダー業務とほぼ同じだったので，自分の業務に迷いを持つことはなかった。しかし，JF 現地研修の国内教務担当という立場には JF として先例がなかったので，自分の業務を自分で決めていく必要があった。JF 東京本部や現地主任・副主任と相談しながら，結果として筆者がやってきた業務の例を表 2.2 にまとめ

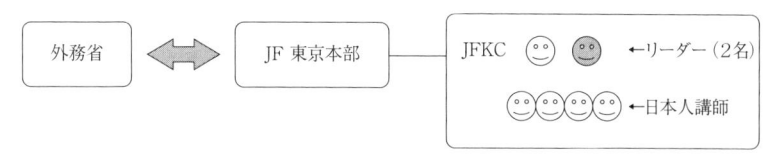

図2.1　JF 国内研修（2008年来日）における筆者の立ち位置
出所：筆者作成。

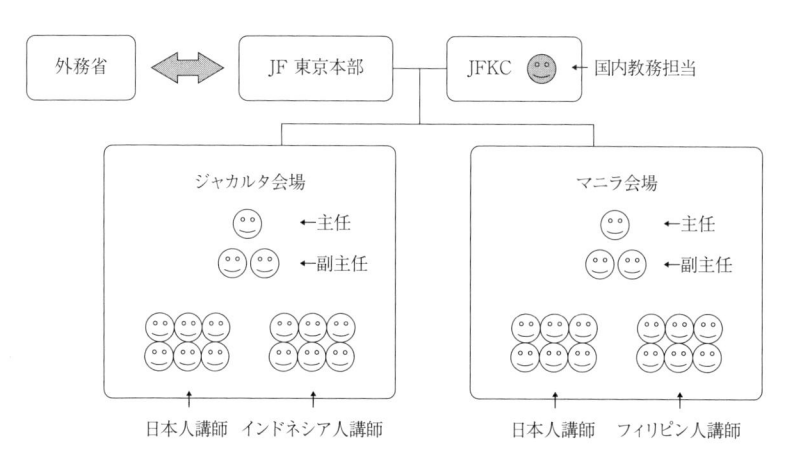

図2.2　JF 現地研修（2013年来日）における筆者の立ち位置
出所：筆者作成。

る。

（3）コースデザイン

　2011年から継続して訪日後研修を実施している AOTS のウェブサイト[3]によれば，訪日後研修では日本政府の方針に基づき，次の3つの能力の獲得を目標としている。

　・生活適応：地域社会で生活できる十分な日本語運用力・生活適応力の獲得
　・職場適応：職場で即戦力として就労できる十分な日本語運用力・職場適応
　　　　　　　力の獲得
　・自律学習：職場および地域社会における自律的学習能力の養成

表2.2　JF 国内研修と JF 現地研修での筆者の業務例[注]

	JF 国内研修（2008年来日）	JF 現地研修（2013年来日）
筆者の立場	研修リーダー	国内教務担当
研修開始前	企画書作成 日本人講師への説明と情報共有 教材整備，授業準備	企画書作成 現地主任・副主任への説明と情報共有 共通教材の整備 日本人講師対象の派遣前研修の企画・実施
研修期間中	日本語授業 チュートリアル EPA 候補者に対する生活指導，カウンセリング テストの作成と実施 日本人講師との情報共有 カリキュラムの修正 評価作業	両会場，JF 東京本部との情報共有 両会場のカリキュラム調整 共通テスト作成 最終成績表の共通フォーマット作成
研修終了後	外務省への報告書作成	外務省への報告書作成 訪日後研修実施機関への引き継ぎ

注：表2.2にあげた国内教務担当の業務は JF 現地研修立ち上げ期のものである。立ち上げ期は国内教務担当が行い，その後現地主任・副主任に引き継がれた業務もある。たとえば外務省への報告書は2019年現在，現地主任・副主任が作成している。

出所：筆者作成。

　JF 現地研修では訪日後研修へつなぐものとして，表2.1で示した環境条件を考慮し，表2.3の通り目標設定を行った。

①一般日本語

　JF 国内研修と JF 現地研修は計画上の研修期間が同じであるため，到達目標は JF 国内研修と同様の「初級後期修了程度」とした。両研修とも日本語授業で目指すのは「4技能をバランスよく身につけること」であり，日本語能力試験（以下，JLPT）に合格することではない。しかし，JF 現地研修が始まった2011年は EPA 候補者の国家試験合格率が伸び悩んでいた時期で，この事業に対する社会的関心が高まっていた。JF 現地研修は公的研修として，日本語教育関係者以外の人にも目標レベルがよく分かる説明を求められた。そこで，より客観的な基準として「JLPT N4程度」という文言を書き加えた。

②専門日本語，自律学習，社会文化理解

　JF 国内研修では研修終了後，地域での生活や学習，施設での業務にすぐ取

表2.3　JF現地研修の目標（2013年来日ゼロ初級者用[注]）

日本語	一般日本語：日本での生活と国内研修での学習に必要な，基本的な日本語の知識と運用能力がある。言語知識においては初級後期修了程度（JLPT N4程度）を目標とする。 専門日本語：看護・介護に関わる基本的な語彙・表現が分かる。
自律学習	基本的な予習・復習のやり方が分かる。自己学習の習慣ができている。 自分の学習を計画したり，振り返ったりする姿勢ができている。
社会文化理解	日本と日本人に関する基本的な知識（地理・交通・住宅事情等）がある。 日本で生活するのに必要な，基本的な生活習慣やマナーが分かる。 日本の職場習慣や，看護・介護の業務場面における文化・習慣の違いが理解できる。

注：既修者も一定数存在したので，「日本語」については既修者用の目標も設定したが，紙幅の都合上，ここではゼロ初級者用の目標のみ紹介する。

出所：登里他（2014：58）をもとに筆者作成。

り組む必要があったため，「できる」ことを目指して目標設定を行った。しかしJF現地研修の場合は研修終了後も訪日後研修が続くため，習った会話や知識をすぐに現場で実践する必要はなく，また研修会場外で練習する機会も得にくい。そこで「できる」前のステップとして，まずは「分かる」ことを目指し，それを練習する機会は訪日後研修にゆだねる前提で目標設定を行った。

（4）カリキュラム策定

　JF国内研修では，外務省から示されたEPA候補者受入れ事業の枠組みに基づき，研修リーダーである筆者が中心となって，事務スタッフやほかの講師とも相談しながら，カリキュラムを作成した。

　JF現地研修のカリキュラム策定に関しては，まず国内教務担当である筆者がJF東京本部と相談し，EPA候補者受入れ事業の変更点や外務省の意向を確認したうえで，両国の共通カリキュラムを作成した。その後現地主任・副主任が，国の事情（祝祭日，宗教，研修施設の規則等）に合わせて詳細カリキュラムと時間割を策定した。JF現地研修の共通カリキュラム概観を図2.3に示す。

　JF国内研修では研修終了後，すぐに施設での口頭コミュニケーションが求められるため，介護場面の実践的な会話練習に多くの時間を割いていた。しかしJF現地研修では訪日後研修がその後に続き，施設着任まで時間的余裕があ

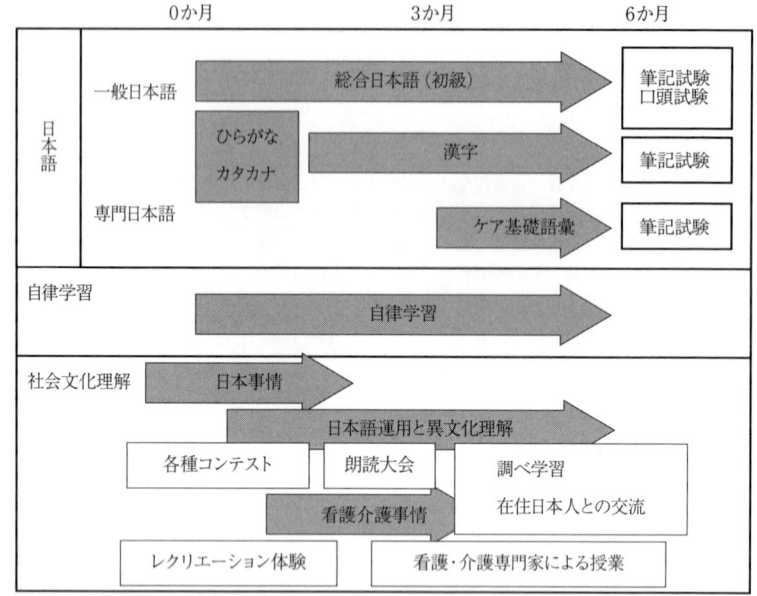

図2.3　JF現地研修の共通カリキュラム概観（2013年来日ゼロ初級者用[注]）
注：表2.3同様，ゼロ初級者用カリキュラムのみ紹介する。
出所：登里他（2014：59）より筆者作成。

　ることから，より一般的な，4技能のバランスのとれた基礎固めを行うこととした。またクラスあたりのEPA候補者数がJF国内研修より増えたため，同じ内容をカバーするのに，より時間がかかることも予想された。そこでJF現地研修では「一般日本語」の授業時間数を大幅に増やし，そのかわり「専門日本語」「社会文化理解」の時間数を削減した。両研修の授業時間数を表2.4に示す。

（5）科目設定と授業内容

　ここでは本節（4）で述べたカリキュラム変更に伴い，科目設定，授業内容が大きく変更された「専門日本語」「自律学習」「社会文化理解」について説明する。

表2.4　JF国内研修とJF現地研修の授業時間数

科目			JF国内研修 (2008年来日)	JF現地研修 (2013年来日)
日本語	一般 日本語	総合日本語	439	536
		文字（ひらがな・カタカナ・漢字）	79	134
		基礎会話	14	
		発音	19	
	専門 日本語	専門語彙／ケア基礎語彙	12	24
		専門漢字	19	
		専門会話	63	
自律学習			30	107
社会文化理解			148	49
計			823	850

出所：JF内資料より筆者作成。

①専門日本語

　JF国内研修では研修終了後すぐに介護施設に着任し，施設内の表示を理解したり，利用者や施設職員とやり取りしたりする必要があった。そこで「専門語彙」「専門漢字」「専門会話」という3科目を設定し，特に「専門会話」には多くの時間を割いて「施設内での基本的な会話ができること」を目指した。それに対してJF現地研修の場合，研修終了後，習った会話をすぐに病院や施設で実践する必要はなく，訪日後研修でさらに練習する機会を得る。そこでJF現地研修では訪日後研修への基礎固めとして，まずは「基本的な語彙・表現の理解」を目標とした。

　JF国内研修ではEPA候補者が定期的にJFKC近隣の介護施設を訪問し，そこで「専門漢字」の授業で習った漢字を目にしたり，「専門会話」で習った会話を使ってみたりすることができた。しかしJF現地研修ではそのような機会が得られず，また本節（4）で述べた通り，授業時間数を減らす必要があったため，この2科目は廃止した。ただ「総合日本語」で学ぶ例文や会話にケア場面の語彙や表現を入れ込むため，また半年間の研修期間中，EPA候補者と

しての自覚やモチベーションを維持するため，業務に関連した基本的な語彙や表現を学ぶ必要があった。そこで「専門語彙」のシラバスを看護と介護分野に共通する基本的なものに絞り，科目名を「ケア基礎語彙」と変更して設定した。

②自律学習

　JF 国内研修終了後，EPA 候補者は受入れ施設に数名ずつ[4]着任し，担当者からの支援を得ながらも，基本的には独力で学習を進めていく必要があった。そこで JF 国内研修では，講師 1 名に対して EPA 候補者 4 名の小グループにより，週 1 回 1 時間程度，予・復習や学習目標設定と振り返りなどを行うチュートリアルを実施した。この方法では講師と EPA 候補者がじっくり向き合うことはできるが，反面，EPA 候補者の場合，週 1 回のペースでは自学の習慣がなかなか身につかないことも分かった。

　JF 現地研修の場合は研修終了後，さらに訪日後研修で自律学習へのサポートを受けられる。そこで JF 現地研修では毎日 1 時間を自律学習にあて，まずは自己学習，予習・復習の習慣づけを目標とし，訪日後研修への基礎固めを行うこととした。講師 1 名あたりの EPA 候補者数が JF 国内研修より増えたため，自律学習の時間は十数名のクラス単位で運営することになり，結果として EPA 候補者一人ひとりとのきめ細かいやり取りはしにくくなった。しかし一方で，自分の学習方法やポートフォリオの紹介，数年後に実現したい夢とそのために必要な取り組みの発表など，多人数の前で話すことによって意識や自覚を高める活動もできるようになった。

③社会文化理解

　JF 国内研修では研修終了後，すぐに地域での生活と施設での業務が始まるため，日本社会でよい人間関係を築けるよう，生活や職場についての知識やノウハウを知るだけでなく，実際に行動する力を養う必要があった。そこで JFKC で培われた「体験交流活動[5]」の考え方に基づいて授業を計画した。たとえば「日本の交通機関」というテーマの場合，まずは図や写真を多用したパワーポイントで説明した後，グループで電車に乗って大阪市内へ行き，そこで出会った日本人と交流するなど，理解と実践を両軸とする授業を行った。

　それに対して JF 現地研修では教室外で実践の場が得にくいこと，研修終了
後も訪日後研修で集団生活がしばらく続くこと，本節（4）で述べた通り，授
業時間数を減らす必要があったことなどから，まずは日本の生活，文化，職場
について「知る」ことを目指す授業を行った。たとえば日本の地理，食べ物，
宗教，年中行事等についてパワーポイントで説明を行った後，グループで日本
と自国の違いについて調べ，現地の在住日本人を招いて発表するなどの活動を
行った。

3　環境条件の変化による課題への対応策

　本節では環境条件の変化から生じた 5 点の課題を取り上げて，企画面，運営
面でどう対応したのかを紹介したい。なかには解決できなかった課題もあるが，
1 つの事例として参考にしていただきたい。

（1）研修規模の拡大

　JF 国内研修は研修規模が大きすぎず，講師間でも，講師と EPA 候補者の
間でも，情報のやり取りが難しくなかったため，ある程度複雑なクラス編成が
できた。具体的には科目別にクラスを編成した。たとえば文法や漢字は苦手だ
が，会話は得意な EPA 候補者の場合，総合日本語と漢字の授業では下位，専
門会話は上位のクラスに組み込まれる。EPA 候補者にとっては科目別の習熟
度に合わせて学ぶことができ，さらに会話の授業だけでも上位クラスの一員に
なることで，プライドや学習意欲を保つことが期待できる。

　しかし JF 現地研修では研修規模が拡大し，全体のクラス数も 1 クラスの人
数も増えたため，講師が EPA 候補者一人ひとりの学習状況を把握し，それを
講師間でシェアし続けることや，必要な情報を早く正しく EPA 候補者へ伝え
ることが難しいと思われた。そこで JF 現地研修では 1 名の EPA 候補者が全
科目を通じて同じクラスに所属する形でクラスを編成し，日本人講師 4 名とイ
ンドネシア人／フィリピン人講師 2 名による 6 名のチームで受け持つ担任制[6]

とした。その結果，JF 国内研修に比べてクラス内での講師と EPA 候補者，および EPA 候補者同士の結束力が強くなる傾向が見られた。一方で，講師の関心が自分の担当クラスのみに向きがちで，講師陣全体で EPA 候補者全員をカバーする雰囲気になりにくいというデメリットも生じた。

（2）講師数の増加，および国籍・属性・経歴の多様化

　JF 国内研修の担当講師は全員日本人で，数年以上のキャリアを持つベテラン日本語教師が多かった。また多くの講師は JFKC での勤務経験が長く，講師間の連絡にも慣れていた。講師陣は全員，介護専門日本語教育の経験はなかったが，研修リーダーや介護の専門家による説明を消化し，専門日本語の授業運営にも柔軟に対応してくれた。また自律学習，社会文化理解についても，JFKC の他研修である程度ノウハウを積んでおり，授業運営に慣れていた。

　それに対して JF 現地研修の担当講師は国籍や教授経験など，教師としての背景の違いが大きかった。また主任・副主任以外の講師は単年度採用となり，毎年講師陣の顔ぶれが大きく入れ替わることになった。そのため講師陣全体として，表 2.5 に示す傾向が予想された。

　そこで第 2 節（4）でふれた通り，まずはカリキュラムを単純化し，講師 1 名あたりの担当科目数を削減した。また本節（1）で述べた通り，講師 6 名のチームによる担任制とし，講師間の連絡経路も単純化した。チームにはインドネシア人／フィリピン人講師が 2 名含まれるが，これはインドネシア人／フィリピン人講師が，現地事情に不慣れな日本人講師と EPA 候補者との橋渡し役になることを期待したものである。

　次に，日本から派遣する日本人講師を対象に 1 週間の派遣前研修を実施した。これは EPA 候補者や JF 現地研修に対する理解を深め，担当講師としての心構えを作ることを目的としている。研修内容は，EPA 候補者受入れ事業の概要，教案検討会と模擬授業，自律学習についてのワークショップ，EPA 候補者受入れ施設訪問等である。

　また現地主任・副主任により，インドネシア人／フィリピン人講師に対して

表2.5　JF 現地研修の担当講師に予想された傾向

日本人・インドネシア人・フィリピン人講師に共通して予想された傾向
①一般日本語科目の教え方や教授能力にバラつきがある。
②EPA 候補者受入れ事業や専門日本語科目に対する理解が薄い。
③自律学習や社会文化理解に馴染みがない。
④初対面の日本語教師が多いため横の連絡に不慣れ。
⑤自分と国籍が異なる日本語教師との協働に不慣れ。
日本人講師に予想された傾向
⑥インドネシア人／フィリピン人 EPA 候補者の学習者特性に対する理解が薄い。
⑦自身が海外での長期滞在に慣れていない。

出所：筆者作成。

も数日間の事前研修を実施した。EPA 候補者受入れ事業や，現地では浸透していない自律学習等に対する理解を深め，日本人講師との協働ができるだけスムーズに運ぶようにした。

（3）研修会場外の日本語・日本文化環境

　JF 現地研修では EPA 候補者が研修会場外で日本語を見たり，日本人に会ったりする機会はほぼない。そこで研修アドバイザー[7]からの助言を参考に，日本語や日本に関する資料を掲示したり，EPA 候補者が日本に関する本を自由に読めるリソースコーナーを設置するなど，研修会場内に日本語・日本文化環境を作る工夫をした。

　また現地主任・副主任の発案で，研修会場内のゴミ分別や日本式の挨拶，時間厳守など，日本の職場習慣，生活習慣を体験的に学べるようにした。

（4）看護・介護のリソース不足

　JF 国内研修では研修期間中に数回，EPA 候補者が JFKC 近隣の介護施設を訪問したり，自分の受入れ施設の担当者と会ったりする機会があり，着任後の生活や職務をイメージしやすかった。しかし JF 現地研修ではそのような機会が得にくく，EPA 候補者としての自覚やモチベーションを保ちにくいことが予想された。そこで，研修会場内のリソースコーナーに日本の病院・施設のパ

ンフレット，介護用品，看護・介護に関する本（日本の介護についてインドネシア語で書かれた本，医療現場を描いたマンガなど）等を置いたり，EPA 候補者受入れ事業に関する新聞記事を集めて掲示したりした。さらに，介護施設で行われるレクリエーション活動を体験したり，日本から派遣した看護・介護の専門家や，帰国した元 EPA 候補者から日本の病院・施設についての話を聞いたりする機会を設け，着任後の生活や職務がイメージできるような仕掛け作りを行った。

（5）最終成績表の読み手

　JF 国内研修では1つの法人で2名から3名の EPA 候補者を同時に受け入れるケースが多かった。着任後，EPA 候補者は施設担当者のサポートを受けながらも，基本的には自力で学習を進める必要があること，また着任時点で施設担当者は EPA 候補者一人ひとりの性格や学習状況をよく知らないことを前提に，以下2点の方針に沿って，EPA 候補者本人用と施設担当者用の最終成績表を作成した。

　①EPA 候補者本人にとって「日本語能力の得意・不得意な点」「これから自力で学習していく際の方法，ポイント」が分かりやすいこと。

　②施設担当者にとって「受入れた EPA 候補者間での日本語能力，成績の順」「個々人の性質や学習スタイル」「学習支援の方法」がわかりやすいこと。

　JF 現地研修では研修終了後の進路は訪日後研修であり，そこでは引き続き日本語教師によるサポートが受けられるため，最終成績表作成に際し，今後の学習方法へのアドバイスは大幅に割愛した。その一方で，JF 現地研修が始まった頃は世論の変化に伴い，より客観的な基準で EPA 候補者の日本語レベル，特に研修での日本語能力の「伸び」を記述することが，関係省庁から求められるようになっていた。そこで成績表のフォーマットを一部変更し，筆記と口頭能力に分けて，研修開始時と終了時の日本語レベルをバンドで示すことにした。図2.4に，成績表に新たに加えたバンドを示す。

学習到達度 Achieved Result

低 low　　　　　　　　　　　　　　　　　　　　　　→　　高 high

	未習 Unlearned	初級前期 Beginner Early part		初級後期 Beginner Latter part		中級前期 Intermediate Early part		中級後期 Intermediate Latter part	
		初級前期	初級前期修了 completed	初級後期	初級後期修了 completed	中期前期	中級前期修了 completed	中期後期	中級後期修了 completed
A　筆記試験 Written Exam (言語知識・聴解・読解) (Knowledge of Language, Listening Comprehension, Reading Comprehension)	○				●				
B　口頭能力 Oral Ability	○			●					

（○：研修開始時 level at the start of the training　●：研修終了時 achieved level at the end of the training）

図 2.4　バンドによる評価

出所：ゼロ初級のフィリピン 6 期介護候補者最終成績表例。

4　大規模な専門日本語研修のコーディネーターに求められるもの

　本章第 2 節に登場する「研修リーダー」「国内教務担当」「現地主任・副主任」はいずれも「企画段階から携わり，複数の講師をとりまとめて研修を運営する」立場であるため，コーディネーターの一形態と言える。本節ではまとめに代えて，大規模な専門日本語研修のコーディネーターに求められる能力や態度について，8 点に分けて私見を述べたい。

（1）体系的な知識と授業運営力──1 人の教師として

　大規模研修のコーディネーターは，多数の日本語教師や事務スタッフに対して説明したり指示を出したり，経験の浅い教師に助言をしたりする立場である。説明や助言に説得力を持たせるためには，日本語学・日本語教育学に関する広く，ある程度深い知識が欠かせない。また，授業を見たり，逆に見られたりする機会も多いだろう。筆者自身，決して授業が上手な方ではないが，経験の浅い教師の参考になるよう，流れの分かりやすい授業，学習者が主体的に参加できる授業をコンスタントに展開できるよう心がけている。

（2）観察力・想像力――ニーズを見極め，目標を設定する

　専門日本語研修の場合，研修目標を設定するためには，その日本語が使われる場をよく観察し，ニーズを特定するプロセスが特に重要である。

　野田（2017：212-216）では日本語教育を「総合型」と「特化型」に分けたうえで，「特定の業務についてだけは高度な日本語能力を必要とする」学習者に対しては特化型の日本語教育が必要であること，また特化型日本語教育の教材やノウハウは，まだ十分に整備されていないことを述べている。以下に示す。

　　　特定の目的を持って日本語を学習する人たちに特化型の日本語教育を行うためには，実際の日本語使用場面を具体的に考えたり，「聞く」「話す」「読む」「書く」の4技能の違いを十分に考慮したりしなければならなくなる。（野田 2017：213）

　特化型日本語教育を実践する場合，野田が指摘するように，まずは実際の使用場面について，4技能のどれが用いられているかに留意しながら観察する必要がある。特に介護専門日本語では，発話と動作のタイミングに留意する必要がある。一般に会話練習では習った台詞を正確に覚えて言うことが重視されがちだが，介助場面では「お湯をかけますから，目を閉じてください」と言う前にお湯をかけてしまったら，そもそも口に出す意味がないのである。

　観察して集めた情報を授業で活用する際には，想像力が必要になる。たとえば介護日本語の場合，介助を必要とする人は必ず体のどこかに支障があるので，そのような人の体の動かし方や気持ちを想像することで，声の調子や発話のスピード，発話と動作のタイミングなど，現実味を増したロールプレイができる。

（3）企画力・構成力――実現可能な研修を計画する

　言語教育における企画・構成とは，規定された目標に向けて最善の結果を得られるように，物的・人的リソースを組み合わせて，コースや授業などを形作ることである。逆に，目標そのものを自分で決められる場合は，現状を客観的

に分析し，使える時間や物的・人的リソースを検討したうえで，実現可能な目標を設定することも大切である。どちらの作業にも，教師として一定の経験が必要だろう。「この学習者が○か月学んだ場合，何ができるようになるか」「このような背景の日本語教師が，この授業計画で教えた場合，時間がどのぐらいかかるか」「クラス人数が○名→△名に増えた場合，授業の進行にどの程度影響するか」というような不確定要素を予測するためには，似た状況下の研修を自分で担当したり，似た状況下で教えた教師から情報を集めたりする必要がある。

（4）コミュニケーション力──辛抱強く聞き，分かりやすく話す

　コーディネーターは研修担当講師をはじめ学習者，事務スタッフ，外部の関係者等，多くの人と接する機会がある。そのなかには日本語教育の知識を持たない人，国籍や文化的価値観が異なる人，利害関係を一にしない人なども含まれる。さらに特化型日本語教育では，その分野の専門家との連携も重要である。このようなさまざまな人の話をじっくり，辛抱強く聞き，取捨選択して研修にいかす力が求められる。

　また，コーディネーターは人から相談を受けることも多い。その際は，まず相手の話をよく聞き，相手の気持ちに寄り添いながら，励ましたり，助言をしたりする必要がある。

　さらに，コーディネーターは研修の概要や成果について，研修内外の人に説明する機会も多い。大きな研修ほど，日本語教師間の知識や経験の差も大きい。個人的に話す際は相手の理解度に注意を払いながら，大人数に対して話すときは，誰をターゲットにして話すかを考える必要がある。

　国策として展開されている EPA 候補者受入れ事業では，ときに関係省庁やマスコミへ説明する機会もある。聞き手の背景知識や要望に合う説明，また研修の目的や意義がよく伝わり，社会への啓蒙やアピールとなる説明が望ましい。

（5）マネジメント力——適切にゆだね，心地よい職場を形作る

　研修運営のなかで何かを決める場面は日々発生するが，大規模研修ともなれば細部までコーディネーターが全部決めることは到底できないし，コーディネーターの独断的な判断がつねに正しいとも限らない。

　筆者は JF 現地研修中，何かを決める際，それを自分自身で，または JF 東京本部と相談して決めるのか，あるいは現地主任・副主任の判断にゆだねるのかを区別する難しさを実感した。日本国内で決めた事項は両会場に影響がおよぶ。しかしそれが現地の事情に合わない場合，そこで働く人々の気分を害する可能性もある。かといって，研修中に発生する判断事項をすべて現地任せにしていたら，両会場の研修はだんだん違うものになり，その結果，関係省庁に対して同一の研修として説明できなくなる恐れもある。

　何をどこまでゆだねるべきか，どうすれば皆が気持ちよく働けるのか，現在でも筆者のなかにその答えはないが，コーディネーターにとって「仕事や決め事を適切にゆだねる」ことはとても重要で，本節（4）であげた「コミュニケーション力」がそれを補う力になると感じている。

（6）自己成長する力と姿勢——振り返り，学び続ける

　本節（1）でコーディネーターには「広く，ある程度深い知識」が必要と述べたものの，我が身を振り返ると恥ずかしくなる。しかし本当に大切なのは知識の多寡よりも，折々に自身を振り返り，学び続ける姿勢ではないだろうか。

　JF 現地研修では自律学習のなかで，候補者に「振り返りシート」の記入とポートフォリオの作成を課している。そして講師に対しても，「SPDCA（Survey-Plan-Do-Check-Act）サイクル」に基づく「振り返りシート」を示し，自己成長のための振り返りを促してきた。実際，教壇経験が乏しい日本語教師でも JF 現地研修を 1 ～ 2 回経験すると，授業もクラス運営も驚くほど上手になる場合が多い。なかでも，他講師の授業を積極的に見学したり，逆に自分の授業の見学者にフィードバックを求めたりしながら，自己を振り返る努力を続ける人は際立って伸びる印象を持っている。講師に自己成長を促すためには，

まずはコーディネーター自身が自己を振り返り，学び続ける必要があるだろう。

「振り返り」作業には「PDCA（Plan-Do-Check-Act）サイクル[8]」がよく使われるが，筆者はその前に S（Survey）をつけた「SPDCA サイクル」を用いることが多い。物事を始める前に，まず現状をじっくり観察（Survey）し，それに働きかける（Do）ことでどんな変化が起きるのかをイメージし，目標や計画（Plan）を定める。「振り返り（Check）」の際には，最初に観察（Survey）した時点と現状を比べ，どんな変化が生じたのかを検討する。そのためには，物事を客観的かつ分析的に観察する力が欠かせない。「教授能力の向上」を単純に数値化することは難しいので，たとえば「楽しい雰囲気を作ることができた」「学習者一人ひとりに注意を配ることができた」「板書を分かりやすく書けた」というように，教授活動の要素を細分化し，徐々に「できる」ことが増えるプロセスを可視化するとよい。

（7）異文化理解──対象国の人や文化を尊重する

仮に，日本が大好きで，いつも日本や日本人のよい点を話してくれる米国人教師と，日本人の悪口ばかり言う米国人教師がいたとして，英語を習うなら前者を選びたいと考えるのは，学習者のごく自然な感情だろう。同様に EPA 候補者が，自分の国や人が好きで尊重してくれる日本語教師と一緒に日本語を学びたいと考えるのは当然である。

異文化交流の世界では「お互いの文化を尊重し合う」ことが観念論としてよく説かれるが，残念ながら現実世界では，特に対象国が発展途上国である場合，つねに双方の文化が尊重されるとは限らない。

ドルニェイ（2005：40-45）によると，生徒の学習意欲を高めるためには，まず「（教師と生徒との）相互の信頼と尊敬の関係をうまく築くこと」「教室内の楽しい，支持的な雰囲気作り」が大切で，そのためには「文化的な差異に十分注意を払うことが要求される」という。日本語教師と学習者との信頼関係を築き，クラスはもとより研修全体として楽しく協力的なムードを作るためには，まずコーディネーター自身が対象国の人や文化を尊重する態度を持つことが大

切である。

（8）心身の健康──自分を支え，他の人を支える

　JF 現地研修は数十名の講師と事務スタッフ，数百名の EPA 候補者を抱える大規模な宿泊型集中研修である。研修期間中は朝から夕方まで，毎日ぎっしり授業が組まれている。2 か月目に入った頃から，EPA 候補者も講師もポツポツと体調不良になる人があらわれる。特に日本人講師は南国の気候・風土に慣れず，食べ物の違いから体調を崩す人もいる。講師が欠勤した場合，原則的には同じチーム内で代講する決まりになっているが，最終的に穴を埋め，講師陣を支えるのは主任・副主任である。

　また現地主任・副主任は，EPA 候補者や講師から悩みを相談される立場でもある。それを受け止めるには，自身の心身が健康であることが求められる。取り立てて屈強である必要はないし，正直なところ筆者自身も丈夫な方ではない。しかし大切なのは，自分自身のコンディションに向き合うと同時に，他のスタッフや EPA 候補者の健康状態にも気を配るだけの心の余裕を持ち続けることではないだろうか。

　さて，近年の JF 現地研修ではチーム内あるいは研修全体として互いに学び合う傾向が強まり，以前に増して「教師としての自己成長の場」としての機能を強化している。看護・介護の専門日本語のみならず，これから日本語教育の世界に本格的に足を踏み入れようとする皆さまに，ぜひ JF 現地研修で実践経験を積むことをお勧めしつつ，本章を閉じたい。

注

1 ）2011年は外務省からの受託事業として，2012年以降は運営費交付金事業として実施している。
2 ）研修が開始した年と EPA 候補者が来日した年が異なる場合があるため，本章では EPA 候補者の来日年で示す。
3 ）http://www.aots.jp/jp/project/epa/index.html（2019年10月19日）。
4 ）JF 国内研修の場合，一法人あたりの EPA 候補者受入れ数は 1 名から 6 名で，2

名から 3 名のケースが多かった。

5 ）「体験交流活動」については国際交流基金関西国際センター（2008）を参照。

6 ）JF 現地研修開始当初は日本人講師 2 名とインドネシア人／フィリピン人講師 1
名の計 3 名で 1 クラスを受け持つ形であったが，インドネシアは2012年，フィリ
ピンは2013年から日本人講師 4 名とインドネシア人／フィリピン人講師 2 名の計
6 名のチームで 2 クラスを受け持つ現在の形に変更された。また人事配置の都合
上，日本人講師 3 名とインドネシア人／フィリピン人講師 3 名の計 6 名でチーム
を組む場合もあった。

7 ）当時，看護・介護の専門日本語教育に詳しい外部の日本語教育専門家 3 名（春原
憲一郎氏，宮崎里司氏，西郡仁朗氏）を「研修アドバイザー」として委嘱してい
た。

8 ）計画（Plan），実行（Do），評価（Check），改善（Act）のプロセスを繰り返すこ
とによって，品質の維持・向上，および継続的な業務改善活動を推進するマネジ
メント手法。1950年代に品質管理の父といわれる W・エドワーズ・デミング博士
によって提案された（『情報システム用語事典』〈http://www.itmedia.co.jp/im/
articles/1001/01/news028.html〉（2019年10月19日）。

参考文献

国際交流基金関西国際センター（2008）『日本語ドキドキ体験交流活動集』凡人社.

ドルニェイ, Z.（2005）『動機づけを高める英語指導ストラテジー35』米山朝二・関昭
典（訳），大修館書店.

野田尚史（2017）「特化型の日本語教育とユニバーサルな国語教育—外国人労働者受
け入れのために—」田尻英三（編）『外国人労働者受け入れと日本語教育』ひつ
じ書房，211-230.

登里民子・山本晃彦・鈴木恵理・森美紀・齊藤智子・松島幸男・青沼国夫・飯澤展明
（2014）「経済連携協定（EPA）に基づくインドネシア人・フィリピン人看護
師・介護福祉士候補者を対象とする日本語予備教育事業の成果と展望」『国際交
流基金日本語教育紀要』集10号，55-69.

登里民子・石井容子・今井寿枝・栗原幸則（2010）「インドネシア人介護福祉士候補
者を対象とする日本語研修のコースデザイン—医療・看護・介護分野の専門日本
語教育と，関西国際センターの教育理念との関係において—」『国際交流基金日
本語教育紀要』第 6 号，41-56.

総合日本語と専門日本語を養成するコースデザイン
—— EPA 候補者に対する訪日後研修のなかでの取り組み ——

杉山充・吉田維子

1　EPA 候補者に対する訪日後研修の概要

（1）訪日後研修が持つ社会的意義

　現在，外国人人材の国内での活用が活発化している。技能実習制度への「介護」職種の追加や在留資格「介護」の創設により，今後一層介護分野での外国人人材の活用の動きが加速することだろう。AOTS（一般財団法人海外産業人材育成協会）は，EPA に基づき来日する EPA 候補者に対する訪日後6か月日本語研修を受託した実績を有する。これらの社会的な動向において，AOTS が国の事業として EPA 候補者向けに実施した研修の経験は，今後，同類の研修を実施する関係諸機関にとって参考になる点が多いはずである。

　本章では，まず本研修で実践したコースデザインの概要，およびコースデザインに関わるプロセスを紹介する。次に，教育実践のなかで直面した課題，およびそれにどう対応したかという実践事例を紹介する。最後に，本研修から得られた経験に基づき，これから看護と介護の日本語教育実践に携わる方に対し参考にしてほしい点をまとめる。なお，本章での「コースデザイン」とは，「コース全体の設計（国際交流基金 2006：9）」をすること，「学習者の目的達成に最適な教育計画を立てる（高見澤 2004：23）」という意味であり，本章の内容も1回の教室活動の設計というよりも，コース全体の設計に関しての議論が中心となる。

（2）訪日後研修の実際

　AOTS が訪日後研修事業を受託した実績のある EPA 候補者はいずれもインドネシア人，およびフィリピン人であるため，以下，インドネシア，およびフィリピンの EPA 候補者について述べる。EPA 候補者はまず来日前に母国にて約6か月間の訪日前研修に参加する。訪日時に，日本語能力試験 N5相当の日本語能力を有していることが基本的に想定されている。その後，日本での訪日後研修を受け，各受入れ病院・施設で就労しながら国家試験の準備をする。以下に，AOTS が2016年度に受託・実施した訪日後研修について概要を紹介する。

①研修の目標

　EPA 候補者が日本の医療・介護施設における就労・研修活動に円滑に従事できるように，表3.1の3つの目標を設定した。日本語能力に関しては，本研修の研修終了時に N3程度の日本語能力に達していることを想定して研修を実施することになっている。

　2016年度の受託事業では，表3.1のように目標が設定された。

②研修期間・実施拠点（会場）・候補者数

　研修期間はインドネシアがおおよそ6月中旬から12月中旬のおおよそ6か月，フィリピンがおおよそ6月上旬から11月下旬のおおよそ6か月で，以下4つの研修拠点に分かれて実施された。2016年度に訪日後6か月研修を修了した EPA 候補者は合計611名である（表3.2）。

③研修カリキュラム

　カリキュラム構成は研修目標に対応する形で生活適応，職場適応，自律学習の3つに分けられる。生活適応はさらに総合日本語研修と社会文化適応研修から構成される。総合日本語研修では日常生活場面で必要となる一般的な日本語（以下，総合日本語）を学習し，日本語4技能の総合的な日本語能力の向上が図られた。社会文化適応研修は日本での生活に関する一般的な知識や実践力，および異文化適応に関する講義・演習・見学が実施された。職場適応は専門日本語研修と職場適応研修で構成される。専門日本語研修は，さらに専門日本語 I

表3.1　訪日後研修の目標

(1)生活適応	地域社会で生活できる十分な**日本語運用力・生活適応力**の獲得 　総合日本語：日本語能力試験 N3 相当レベル 　社会文化適応：既習内容の70% 以上を理解すること
(2)職場適応	職場で即戦力として就労できる十分な**日本語運用力・職場適応力**の獲得 　専門日本語：既習内容の70% 以上を実践できること 　職場適応：既習内容の70% 以上を理解すること
(3)自律学習	職場および地域社会における**自律的学習能力**の養成 　自律学習能力：既習内容の70% 以上を理解すること

出所：AOTS 作成。

表3.2　訪日後研修の実施拠点と EPA 候補者数
（2016年度フィリピン・インドネシア実績）

実施拠点	インドネシア人		フィリピン人	
	看　護	介　護	看　護	介　護
(1) AOTS 東京研修センター	－	30名	－	－
(2) AOTS 関西研修センター	46名	42名	60名	－
(3) AOTS 中部事務所	－	160名	－	－
(4) 光洋スクエア横浜研修センター	－	－	－	273名
集　　計	46名	232名	60名	273名
	278名		333名	
	611名			

出所：筆者作成。

と専門日本語Ⅱに分類され，専門日本語Ⅰでは看護・介護の就労現場でのコミュニケーション能力の養成を目的として，看護・介護の重要な場面や事例（病室での処置・医師への報告・入院患者の食事等，入浴・清拭・食事・排泄・リハビリ等）が取り上げられ，患者・利用者や同僚との会話練習や看護・介護記録の読み書き練習が行われた。専門日本語Ⅱでは就労開始後の本格的な国家試験の学習に向けてその基礎力を養成することを目的にして，国家試験問題を題材にした読解練習，および頻出語彙の学習を行い，問題文で問われている内容を理解できる読解力の向上が図られた。また，上位クラス（クラス編成については第3節（3）で詳述する）では日本語のみで国家試験問題に関する専門講義と試験

表3.3　AOTS訪日後研修のカリキュラム概要
（2016年度フィリピン・インドネシア）

生活適応	総合日本語		教科書学習：主教材『みんなの日本語初級Ⅱ』『新日本語の中級』『みんなの日本語中級』 活動型授業，フィールドワーク等
	社会文化適応	講義・演習	「生活基礎情報」「生活マナー」「異文化適応」「日本の行政制度」「社会保障制度概要」「入国管理法と在留資格」「フィールドワーク」等
		見学	防災センター，市区役所，警察署等
職場適応	専門日本語	専門日本語Ⅰ	教科書学習：主教材『場面から学ぶ看護の日本語』『場面から学ぶ介護の日本語』 活動型授業，プロジェクトワーク等
		専門日本語Ⅱ	教科書学習：主教材『国家試験対策 看護 しけんたいさく』，『国家試験対策 介護 しけんたいさく』 活動型授業，専門講義等
	職場適応	講義・演習	「看護／介護の基本」「看護／介護現場での心がまえ」 （看護の場合）「日本の医療概要」「老年看護学」「精神看護額」等 （介護の場合）「日本の福祉概要」「人間と社会」「こころとからだの仕組み」「発達と老化の理解」等
		見学	医療／介護施設の見学
自律学習			「自律学習導入」「自律学習実践」「コースミーティング」「候補者提案型カリキュラム」等

出所：筆者作成。

　問題の解説が行われた。この取り組みについては第3節（2）で述べる。職場適応研修は就労先での生活・職場環境等に理解を深める講義や演習，看護や介護の専門知識に関する講義・演習・見学が行われた。自律学習は，EPA候補者が就労しながら日本語と国家試験の学習を進められるように，長期学習計画の作成と振り返り，学習計画シート（短期計画）に基づく自律学習時間の実施，EPA候補者が主体となって企画・手配・実施するEPA候補者提案型カリキュラム等の取り組みが行われた。（表3.3）。

　次に，日本語研修のモデルスケジュールについて述べる。図3.1は訪日時に日本語能力が初級後半レベルに達している標準的な候補者を想定したモデルスケジュールで，3つの学習段階に分けられる。

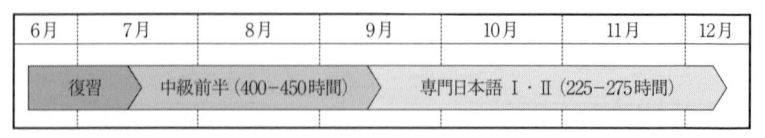

図3.1　日本語研修のモデルスケジュール

出所：AOTS作成。

　まず，研修開始1.5か月程度は総合日本語の初級後半レベルの復習，および運用力を高める時間にあてられた。その後2か月程度は総合日本語の中級前半の学習が行われた。そして，残りの2か月半程度で専門日本語の学習が行われるという流れで実施された。まずは基礎となる総合日本語力をN3相当に養成することを優先して研修を進めることが基本とされた。これは，AOTSで実施してきたこれまでの訪日後6か月研修や技術研修生向けの日本語研修の経験から，地域社会での生活に必要な日本語能力の土台は，中級前半までの学習でほぼ習得できると想定されたためである。また，中級前半までの学習で日本語の文法や語彙の体系的な知識を習得し，話す・聞く・読む・書くという4技能の運用力を養成することができていれば，それ以降に実施する専門日本語の学習もスムーズに行うことができると考えたことによる。

2　AOTSにおけるコースデザインのプロセスと実施体制

　ここでは訪日後研修におけるコースデザインのプロセスと筆者らが置かれた立場について述べる。AOTSが実施した訪日後研修は国からの委託事業である。実施事業者は入札によって決定される。したがって，訪日後研修の内容の大枠としてEPA候補者の人数，研修日数，研修時間，研修施設の条件等は，委託元が公開する仕様に示されており，それに基づき，AOTSが企画提案を提出し，入札の過程を経て委託元の承認を得たうえで，事業が実施されるという仕組みである。

　AOTSでの研修の実施体制は，大きく事務局と研修実施拠点の2つに分けられる。事務局は，EPA事業部と日本語教育センターが担い，EPA事業部は

事業全体を統括する役割を果たす。筆者らが所属する日本語教育センターは，EPA 事業部の示す全体方針にしたがい，両部署で協議を行ったうえでコースデザインを行う。具体的には，日本語研修を実施するために必要な目標，教材，日程，学習方針，評価方法等の情報を網羅的に記述した日本語学習実施方針を作成する。これには，過年度に実施した研修での日本語教師からの報告・改善提案，コース反省会で出された意見，コース中に AOTS 職員が授業見学をして把握した情報，学術的な知見等が反映され，作成される。

　各研修実施拠点で実施される日本語研修は 1 クラス（EPA 候補者10名から18名程度）に対し，クラス主任日本語教師 1 名と担当日本語教師 2 名から 4 名の教師チームが担当する。クラス主任日本語教師は，日本語教育センターの作成した日本語学習実施方針に基づき，各クラスの状況に応じた具体的な授業日程や指導方法を他の日本語教師と協議検討して決めていく。また，各研修実施拠点では，AOTS 職員が研修コーディネーターとして配置され，研修コースの運営管理，EPA 候補者の生活支援，日本語教師への方針の説明や日常的な相談業務にあたる。

3　訪日後研修での取り組み事例

　ここでは AOTS が実施した訪日後研修での具体的な取り組み事例について，直面した課題とその対応策について背景やプロセスを紹介する。

（1）接触場面を取り入れた会話能力の養成

　EPA 候補者は訪日後研修が終了すると，その直後に，患者や利用者の訴えや施設スタッフからの指示を理解したり，患者や利用者への声かけをしたり，患者や利用者の様子を別のスタッフへ伝えたり，こうした日常的な音声言語を介したコミュニケーション能力（以下，会話能力）が必須となる現場で就労することになる。したがって，本研修でも，会話能力の養成に力点をおき，聴解教材を利用した聴解練習や，シナリオプレイやロールプレイといった会話練習に

十分な時間を割いている。しかし，通常の教科書を使った学習活動だけでは，不十分であると我々は考えている。というのも，訪日後研修中，候補者は合宿形式の環境で研修を行っているため，日本語母語話者と接する機会，つまり接触場面が極めて限られた環境にあるためだ。高等教育機関への進学を目指す日本語学校の留学生の場合は，多くの場合で寮やアパートに住み，資格外活動でアルバイトに従事することで，日本人と接し日本語を聞いて話す機会を日常的に得るが，EPA 候補者の場合は，日本語教師等の限られた日本人としか接する機会がない。これらのことから，AOTS では，研修コースのなかで接触場面を学習の場として意図的に作り出す取り組みを行った。

　1つめに紹介するのが「実践日本語会話」である。これは，研修センター近隣に在住する地域住民等のボランティアや大学生に，定期的に研修センターに来てもらい，EPA 候補者との会話練習を行う取り組みだ。一般の日本人が話す自然な日本語に慣れることを主な目的とした。1回1時間から2時間程度のセッションを月1回程度実施した（時間や頻度は研修実施拠点によって異なる）。形式は EPA 候補者数人に日本人1名というグループ形式となるケースが多かった。内容は，調べ学習の発表を行い，質疑を受ける発表型，教材のテーマや調べ学習と関連づけてインタビュー調査を行う調査型，敬語等の言語的な学習項目と関連づける実践型，テーマを設定せずに自由に会話する自由型に大別できる。しかし，実際にはそれらを組み合わせた形態で実施されるケースも多かった。事前活動としては，会話で使用する表現の学習を教室内で行い，実践日本語会話の実施後は教室に戻り練習した表現を適切に使うことができたか，質問に対しどのような回答があったかを振り返りクラス内で共有した。このような事前事後活動を行うことで，学習内容の定着が図られた。また，実践日本語会話は高齢者特有の発話や聞き取りの難しさ，日本人学生の発話スピードや略語の多様性などを実際に体験することで，教室や教科書では学ぶことが難しい生の日本語にふれられる絶好の機会となった。

　2つめは，EPA 候補者がグループに分かれて，研修センターから外出し，あらかじめ決められた課題を達成する「フィールドワーク」である。来日後1

か月以内に実施される活動で，教室の外での日本語使用機会を確保する目的の
ほかに，日本社会についての知識と生活能力の習得，チームワークや時間管理
能力等の養成も目的に含む総合的な学習活動だ。活動は，準備・実施・報告の
3つの段階に分かれる。準備段階では研修コーディネーターより実施手順の説
明，必須課題・選択課題の説明が行われ，グループで活動計画を作成した。必
修課題は公共交通機関の利用，日用品の買い物，飲食店での食事，公衆電話か
らの安否確認電話，通行人に道を尋ねる，通行人に写真撮影を依頼するという
課題だ。選択課題は，買い物，外食，交通，金融・郵便のテーマから1つ選び，
店員等に質問しながら調べ学習をした。実施は計画に沿ってグループで行動し，
実施後に報告書，および新聞形式のポスターに結果をまとめた。日本語クラス
内で作成した新聞を読んだり，口頭発表したりして結果を共有した。

　「通行人へ道を尋ねる」「通行人に写真撮影を依頼する」「店員から情報を得
る」という接触場面を課題に含むことで，EPA 候補者はまったく見知らぬ人
と日本語で会話を行う経験をした。EPA 候補者からは，道を尋ねた際や質問
した際に日本人の返答が早くて理解が困難だったという感想が多かった。教科
書での学習では経験できない生の日本語に接し会話能力の養成を図る機会とな
るだけでなく，体験を通していま自分ができること，できないことを自覚し，
就労開始までに身につけるべきことを意識化させる効果をもたらした。

　3つめは地域住民との交流会だ。これは各研修実施拠点の地域性や EPA 候
補者数等の状況に合わせて企画されるもので，以下のような取り組みの実績が
ある。

①小中学校訪問

　近隣の小中学校を訪問し，国際交流の授業に参加する活動である。EPA 候
補者と児童がお互いに準備した絵や写真等で母国や日本の文化を日本語で紹介
し合い，子どもたちと交流を行うことで，日本の教育制度や学校環境等につい
ての理解を深めた。

②公園清掃

　近隣の NGO と協力し，公園清掃のボランティアを行う活動である。日本人

との混成チームを形成し目標に向かって行動することで，自然と日本語を使用する場面が生じた。また，チームワークの醸成，環境に対する意識の向上，社会貢献の重要性を実感する機会にもなった。

（2）日本語研修と看護・介護専門講義との連携

　本研修において日本語研修は日本語教師が行い，職場適応研修として実施される看護・介護の専門講義（以下，専門講義）は外部専門家が翻訳資料と通訳を介して行った。専門講義は，看護の場合「老年看護学」「精神看護学」，介護の場合「人間と社会」「こころとからだのしくみ」「発達と老化の理解」のテーマに関する計5回15時間の講義が実施された。特に日本語能力が高い EPA 候補者にとって，専門講義は専門知識の学習だけでなく，使用される教材や講師の話す日本語そのものが絶好の専門日本語の学習経験となる。そのため，日本語研修と専門講義をどのように連携させるかが課題となった。この課題に対する1つの取り組みとして，「A.予習」，「B.通訳・対訳資料付の講義受講」，「C.日本語のみで講義受講」という3つのプロセスで構成される実践例を紹介する（図3.2）。

　「A.予習」とは，専門講義を受講する数日前に，その講義で使用される語彙を日本語研修で事前に学習する取り組みだ。専門講義の教材に出現する専門語彙について，意味・漢字の読み方・用法等を EPA 候補者が辞書等で調べる時間が，専門日本語学習「予習」と名づけられカリキュラム上に設置された。学校教育の国語の予習課題として行われる意味調べに近いものだ。具体的には以下のような手順で進められた。

　まず，専門講義の教材と専門予習単語帳（以下，単語帳）が EPA 候補者に配布される。次に，EPA 候補者は教材を読み重要だと考えるキーワードや専門用語を抜き出し，辞書で読み方・意味を調べ，例文もしくは教材に書かれている文を記述する（図3.3）。この活動を教材の最後までひと通り行うことで，教材全体の大筋がだいたい理解できるようになる。次に，講義の内容を端的にまとめ，テーマに関する既有知識や疑問点を単語帳に記述する。

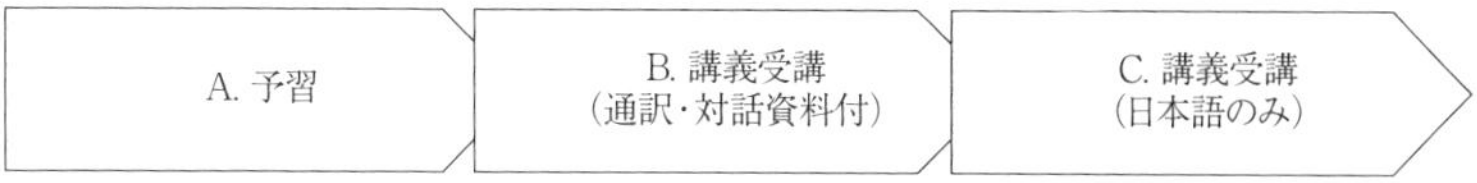

図3.2　日本語研修と看護・介護専門講義との連携プロセス

出所：筆者作成。

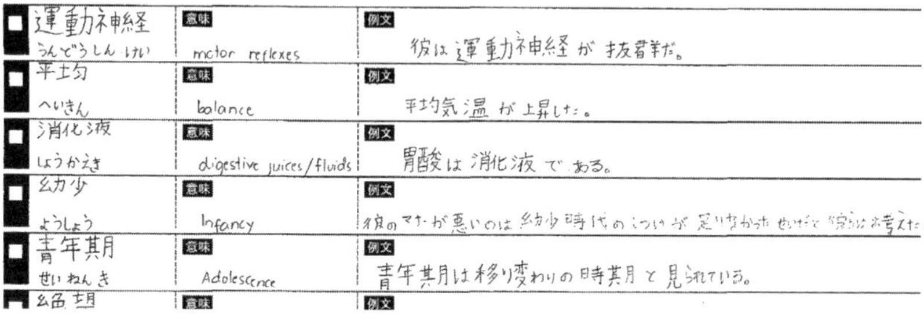

図3.3　専門予習単語帳の実例（単語リスト部分）

出所：EPA看護候補者作成の実例を一部抜粋。

　そして，「B.講義受講（通訳・対訳資料付）」には作成した単語帳を持参して臨むことになる（表3.4）。講義は専門講師が日本語で話し，その後，通訳が逐次通訳を行う。EPA候補者は「A.予習」によりキーワードの事前理解，および既有知識の活性化を図っており，講義の日本語での聴解がより理解可能なものとなり，日本語で直接理解できない部分は逐語通訳で確認できる仕組みとなっている。また，キーワードに関し，教材で見る，対訳を調べる，単語帳に写す，例文を書く，講義で聞く，逐語通訳で意味確認をする，という多角的なアプローチにより語彙にふれる機会が増加し，結果的に語彙の記憶への定着にもつなげることを目指した。

　最後の「C.講義受講（日本語のみ）」とは，Bで扱った講義の各テーマについて，国家試験模擬問題を解く演習だ。3時間の演習が5回実施され，Bと同様の外部専門講師が講師となる。専門分野の語彙はAとBで学び，知識についてもBで学んでいるので，EPA候補者は準備のできた状態で，国家試験問題の演習に取り組むことができる。A・B・Cの丁寧なプロセスを経ることで，専門講義を単なる専門的な知識理解の場とするのではなく，専門語彙の学習の

表3.4　専門日本語学習「予習」の実施手順

手順1	専門講義の教材および専門予習単語帳を配布
手順2	専門講義の教材を見て重要な語彙をピックアップし単語帳に対訳と例文を記載する。
手順3	講義の内容を端的にまとめ，すでに知っていることや，質問や疑問を単語帳に記載する。
手順4	単語帳を持参し，専門講義を受講する。

出所：筆者作成。

場，および講義解説を聞いて理解する練習の場としても位置づけることができる。

(3) レベル別カリキュラム

　2016年度のEPA候補者の受入れ人数は，インドネシアが278名，フィリピンが333名であり（AOTS 2018），EPA候補者の人数が多いため，日本語能力の上位者と下位者の絶対数も多くなった。そのため候補者の日本語能力のレベル差を前提としたコースデザインが求められた。この課題に対し，AOTSでは，主に2つの対応が行われた。1つ目は，レベル別カリキュラム（クラス編成）であり，2つ目は遅進者への特別対応だ。

　まず1つ目のレベル別カリキュラム（クラス編成）について述べる。訪日後研修では，日本語能力別にクラス分けが行われた。クラス編成は，訪日前研修の学習状況，試験結果，および本研修開始時に実施する能力判別試験の試験結果により4つのレベル（超遅進・遅進・標準・上位）に分けられ，進度，および到達課の異なるカリキュラムが設定された。表3.5がクラス編成であり，図3.4がレベル別カリキュラムである。

　表3.5で示した，超遅進クラスと遅進クラスは，図3.4で示した通り，専門日本語Ⅱの学習には進まず，初級レベルの学習内容に十分な時間が確保された。また，専門日本語Ⅰで扱う教科書の学習についても看護・介護の現場で遭遇する頻度や重要度の高い場面を扱っている課に絞って学習した。標準クラスは第1節（2）で述べた通り，総合日本語と専門日本語をバランスよく学習するカリキュラムだ。上位クラスは，中級から後半レベルの日本語学習も行われ，

表 3.5　クラス編成と対象者

超遅進クラス	研修開始時に初級前半の定着度が低く時間をかけた復習が必要な者
遅進クラス	研修開始時に初級後半の定着度が低く時間をかけた復習が必要な者
標準クラス	研修開始時に初級の学習を修了しており，学習内容を概ね習得している者
上位クラス	研修開始時に中級前半の学習を半分程度修了している者

出所：AOTS 作成。

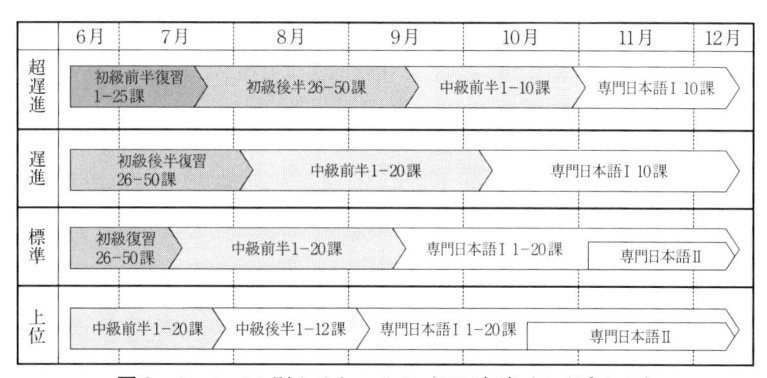

図 3.4　レベル別カリキュラム（2016年度インドネシア）

注：使用教材については，本章の表 3.3 を参照。
出所：AOTS 作成。

専門日本語に関しても，十分な時間が確保でき，応用的な学習活動も取り入れられた。実際の日本語の授業においては，上記のレベル別カリキュラムが参考にされ，クラス主任日本語教師が EPA 候補者の既習状況，学習適性，学習意欲，新規学習項目の定着具合に合わせて進度や日程を管理・調整を行った。

　次に，2つめの遅進者への対応について述べる。EPA 候補者のなかには，AOTS で想定した学習進度よりも学習のスピードが遅い EPA 候補者（以下，遅進者）が一定数存在した。遅進者に対しては，通常のカリキュラムに加えて次の特別対応を行った。

　1つめは，日本語教師による補講だ。コースで予定している授業回数・時間に追加する形で行われるもので，実施の回数，時間数は，担当するクラス主任日本語教師と研修コーディネーターが協議し，遅進者の状況に合わせて決定さ

れた。内容は，文法・聴解・読解等の技能別・レベル別に弱点を補強する形式とされ，研修期間のできるだけ早い時期から行われた。2つめは，研修コーディネーターが行う学習サポートである。学習習慣が身についていない EPA 候補者に対し，通常であれば個人で学習を進める内容や繰り返し学習が必要な学習活動を研修コーディネーターとともに行うものだ。通常の研修時間に追加して特定の候補者に対し実施された。単語を覚える活動，文章の音読練習，聴解 CD を繰り返し聞く活動などが具体的な学習内容だ。こちらも研修期間のできるだけ早い時期に実施し，学習した項目の確実な定着を図るとともに，1人で学習を進められるように仕向けることを目的にした。

4　介護・看護の日本語教育コースデザインで留意すべき点

　最後に，これから看護・介護の日本語教育に携わる方々に対し，AOTS が実施した訪日後研修の実践経験から，コースデザインを行う際に参考にしていただきたい点を述べたい。まず，（1）総合日本語と専門日本語のバランスであり，次に（2）日本語能力のレベル差への対応が挙げられる。

（1）総合日本語と専門日本語のバランス

　看護・介護の日本語教育に関し，できる限り日本語学習時間を短縮したいという外的要因や特定職種に従事する特殊性から，一般的な日本語ではなく日本語学習の初期段階から看護・介護の現場で使われる表現・専門語彙に特化した教育を行うべきと考える方がいるかもしれない。しかし，まずは地域社会に十全と参画し，社会の一員として住民や就労先のスタッフ等と良好な人間関係を築きながら充実した生活を送れるように，日常的な場面で必要となる日本語能力の習得が必要であると考える。さらに EPA 候補者は就労開始後には即戦力としての役割が期待されているため，さまざまな患者・利用者・スタッフ等とできる限り円滑なコミュニケーションがとれる日本語運用能力を身につけておく必要がある。中級前半程度の体系的な日本語の知識と運用力がなければ，看

護・介護場面での会話の練習に関しても，教科書の例文や表現を固まりとして丸暗記する学習にとどまってしまう。声かけ表現や頻出語彙をフレーズとして覚えるのみの学習だけでは，教科書以外の場面や相手に接した際に応用的で柔軟な対応ができない恐れがある。これでは，対人援助職として従事する者としては不十分である。こうした点を考えても，初級レベルから日本語を学習するEPA 候補者に対して，総合日本語を中級前半まで学習し日本語の文型・文法，語彙を体系的に学習し4技能の基礎的な運用力を身につけ，それを土台として，専門日本語の学習に進むというコースデザインが妥当であると考える。外国人人材を受入れるのにあたり，日本語学習に費やせる時間，日本語を体系的に学習する機会があるかどうか，日本に滞在する期間，最終的な目標等を考慮して，総合日本語と専門日本語の中身とのバランスを検討すべきであると言える。

（2）日本語能力のレベル差への対応

　海外から看護・介護に関わる外国人人材を受入れ，国内で日本語研修を実施する際は，コースデザイン上，学習者の日本語能力にレベル差が生じていることに留意した方がよい。技能実習制度に介護の職種が追加され，N4程度の日本語能力を有することが訪日の要件として課されているが，N4程度と一口に言っても限りなくN5に近いN4程度の学習者と，逆にすでにN3を取得している学習者が混在することも想定される。また，日本語能力の4技能（話す・聞く・読む・書く），および日本語の知識や運用力がすべてN4で表されるレベルに揃っているとは限らない。学習者が複数いる場合，日本語能力レベルが均一ということはあり得ないのだ。AOTS ではレベル差への対応として，第3節（3）で述べたように複数のカリキュラムおよび遅進者への特別対応という工夫を講じたが，これは我々の実践例の1つであり，ほかの事業や学習者に実施する際には異なるアプローチやさまざまなアイデアがあるだろう。たとえば，コース期間の調整（例：日本語能力が一定レベルに達しない学習者に研修コースを延長する等），コース前後での調整（例：来日前の事前課題，コース終了後にレベルに応じた課題を出す等），コース内での調整（例：複数カリキュラム，補習・補講，レ

ベル差に応じた自習課題，学習者間の相互学習等）などが考えられる。こうした対応策を講じるにあたっては，経費，講師数，教室数といった実務的な要素，および学習者の日本語学習適性，学習スタイル，動機付け等の個人差も合わせて考慮していく必要があるだろう。

　訪日後研修は，日本での長期滞在を前提にした特定職種の高度な外国人人材に対し，就労を開始する前の日本語研修を大規模に実施する取り組みである。本章の記述が，看護・介護以外の業種や職種における外国人人材に対する訪日後日本語研修を実施する際にも先行的な実践例として参考になれば幸いである。

参考文献

高見澤猛（2004）『新・はじめての日本語教育2　日本語教授法入門』アスク出版.

国際交流基金（2006）『日本語教師の役割／コースデザイン』国際交流基金日本語教授法シリーズ第1巻，ひつじ書房.

AOTS（2018）「経済連携協定（EPA）に基づくインドネシア人看護士・介護福祉士候補者に対する日本語研修事業／看護士・介護福祉士候補者日本語研修事業（日比経済連携協定に基づく看護士・介護福祉士候補者受入研修事業）」〈https://www.aots.jp/project/epa/〉（2019年10月19日現在，https://www.aots.jp/other/epa/　で閲覧可能).

第4章
外国人介護・看護従事者の「日本語ができる」とは

二文字屋修

1 外国人看護師と日本語

（1）外国人が看護師になるには

　日本の病院で働く外国人は多くはない。なぜなら医療機関は専門家集団の職場であり，業務独占の国家資格は取得が難しいことや，それを外国人が取得するまでのプロセスを考えれば時間的にも経済的にも負担が大きく，受入れ側のサポートがなければ困難だからである。また私たち日本人（ネイティブジャパニーズ）は気持ちのどこかで「日本人でも難しい試験だから外国人にはなおさら難しいに違いない」と思っているのではないだろうか。

　さらに外国人看護師に求められるのは資格だけではないということも関連している。専門領域の高度な知識とそれを理解するための日本語に，とんでもなく幅広く高度な実践的日本語運用能力が求められる。それを量的にも質的にもどれだけ学ばなければならないのか，そもそもそういう日本語を教える場があるのかどうか，またどうやって身につけていくのかなど，まだまだ研究は進んでいない。

　看護学生は必須科目で生命現象を化学的にとらえる生化学を学ぶ。患者に寄り添う専門職者の基本知識の１つであるが，高度な専門用語が頻出して授業に追いつけない学生が多いようである。以前看護師養成施設（厚生労働省が認可した３年制の看護専門学校）の先生に聞いたことがあるが，日本人学生でさえ生化学の期末試験の合格率は30％程度で，追試を受ける学生が大半だということ

だった。また隣接分野の薬理学も似たような状況のようで，初めて学ぶ専門用語の難しさに新入学生は当惑するのだろう。

　ある看護専門学校で学ぶベトナム人留学生の話では，このような専門基礎分野は外部からの担当講師に教えてもらったと言っていた。第一線を退いた知識も経験も豊かなドクターが担当し，教壇の前でぼそぼそとテキストを解説し，板書は何が書いてあるか判読しにくく「納豆糸のような日本語です」と感想をもらしていた。「放課後に日本人の同級生に聞いても私たちと同じで分からないと言っていました。外国人だから難しいというわけでなく，日本人も大変なので私たちベトナムの留学生はもっと大変でした」と語っていた。この科目をクリアするだけでも相当な学習量だが，さらに成人，老年，小児，母性，精神と看護の学びが進み，３年次の臨地実習へと突入していく。これらはすべて，看護師国家試験に合格するための，そして病院等で働くための学習である。

　しかし実際に働きだしてみると，学んだことが病院でそのまま通用しない場面に遭遇する。現場に入ると学校では習わなかった専門用語の略語があちこちで飛び交い，一を聞いて十を知るように働かなければならないときもあるからだ。だから多くの医療者から「病院では阿吽の呼吸で働くので外国人には向かない」という考えが出てくるのだろう。病院で働くためにはそれにふさわしいコミュニケーション作法があるということだろうか。

　しかし「日本人同士だからいちいち指示しなくとも分かるだろう」という仕事の在り方が，ヒヤリハット（医療や福祉の現場で，結果として重大な事態には至らなかったものの，突発的な事象やミスにヒヤリとしたりハッとしたりすることで医療ミスではない）を生む１つの温床になっているのであり，患者に対するエビデンスが求められる時代にあって，決してよいコミュニケーション習慣とは言えないのではないだろうか。ヒヤリハットをなくすため院内に「医療安全対策委員会」等を立ち上げ，毎月各部署で報告会を行って全スタッフの啓発と実践に励み，リスクマネージメントに役立てている病院もあるが，外国人には高度な日本語力を求めながら自分たちの仕事は阿吽の呼吸で行うというのは理屈が合わない気がするのだ。ここで日本語教育らしくそれをノンバーバルコミュニ

ケーションの1つでとらえてみると，現場で経験を積みながら日本語を学習して身につけていくのが最善なのかもしれないと思えてくる。しかし，もしそうであればまずは現場で受入れてもらわないと育たないではないかというジレンマに陥ってしまう。この分野の悩ましいところである。

（2）日本語教育の変化と不変

1987年当時，日本はバブル経済の真っ盛り。人手不足で倒産する企業まで出ていた。その頃中国ではパスポート取得が緩やかになり，それをきっかけに多くの学生が来日して日本語学校で学んでいた。このような背景での日本語学校は，当時「雨後の筍のように現れた日本語学校」と揶揄されるほどだった。また在留資格は「就学」という名称で「留学」と区別されていた。日本語教師の規定は曖昧で，文系の大卒者で多少の経験があればよしとされる程度だった。

当時筆者は教壇に立ちながら『日本語初歩』（鈴木他編 1981）と格闘していた。教師が集まって勉強会の機会を作ろうとしても指導してくれる専門の先生が少なく，探すのも困難だった。そんな筆者でも JLPT 2級や1級の合格者を出すことの難しさを現場で感じながら経験を積んでいると，日本語教育のイロハぐらいは自ずと身についていった。

教室には JLPT 1級を目指す中国や韓国の学生もいれば，2級は難しいから3級，いや5級かというパキスタンの学生たち，早々と受験を諦めるアメリカの学生もいた。そこで筆者が素人なりに学んだのは，ゼロ初級から日本語能力試験対策までのプロセスで日本語学習者の苦手な文法事項は母語に関わりなくほぼ同じということだろうか。とはいえ，助かったのは大半の学生が中国人なので，漢字教育は少数派の非漢字圏の学生を取り出し授業をすればよかった。今思えば日本語表記で難しい漢字を特別に教えなくとも学生が自学できる教育環境だったというのは，果たして真っ当な日本語教育といえるかどうか，恥ずかしい限りではある。しかしこれは漢字圏の学生が多数を占める日本語教育のリアルな一面でもあった。

中国人留学生が多数派の状況は今でも変わらないが，徐々に変化して最近は

ベトナムが中国にとって代わろうとしている。その理由は中国が豊かになって欧米への留学が多くなり日本を目指さなくなっている一方で，ベトナムがかつての中国のように海外に目を向け，日本が行きやすい国の1つと認識されているからである。また留学生は就労が認められていないが入管法第19条2項の規定によって，「資格外活動許可」を受けていれば1週間に28時間以内のアルバイトができることも大きなポイントだろう（最近は28時間から36時間に延長しようとの議論が出始めている）。その背景には人手不足に悩む産業界からの強力なプッシュ要因があり，人の流れの底流は今も80年代当時とさほど変わらない。

　ベトナム人留学生が多くなってきていることで，非漢字圏の学習者が多数を占めるという新しい変化が教育現場に生まれている。最近の日本語テキストはベトナム語バージョンを作らないと売れ行きに影響するという。非漢字圏の学生には初級の段階から漢字を教えていかなければN3さえ合格には届かない。

　また2008年から始まったインドネシアEPA候補者受入れと，少し遅れてスタートしたフィリピンEPA候補者受入れも非漢字圏の学習者である。日本語教育にとっては刺激的なプロジェクトだが，とても残念なことに現地で6か月間だけの教育で医療や介護の現場に受入れてもらおうというのは無謀というよりほかはない。実際に受け入れた病院や介護施設では，仕事の指示や対応などに手こずったことは言うまでもなく，日本語はほぼできていないと言ってよい状態だった。これを受けて，2014年からスタートしたベトナムEPA候補者はN3合格者を来日条件とした。その後インドネシアやフィリピンも来日前6か月，来日後6か月の合計12か月に日本語学習時間が改善されて今に至る。しかしそれでも自己紹介ぐらいしかできないフィリピンEPA候補者がまだいるのはどうしたことだろうか。あるとき「私は日本が女子です」と書かれた手紙をもらったことがある。「好」の文字が左右開きすぎて一文字に見えなかったのである。また「看護」が「看語」になっていたときは「漢語」が連想され，日本の漢字は難しいものだなと思った。病院で雇用したEPA候補者のなかには漢字がなかなか覚えられず，しまいには「私の日本語はひらがなだけでいいです」と冗談まぎれに真剣に言うEPA候補者もいた。彼は「話しするのは楽し

いですが，漢字は覚えられません」と悩んでいた。部首の意味が分からず，書き順が自己流で形が整わないために嫌気がさしてしまったようである。

2　ベトナム人看護師養成支援事業との関わりから

（1）日本語教育から次の問題へ

　実は筆者も外国人が日本で看護師になるのは無理だろうと考えていた頃がある。1994年，ベトナム人の若者が日本で看護師になるプロジェクトが立ち上がり，そこに参加の誘いがあったときである。「それは無理でしょ」と心のなかで思った。このプロジェクトになぜ筆者が誘われたかといえば，それは立ち上げメンバーに日本語教育経験者がいなかったからである。筆者は「本物」の日本語教師ではないが，多少とも日本語教育の経験があったことが大きかったようである。

　非漢字圏の学生が現地で JLPT 2 級（当時）を取得し，さらに来日して厚生省（当時）認可の看護師養成施設，いわゆる看護専門学校の入学試験を日本人受験者と同じ条件で受けなければならない。公立の専門学校の入試は国語，数学，英語，化学，小論文，面接があり，大学には外国人特別枠での入試があるのに看護専門学校は「日本人と同等」の扱いとなる。そのような受験に耐えられる日本語，そして受験科目をどうやって教えることができるだろうか。つまり，「ベトナム人看護師養成支援事業プロジェクト」のスキームは無謀すぎるチャレンジだと思ったのである（以下，プロジェクト）。このプロジェクトは1993年11月に厚生省認可事業として千葉県の民間病院が中心になって始め，その後各地の病院に拡大した。1994年から2004年までベトナム・ハノイで17か月間の受験準備教育に参加した者は174名で，このなかから来日して看護専門学校や短大・大学等を受験した者が112名おり61名が合格した。中途退学者が5名出たため56名が卒業して全員が看護師国家試験に合格した。プロジェクトは2010年に終了した。現在でも半数近くが日本の病院で働いている。

　1996年来日受験の第 1 期生31名は JLPT（当時はベトナムで実施されていなかっ

たためバンコクに引率受験した）2級に1名も受からず，看護専門学校の入学試験結果も散々だった。そこで日本語教育の運営方法を改善するため JF に所属していた知人の日本語教育者に相談したところ，「専門家に任せるのもいいが，誰も挑戦したことがない新しいプロジェクトなら，ド素人がやってみたら面白いよ，ぜひ頑張りなさい」とアドバイスを頂いた。

　そこで教師を一般公募し，プロジェクトの意義をハノイに派遣する教師に十分理解してもらい，事務局と一体となってミッションを共有しながら進めていった。おかげで翌年は2級合格率85％を達成することができた。それは日本語の先生方の熱心さと学習者の努力の成果である。しかしここから看護留学の本当の問題に突き当たった。それは受験科目の国語をどうとらえ，どう教えるかという難問だった。

（2）日本語と国語が交差するとき

　外国人留学生の入試は日本語能力試験と専門科目，面接が一般的だが，看護専門学校は留学生枠を設けず，日本人受験者と「同等」の扱いが「公平」ということで，英語や数学，化学はまだよいが国語には閉口した。現代文や四字成句，ことわざから古文と高校生が習う国語である。私たちにとっては国語のテストと言えば虫食いの長文読解がお馴染みのスタイルだが，これはベトナムにはないもので，これを見た学生たちは日本語文のあちこちに傍線が引かれたり括弧がついて空欄がある問題文をどう理解していいか分からず，問題用紙の前で不安そうな表情をしていたのを思い出す。それを見た筆者もこの状況はいったい何だろうと一瞬時間が止まったような経験をした。

　文章を読み，詩を味わいエッセイを書くのがベトナムの国語。文章の脇に引かれた傍線箇所の意味を解くのが日本の国語。他者が書いた文章を熟読理解して文意を汲みながら自己表出させるか，作者の意図に内向・同調しながら文意を汲むか，両者の大きな違いに異文化間教育の壁を体験させられたのだった。日本の国語の問題を前にある学生が言った。「文章の意味が1つしかないなら，その作者はヘタです」と。しかし日本の国語には模範解答は1つしかないのだ。

この学生が国語のジャパニーズスタイルに馴染まなければ看護専門学校合格への道のりは遠くなる。

　プロジェクトを担う教師たちは日本語が上級に進んでいくにしたがって国語にも取り組んだが，日本語は1級に近いのに国語の点がとれない学生の成績をみて筆者はハタと考えた。日本語教育と国語教育はどこか似ていて大きく違う。日本語を教えるという行為の先に国語を教えることがつながっているのかどうか。日本語上級のテキストを見ると長文が掲載されてあってまさしく国語問題のように見えるが，あくまでも日本語の上級を教えるのが目的で，それは国語を教えるのとは違うのではないかと考えたのである。

　ある夏のハノイの教室で教えていたときのこと。「目を覚ますと，窓の外は一面の銀世界だった」という一文に出会った学生は，雪を見たこともふれたことも，このような冬を体験したこともなく（ベトナム北部の中越国境の高原で数年に一度薄っすらと降ることはあるが），まして川端康成の『雪国』を連想することもないだろう。ベトナムの学生にこの情景を説明しても理解が届かないのは当然である。もちろん一つひとつの単語の意味は分かる。難しい抽象的な語彙ではない。しかしそれらが文を構成した時に現れ出す情景や，そのイメージから呼び醒まされる風景を感じ取る肌感覚がないために感情がついてこず，設問が解けないのだ。日本語による伝達や指示を理解することはできても，日本人の自然感や文化背景からくる比喩を味わうことはとても難しい。

　筆者は最近ハノイにある人材送出し機関で日本語を教える機会があるが，先日「みんなの日本語初級Ⅰ」（スリーエーネットワーク 2014）の第8課「そろそろ失礼します」という会話テキストを担当したときのことだ。

　山田一郎さん宅を訪問したマリアさんとジョゼさんたちの会話場面で，山田一郎さんが『日本の生活はどうですか』と聞くと，マリアさんが『毎日，とても楽しいです』と返答する。『お仕事は，どうですか』と山田さんが尋ねると，ジョゼさんは『忙しいですが，おもしろいです』とパラレルな模範的回答が返ってくる。ここで山田友子さんが登場して『コーヒー，もう一杯いかがですか』と勧めると『いいえ，けっこうです』とマリアさんが応じ，ジョゼさんが

『あ，もう6時ですね。そろそろ失礼します』と場面が展開する。

　この課は形容詞の導入でいよいよ日本語の広がりにさしかかってくる課である。筆者はい形容詞・な形容詞のカードを準備して授業に臨んだ。数名の学生に登場人物を割り振ってテキストの会話練習が終わったとき，ある学生から質問が出た。「先生！　6時，帰りますか？」。彼にとって，久しぶりに友達の家に行って話をし，食事しながら酒を飲んで楽しくなってくる時間になぜ帰るのか，大きな疑問のようだった。筆者は最後に山田友子さんが言う「またいらっしゃってください」という美しい日本語を説明しようと意気込んでいたのに，準備したカードの出番もなくなってしまった。しかし会話のやり取りを学習するテキストをきっかけにこのような質問が出るのは願ってもないことである。学習者自身の日常生活から湧いてきた素朴な疑問には，たとえ日本語が未熟でも，単語の羅列であったとしても，質問者自身の生活感が伝わってくる。会話のやり取りを日本語の意味として表面的に理解するのでなく，その場面の世界に身を浸して理解した結果出てきた彼の質問にクラスの仲間は反応した。みんな同じような日本語レベルだがそのときに成立する会話がある。テキストから離れた対話とでも言おうか。実際に「先生！　6時，帰りますか？」ではテキストにならない。しかし彼が意図するところはクラス全員に十分に伝わっている。わずかに3つの文節だが，その背後に大きな場面の広がりを見せてくれる。このとき筆者も自分の家庭を紹介したところ，多くの学生が家族のエピソードを話してくれた，もちろん第8課の学習者であるから語彙は豊かではない。でも彼の疑問を受け取ってみんなが山田一郎さんや知子さんやジョゼさん，マリアさんになっている。このときは日本語教育というより日本の国語のそれに近かったのではないかと思う。つまり『あ，もう6時ですね。そろそろ失礼します』という，何気ない日本語の会話を通じて，期せずして日本人との関係における礼儀作法に自分を対峙させたことは，テキストに書かれたセリフが醸し出す空間に漂う意味を彼らがつかんだ瞬間ではないだろうか。国語で言う行間を読むということだろう。日本語初級で国語の授業もするという得難い経験をしながら，こういう行間に気付く外国人となら日本で看護や介護の仕事を一緒に

やりたいなと思った。それは「気づき」が介護や医療の現場で良き働きをするのに大事な素質の1つだからである。また「気付く人」には，たとえ日本語に未熟さがあってもまわりのスタッフがそれをカバーしてくれることもある。

（3）奥が深い言葉の世界

　日本語教育が初級，中級，上級と進むにしたがって日本語が国語に変化していくものではないので，前述したプロジェクトは日本語1級や2級の対策をしながら国語の受験対策も同時並行して進めた。この時には大学受験予備校の国語教師にお願いした。国語対策は時間が限られていた関係もあり，代名詞や接続語の働きを理解し，それらによって前後の文意の変化の法則を教えたりすることで最小の対応をすることしかできなかった。しかしこの学習は看護師国家資格を取得して医療現場で働くようになってからとても役に立ったと，多くのベトナム人看護師が語ってくれた。このような日本語文の基本構造を理解しておけば現場で飛び交う報告の概略を素早く理解するのに役立つようである。

　プロジェクトの実行過程で突き当たった「国語」は，一般的には日本語教育の範疇ではないだろうが，お陰でこの2つの分野に関心を持たざるを得なかったのは幸いなことと今にして思う。

　文部科学省の『高等学校学習指導要領（平成30年告示）解説』を見ると，高校の国語の目標は「言葉による見方・考え方を働かせ，言語活動を通して，国語で的確に理解し効果的に表現する資質・能力を次の通り育成することを目指す」として3項目が列記されている。「(1)生涯にわたる社会生活に必要な国語について，その特質を理解し適切に使う（以下略）。(2)生涯にわたる社会生活における他者との関わりの中で伝え合う力を高め，思考力や想像力を伸ばす。(3)我が国の言語文化の担い手としての自覚を持ち」などと具体的に示され，国民教育の基本をなすものと理解される。それゆえ小学校でも中学校でも「目標」はほぼ同じである。日本語ができることが前提で国語がスタートし，さらに生涯にわたって日本語による広範なコミュニケーション力を身につけるための基礎力を養うのが国語の学習目標ということなのだろう。しかし学校を卒業した

後は個々人の努力に任せられ，国語を学ぶ機会がほとんどなくなるのが実情である。

　上述の『学習指導要領』の「生涯にわたる社会生活に必要な国語」を「日本に在留する限り社会生活に必要な日本語」と読み変えれば両者の学習目的は似ているようにみえるが，母語としての日本語と外国語のそれとの差は大きい。私たち日本人は自分の国語力増強に投資することはないが外国人が日本語を学ぶにはお金がかかる。私たちの多くは日本に生まれて日本語を覚えてきたので日本語はできる。ミスコミュニケーションも度々あるものの，それを日本語の未熟さとはとらえず，「あの人の性格はああだからね」などと人物評価にしかねない。しかし，相手が外国人なら日本語力の問題となる。日本語が未熟な人なら反省するだろうし，けっこうできる人の場合は「日本語がまだまだなので」と失敗の言い訳に使うこともある。

3　外国人看護人材としてのふさわしい日本語

（1）　学びはベッドサイドで

　文部科学省（2018）によれば2016年の留学生の就職者数は19,435人と前年に比べて3,778人増えているものの，留学生全体から見るとわずかに3割にとどまっているという。留学生は日本の就職活動の仕組みが分かりにくいことや日本語による適性試験や能力試験，面接対応が難しいと訴えている。一方，企業側の意見は，留学生は日本語能力が足りず，日本企業での働き方の理解が不十分だと言う。

　1983年に始まった留学生10万人計画から2008年の30万人計画[1]がそろそろその数に達しそうな今でも，留学生と企業双方の解消しない両者の隔たりを考えるとき，留学生に対する日本事情やビジネス日本語の教育支援は必要だが，企業側の日本語教育に対する理解不足も考慮しなければならないのではないだろうか。外国人が日本で働き，社会と統合していこうとするには圧倒的にマジョリティーが強いことは言うまでもないが，両者のミスマッチをどう埋めていけ

ばよいのかたいへん難しい課題だが，そのヒントの1つを石黒（2013：17）は次のように述べている。

　　社会言語学の立場からすると『正しい敬語』は存在しません。あるのは『ふさわしい敬語』だけです。そして，その『ふさわしさ』を決める社会的なルールは，文法のような正しいか正しくないかのルールではなく，話し手のアイデンティティや話し手と聞き手の関係，その場の状況によって変化するゆるやかなルールなのです。

　この「ふさわしさ」を身につけた外国人看護師の例がある。井上（2006：54）はベトナム人看護師が働く病院でフィールドワークをしながらその働きぶりを観察した。井上の論文にこのようなエピソードが記録されている。入職4年目のベトナム人看護師（以下，S-1さん）と外来患者との関わりの一場面である。

　　高齢者の女性を車椅子に乗せて移動するためにエレベーターに乗っているとき，その女性が泣きながらS-1さんに話しかける。『わたしが病気になるから"せがれ"に悪くてよ～』と，その女性は感情が高ぶっているらしく泣きじゃくりながらS-1さんに訴えている。そうするとS-1さんは，『そんなに悪いなんてことないよ，息子さんはお母さんが1日も早く元気になることを願っているよ。泣かなくて大丈夫だよ』と励ました。筆者がここで注目したのは，女性の言った『せがれ』という言葉を『息子さん』と言い換えて返答をしている。最近ではほとんど聞く機会がないような『せがれ』という言葉を，S-1さんが自然に『息子』と理解し，言い換えをして会話を続けたことは，S-1さんの言語リテラシーの高さを証明する出来事だともいえるのではないだろうか。

　このS-1さんは，プロジェクト参加者のメンバーでハノイの日本語センターで学習していたときはあまり目立たない学生だったが，来日して看護専門

学校に留学すると部活や地域のサークルなどにも積極的に参加して 3 年間を楽しんでいた。自ら進んで日本人と関わることで言葉に磨きをかけながらふさわしい日本語を学んでいたようである。このような彼女の姿勢と能力があるからこそ病院に入職して観察力も養われていったのだと思われる。

　筆者はベトナム人を対象としたプロジェクトに関わることで各地の病院を訪ね，多くの医療者の話を聞く機会が増えたが，ある医療者がこのような見方をしていたのを今でも覚えている。「患者との関わり方が上手な人はこの仕事が好きになる。そうなるとスキルも上がり患者に喜ばれ，ますます仕事が楽しくなるという好循環が生まれるが，反対のケースだととてもつらくこれほど大変な仕事はないという情況にはまってしまう」と。これは対人就労または感情就労の特徴の 1 つである。たとえば日勤が終わって友人と食事を楽しむ時間であっても，受け持ちの患者の様態が思わしくなければ頭の片隅から離れない。ある看護師長は「夢のなかでも心臓マッサージしていることもある」と話してくれた。

　ではここで井上（2006：62，傍線本文ママ）の論文から S-1 さんに再び登場してもらおう。

　　（筆者〔井上氏，以下同じ〕）：日本の病院で働く上で，一番気を遣うことって何ですか？）
　　うーん，やっぱり患者さんですね。
　　（筆者：患者さんに対する何ですか？）
　　患者さんに対する対応。患者さんと家族ですかね。
　　（筆者：例えば？）
　　言葉とか，あとなんか聞かれたときの対処。病気のこととかなんでもいいし，あとあの例えば末期の患者さんに，本当に言葉とかすごい大事。
　　（筆者：励ましとか？）
　　励ましとかはっきりいってあんまり良くないの。励まし方にもあるんですけど，だってね，あと余命が 1 か月とか 2 か月って言われた人にがん

ばってくださいって言ってもちょっと……悪いし，まあすごく難しい。その状況や場面によってね。はい。あと話し聞くのも大事ですね。時には本当に何も喋らなくって，ただそばについて手を握っているだけで，でも本当に向こうに伝わっている感じですね。

　（筆者：一番コミュニケーションとるのに気を遣う人というか難しいのは誰ですか？）

　患者さん。

（筆者：それはなぜ？）

　いろんな文化，いろんな出身から来ているし，で，初めて関わるんだし，プライベート（患者さんの）に慣れていないから，……例えば，1週間のなかで，6日間良くても1日でも1時間でも，一言だけでも悪かったら（看護師の対応が）マイナスになっちゃう。ので，そういうのがいつもあるから慎重に，よくやって当たり前なことなんだけど，良くないことをやったら，本当にダメになっちゃう，全部ダメになっちゃうんで。

　あと今の病院は，うつの方とかが多いんで，あとそういううつの方への対応が難しいんで，それこそ，家族とコミュニケーションとって一緒に関わっていくんですね。こっちから一方的にどうですか？　って聞くんじゃなくて，向こうから自ら話してくるように，ちょっとなんか語りかけるみたいな感じ。結局，きっかけを与える。

　新人看護師には1年間プリセプターがついて指導するが，症状に合わせたコミュニケーションの取り方はなかなか難しい。プリセプターも若い看護師が担当することが多く任せっきりにはできない。途中でバーンアウトしないようベテランが支える態勢を取っているところもあるが，そこまで手が回らない医療機関もある。1日の仕事が終わると上司がプリセプターと新人看護師に振り返りの時間を設けて話を聞いたりしながら，孤立しないようこまめに指導を積み上げていく過程で，プリセプター自身も成長していくことが期待されているのである。プリセプターは4年から5年の看護経験者が担当するのでテクニカル

な診療の補助は十分できているが，患者対応は一律にはいかない。対人関係の作り方は経験を重ねることも大事だが，本人の人柄も加味される。

　S-1さんが最後に語った，「患者さんに聞くのではなく患者さんからの発話を促すようなきっかけをつくる」ことが必要な看護業務は外国人看護師にはハードルが高いように思えるが，S-1さんの同僚だったベトナム人看護師によると「相撲の話題などを自分の方から話したりして患者さんに自分を受け入れてもらえるように工夫していた」と言っていた。自ら話題をつくっていく方が会話が成り立ちやすいということだろう。

（2）ミスに国境はない

　日本人（ネイティブジャパニーズ）だから言語活動がうまくいくとは限らない。日本人看護師も外国人看護師も同様に本人の適正もあるがやはり観察能力が大事である。先輩看護師がどのような対応をしているか，瞬時に観察し覚えていく。観察してそれを真似し，そしてそれを実際にできるか。先輩の方は看護業務基準に照らしてエビデンスを明確に示して冷静な看護を実践していく。1人の看護師を育てるのに日本人も外国人もない。

　以前あるシンポジウムで異文化間教育の研究者から受けた質問が印象に残っている。「ベトナム人看護師を受け入れた病院で，業務のうえで困惑した事例を教えてほしい」というのだ。この質問は「ベトナム人だから日本人とは違うところがあるはずだ。それを知ることで外国人看護師が陥りやすい誤りを事前に理解し，教育に役立てられれば相互によい関係が作られるだろう」という意図だと思われた。しかし，筆者の隣に座ったシンポジストの病院関係者は「ううむ，いま思いつきませんねえ」と言ってマイクを置いた。マイクを渡された筆者も同じ考えでこのように述べた。「日本人はしないミスをベトナム人だからしてしまうという事はありません。ミスに国境はありません」。

　井上（2006：61，傍線本文ママ）でS-1さんはこう語る。

　　　言葉とかっていうときりないですね。文化的なものもそうですけど，や

はり直接自分から関わっていかないと，そういうわからないことが出てき
てこないんで，でー相手に教えてもらいたいっていっても，相手は何を教
えたら良いのかわからないわけですよ。本だっていっぱいあるし，勉強し
たければいっぱいあるんだけど，大事なのは，直接関わっていって，そこ
から出てくるもの，そしてどんどん解決していくんですよね。でもそうい
うときに出てくるもの，例えば最初慣れていないときに，相手に気軽くき
けるような体制と，あとー，逆に引いてほしくないんですね，向こうに，
こんな難しいこと言ったって，この子には通じないとか，そういう風なこ
とじゃなくって，もうどんどん関わって，……逆になんか，看護師の資格
も取って，本当に同じ資格もっているから，平等に扱って欲しい。特別扱
いされたくないですね。それでまあ，いつか同じように働けるようになる
とか，同じレベルでできるようになるのが目標なんで，特別扱いはされた
くないんです。……日本人って結構，相手が傷つくようなことはあんまり
言わない，言いたくない，口に出したくないけど，逆にそういうの（はっ
きり指摘されること）の方が勉強になるし，わたしたちとしていやじゃない。
……ただその時の注意の仕方とかニュアンスによって，本当に傷ついちゃ
うときあるんで，そこを気をつけて言ってくれればありがたいなと思う。
意地悪言わない。良くさせようとして言うんじゃなくて，ただいじめるよ
うな……。でもそこのところが難しいから逆にみんな引いちゃうのかもし
れないね。

　看護師国家資格は，看護専門学校卒でも看護大学卒でも EPA でも同一の試
験で同一の資格である。有資格者なのだから日本人医療者に「引いてほしくな
い」という訴えは，この論考の最初に触れたことだが「私たち（ネイティブ
ジャパニーズ）は気持ちのどこかで『日本人でも難しい試験だから外国人には
なおさら難しいはずだ』と思っているのではないか」ということを感じ取って
いるからだろう。とすれば壁を作っているのは私たちの方となる。たとえばベ
トナム人看護師のグエンさんが日本語で記録が書けても，コミュニケーション

能力があっても，発音やアクセントのちょっとした異質さを日本語の未熟さととらえ，患者さんにもし何かあったら，と普通の看護業務であっても管理者にセーブ機能が働いてしまう。お互いに専門職者として尊敬の念を持ち，ベトナム人でなく日本の看護師資格を持ったグエンさんとして相対することが，人が育つ土台だとS-1さんは主張しているが，そう言えるのは看護師としての業務に支障ない日本語運用力の自信があるからだろう。

　たとえば日本語教科書で「うるさいですから静かにしてください」という例文を覚えても病院では使えない。あるベトナム人看護師が夜勤のとき，消灯時間を過ぎてもテレビを見ていた患者さんに例文のような言い方をしたところ怒り出したということがあった。「うるさい」という言い方はこの場に相応しくないのだが，日本語教室では教えられない。では日本語教師はどうしたらよいのだろうか。

4　羽ばたく外国人介護・看護従事者

（1）日本語基礎が未来を作る

　EPA で受入れる場合の課題として水野（2010：104）は，筆者が関わったプロジェクトでのスキーム（ハノイでの事前教育17か月。JLPT 2級合格者が看護留学生となる）を参考に，こう述べている。

　　　日本語能力試験2級程度の日本語能力を保持していることが，専門日本語の出発点として認知され始めている。ベトナムの大学で日本語を教えている（教えた経験のある）日本語教師数人への調査から，ベトナムの大学で日本語を学ぶ学生（日本語専攻）が日本語能力試験2級に合格するのは大体3,4年生前後と考えられ，3年生で合格した場合，それまでの大学における日本語学習時間（授業時間）は，ハノイ大学の例では約1070時間（2年半）である。（中略）従って，日本語能力をある程度保証できるプログラムとするために，ベトナムの学校在学中から日本語教育を受けられる環境整

備も考えるべきであろう。

　看護を学ぶというのは将来の職業を予定した進路選択である。しかも海外で看護師になろうとすれば相当の覚悟が必要で，それを学生時代に決めさせるのはいかがなものだろうか。卒業してからでも遅くはないだろうし，自由な職業選択の1つとして日本で看護師になることがあるという，その程度の余裕を持つことが人の国際間移動で大事な視点ではないかと思う。外国のライセンスや経験は持っていても母国の看護を知らないと，帰国後にキャリアが発揮できなくなる可能性もある。また学習時で何らかの制約がつくと学ぶ楽しさが小さくなってしまう懸念はある。しかし水野（2010）の「日本語能力試験2級程度の日本語能力を保持していることが，専門日本語の出発点として認知され始めている」との指摘は，外国人が医療分野の学校に進学する際の条件として重要なポイントである。なぜなら看護専門を学ぶのにN1でも不足がありJLPTの測定範囲を超えているのだから，むやみに取得が難しいN1を求める必要はないし，留学しながら日本語も専門分野も同時並行で学ぶのに「日本語能力試験2級程度の日本語能力」がちょうどよいレベルである。一方留学とは違ってダイレクトに日本の看護師国家試験を突破して病院などで働きたいという外国人に日本語を教えるならば，その目標はJLPTのN1合格が条件である。これは国家試験を主管する厚生労働省の規定になっている。ただ能力試験の性質上，声を出して読んだり書いたり話したりする力は測れないことをつねに気にかけながら外国人看護師の受入れ支援に臨むことが重要だろう。

　また日本語能力レベルに固執すると，人の自由な移動を阻害する非関税障壁として機能することも忘れてはならない。たとえば2017年11月1日に発効した新たな技能実習制度によって介護が追加されたが，2018年5月現在で入国者は1人もいない。これは日本入国前にはN4に合格し，入国1年後にはN3に合格しなければならないため，外国人にとってそれほどの自己投資をしてまで日本で介護をやる意義が見出せないからである。このように日本語は外国人人材受入れに際して諸刃の剣となる。

（2）日本語が生きる力に

　数年前に夜間中学で学ぶ外国籍の若者を対象に介護職へのリクルートを働きかけたことがある。中学校は高校進学を目的としており，中卒で就職することを想定してないため就職案内をしない。そこで学校の理解と協力を得ながら介護職の説明などに行ったことがある。夜間中学のカリキュラムは昼間部と同じだが生徒の大半が外国籍で日本語がおぼつかないため，一般教科の下支えとして日本語教育が主となっている。そうなると高校進学を目指しているとはいえ入学試験に求められる科目の到達度はかなり難しいことが教員間でも了解されていた。そこに介護就職の話を持ちかけたので先生方に歓迎された。

　介護の仕事は対人就労としてのやりがいはあるし，国家試験を受験する際に国籍や学歴の制約がないことから，キャリアを積めば社会的上昇が望め，ライフプランが描きやすくなる。しかし日本語学校ではないために，仕事を持ちながら夕方から中学校に通い学ぶ3年間で身につく日本語力には限界がある。特に非漢字圏の出身者には相当厳しい状況のようである。卒業して高齢者施設や医療機関に就職してからもさらに学習支援が不可欠となる。もちろん日本の介護を見たこともなければ母国でもないだろうから，未知の世界の仕事の入り口に立つ彼女たちには当然ながら雇用する施設の日本語教育や職業教育など全面的協力が必要なことは言うまでもない。

　その際に大きな課題は誰が日本語サポートをするのかということになる。それを引き受けるスタッフが施設内にいるのか。また地域のどこに日本語教師がいるのか，費用はどの程度かかるかなど，雇用側の心配は尽きない。1人の外国籍職員を雇用するとこれらの諸問題を背負うことになる。日本人を雇うより数倍もの手間暇がかかり，決して安価な労働力ではない。サポートのなかでもっとも大きな負担が日本語教育なのである。読み，書き，会話がある程度できていれば雇用はやさしいがそうでなければ日本語サポートは不可欠であり，雇用側がそれらを提供する必要がある。それゆえ効率的な日本語学習方法はないものかといろいろ開発されている。もちろん大変なのは雇用側より当事者で，職場にいても日本語力が低いがため十分に仕事ができないつらさは，ひいては

出勤拒否につながってしまうし，それがトラウマになると日本での社会性が育たなくなる可能性がある。

　数年前に日本人の配偶者等で来日したものの離婚してシングルマザーになり，生活のために必死に働いている女性を介護施設に紹介したことがある。日本語の会話力が低く就職できなかった。しかし彼女は介護に興味があり何とか就職したいと自学自習でがんばり，翌年にはその望みを果たした。入職してからは施設内に設けられた日本語サポートクラスに積極的に参加し，漢字学習に励んでいた。運よく地域に日本語サークルもあって週1回の授業に参加するようになり，ここで得た日本語力と教師自身が地域住民という，いわばお隣同士のよしみもあってママ友もできた。介護の日本語学習を通じてうまい具合に仕事にも地域にも接点ができたのは本人が勇気を持って外に出たからだろう。言葉には人と人とをつなげる力がある。

　看護・介護にかかわらず日本語学習者はその学習量に見合った言葉しか持ち合わせがないが，それを豊かに表現できるように導くのが日本語教師であり，その存在は外国人が異国で生きるための堅牢な杖になる。

　看護や介護の対人就労に就こうという外国人に日本語教師がどこまでできるかという設問の解答はシンプルで，日本語能力の唯一の公的指標であるJLPTN2合格を目指した教育実践にある。つまり自学自習できるレベルの日本語運用力が身につけば，その後は専門知識を学ぶツールに自身がアクセスさえすればいろいろと用意はされてある。そのほか待遇表現や方言や職場文化は地域や現場が彼・彼女らにふさわしい最良の教室となるだろう。そこに飛び込みさえすれば多くの先生たちが待っているはずだ。

　日本の病院で就労経験のあるベトナム人看護師にインタビューしたところ「看護学校を卒業して病院に入職した1年目は指示された事をこなすのに精一杯で，うまくできないと辞めたい気持ちになってしまう。プリセプターの助けがないと続かなかったし，日本語もよく教えてもらった。わからない言葉はその都度自分の手に書いて覚えるようにしていた。看護は看て聞いて話して覚える事が大切で，1人では何も出来ないのでチームに溶け込んで，患者さんとい

い関係をつくらなければなりません。それには日本語はもちろん大事なんですけど，こんな事を言ったらちょっと恥ずかしいですが性格が良ければ下手な日本語でも患者さんに受け入れてもらえるし，私の気持ちは通じます。ちょっと苦手な患者さんだと思ってしまったらやりにくくなってしまうんです。だから患者さんとの壁をつくっているのは自分の方なんです」。

　看護業務に積極的に向き合うのも，患者との間に壁を作るのも自分次第だと彼女は語っている。壁の厚さや高さは個人によって違うが，その差に日本語能力が大きく影響していることは間違いない。しかしたとえ日本語能力が多少低くてもそこに拘らずに患者との関係作りを優先し，そこで得た知識や経験が日々の看護業務に活かされ彼女の自信に繋がっていった。

　先に紹介した介護施設に就職した女性は，自ら日本語教室にアクセスした結果，職業と生活がマッチするようになった好例だが，両者に共通しているのは日本語能力の目標を自分の仕事で必要な言葉を学ぶ事においたことにある。そこには現場という使える日本語の学びの場がある。

　今後多くの外国人介護士が必要とされているが，より良い受入れ実現のためには就労現場が日本語教育の場になるような，教育を兼ね備えた受入れ施設の整備が必要ではないだろうか。

注
1 ）留学生10万人計画とは，1983年に中曽根内閣によって『二十一世紀への留学生政策に関する提言』で発表された，留学生を21世紀初頭に10万人まで拡大させるという目標である。2003年に109,508人に達したことを受けて，2008年には福田内閣によって『日本を世界により開かれた国とし，アジア，世界の間のヒト・モノ・カネ，情報の流れを拡大する「グローバル戦略」を展開する一環として』2020年を目処に30万人の留学生を受入れるという留学生30万人計画につながった。

参考文献
「外国人看護師養成支援事業」〈http://www.ahp-net.org/data/Vietkango1992-2010001.pdf〉（2019年10月19日）.
「日本語初歩」（1981）鈴木忍，川瀬生郎，国際交流基金日本語国際センター編，凡人

社.

『みんなの日本語初級Ⅰ　第2版　本冊』（2014）スリーエーネットワーク.

文部科学省「高等学校学習指導要領」〈http://www.mext.go.jp/component/a_menu/education/micro_detail/__icsFiles/afieldfile/2019/03/28/1407073_02_1_1.pdf〉（2019年10月19日）.

日本学生支援機構「外国人留学生の就職促進について（外国人留学生の就職に関する課題等）」〈http://www.jasso.go.jp/ryugaku/study_i/job/_icsFiles/afieldfile/2018/12/06/01_h29guidance_monka_shiryo.pdf〉（2019年10月19日）.

石黒圭（2013）『日本語は『空気』が決める―社会言語学入門―』光文社.

井上美砂（2006）「医療現場における多文化協働の試み―ベトナム人看護師受け入れの事例から―」『青山学院大学大学院国際政治経済研究科国際コミュニケーション専攻修士論文』.

水野かほる（2010）「ベトナム人看護師候補者・介護福祉士候補者に対する日本語教育の課題」『国際関係・比較文化研究』第9巻第1号，104.

第Ⅱ部

外国人介護従事者のための日本語教育実践

第5章
介護の日本語教育におけるシラバスの開発
——公学連携事業におけるEPA候補者向け支援事業を通して——

神村初美・三橋麻子

1　介護の日本語教育のシラバスの開発

　2008年度よりEPA候補者の受入れが開始され，2019年度で11年目を迎える。これらEPA候補者をめぐる施設着任後の日本語教育支援（以下，着任後教育）においては，原則来日4年以内に介護福祉士国家試験（以下，国家試験）の合格が課せられるという制度的枠組みから，国家試験の合格をゴールと定める傾向にあり（安里 2012），日本語習得が最大の課題と指摘されるなか，「国家資格取得の日本語」と「就労のための日本語」が同類でないにもかかわらず一括して語られ，主に後者についての対応が立ち遅れている，実証データに基づく議論が少ない（安里 2012，大関他 2014）といった指摘がみられる。

　上述した背景から考えた場合，着任後教育は，国家試験の合格を射程に入れながらも，EPA候補者を受入れている施設（以下，施設）での円滑な就労にも繋げられるような介護の日本語教育（以下，橋渡しの介護の日本語教育）を，実証データの検証に基づき解き明かすことが，まず，求められていると言える。これら，橋渡しの介護の日本語教育を解く際，そのシラバスは大きな拠り所となる。また，施設の教育担当者[1]だけで着任後教育の責を担っている場合もあるため，実現しやすいシラバスモデルの提示が期待される。

　筆者らも2012年度の本実践開始当初，「EPA候補者のための橋渡しの介護の日本語教育シラバスとはどうあるべきか」（以下，介護の日本語教育におけるシラバスの開発）との課題を抱えていた。実践の場は，東京都と首都大学東京によ

る「アジアと日本の将来を担う看護・介護人材の育成による公学連携事業」（以下，事業）[2] による，EPA 候補者を対象とした介護の専門日本語の授業（以下，介護の専門日本語研修）である。

　本章では，この事業での介護の日本語教育のシラバスの開発をどのように進めたのか，そのプロセスを提示しながら内在する課題を紐解く。また，開発の結果得られたシラバスをモデルとして示す。そして，課題の省察から得た知見を各施設での着任後教育の一支援策として示す。なお，本章におけるシラバスとは，授業の目的，および各回の具体的な授業内容を指すものと定義する。

2　介護の日本語教育の現状と課題

　着任後教育については，JICWELS により，「EPA 候補者受け入れ　標準的な学習プログラム及び研修の手引き」（以下，「標準プログラム」）が作成され，2013年 3 月以降，各施設に配布されている。「標準プログラム」には，就労開始から 3 年間で国家試験に合格するための学習目標，および内容が示されている。

　おおまかな学習目標は，来日 1 年目が「国家試験対策に対応できる介護の日本語力の習得」，来日 2 年目が「国家試験の基礎知識の獲得」，来日 3 年目が「国家試験合格を目指した受験学習」と示されている。また，別途の無料配布教材等を，来日年度のいつ，どのように使用するのか，その際の教育担当者が行う学習支援方法についても記されている。しかし，全体を通し，あくまでも国家試験の合格のための学習カリキュラムとして整備されており，介護の日本語教育としてのシラバスモデルは示されていない。また，介護の日本語教育についても「なにを」「どう」図るのかといった教育実践の視点で説かれていない。そのため，各施設での教育担当者は，示された「標準プログラム」の大枠に見合うように，具体的な「なにか」を探し，「どのように」着任後教育に組み込むのかを考えながらシラバスを作り上げていかざるを得ない。この場合，教育担当者の負担は計り知れないものがある。

　着任後教育のシラバス作成の事例としては，三橋・丸山（2012）があげられる。三橋・丸山（2012）は受入れ施設での協力体制のもと，国家試験受験までの3年間，国家試験の受験科目3領域内の1つの「介護」[3]を日本語教師が担当し，どの時期に，何を取り上げ，どのような日本語学習支援を，どう行ったのかについて具体的に報告している。

　三橋・丸山（2012）のシラバスは，施設側の協力が得にくい場合や，「介護」に関する専門知識をもたない日本語教師にとっては，シラバスの遂行そのものに限界を感じることも否めない。一方，その他のシラバス開発の事例は管見の限り見られない。そのため，着任後教育の望ましいシラバスについては，いまだ議論の途上にあるといえる。

3　EPA候補者向けシラバスの開発の方法

　本章の対象となる授業は，介護の専門日本語研修であり，対象はEPA候補者で，来日1年目を主な対象とした日本語コースと，来日2年目を主な対象とした専門日本語コースの各受講者である。調査対象は各受講者の教育担当者を含める。期間は，2012年10月から2015年3月の2年間半で，頻度は，2012年度は全12回，2013年度と2014年度は各年度全18回で，各隔週1回5時間，午前2時間，午後3時間で，集合研修型の授業である。各コースで使用した教材は，関連素材を収集し，まとめ，整理したうえで作成したオリジナル教材である。聴解の音声データはオリジナルに録音し，オノマトペの映像データは首都大学東京の既存の公開web教材[4]を活用した。本章での参加者状況を表5.1に示す。

　シラバス開発の省察には，2年半にわたり実施した以下を用いた。

　①各授業ごとの振り返り記録（以下，「振り返り」）

　②EPA候補者による各授業ごとの授業評価（以下，「授業評価」）

　③各年度ごとの各種到達度テスト結果（以下，「テスト結果」）

　④施設で行ったヒアリング記録（以下，「施設ヒアリング」）

表 5 . 1　参加者状況一覧

	2012年度		2013年度		2014年度		総　　計	
	受講者数	参加率	受講者数	参加率	受講者数	参加率	受講者数	参加率
日本語コース	10	89%	16	89%	21	94%	47名	91%
専門日本語コース	12	83%	19	91%	23	91%	54名	88%
合　　計	22	86%	35	90%	44	93%	101名	90%

出所：筆者作成。

表 5 . 2　「施設ヒアリング」数一覧

	2012年度	2013年度	2014年度	総　　計	
教育担当者（人）	19	21	7	47	144
候補者（人）	38	35	24	97	
施設数（施設）	11	12	7	30	

出所：筆者作成。

　なお，「施設ヒアリング」では，EPA候補者，および教育担当者に対する半構造化インタビュー（以下，「インタビュー」）も行った。「授業評価」の対象データ数は，表 5 . 1 に示した受講者数と同じであり，「施設ヒアリング」の対象データ数は表 5 . 2 をご覧頂きたい。

4　シラバスの開発のプロセスとその実際
——どこから，なにを，どのように——

（1）日本語コース「どこから，なにを，どのように」
①日本語コース 1 年目のシラバス立ち上げ

　日本語コースのシラバス作成のたたき台は，三橋・丸山（2012）での先行事例，および介護の専門家（以下，専門家）からの助言とした。これらのたたき台により，事業開始時 1 年目（2012年度）の「なにを」「どのように」は，午前は介護の基本漢字や語彙の習得とし，午後は，介護現場での会話・聞き取り練習とそれらに付随した文法，オノマトペ等の表現の演習を適宜加えることとした。事業開始時（2012年度） 1 年目の，日本語コースと専門日本語コースのシ

ラバスを表5.3に示す。

②「施設ヒアリング」から明らかになる施設内教育の現状

　実践1年目終了時に，EPA候補者の学習環境，およびその実態の把握を目的とし，介護の日本語教育を「いつ，どれくらい，だれと，どこで，どのように行っているのか」という項目で「施設ヒアリング」を行った。その結果を，図5.1と図5.2に示す。

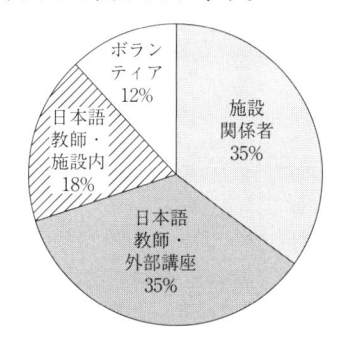

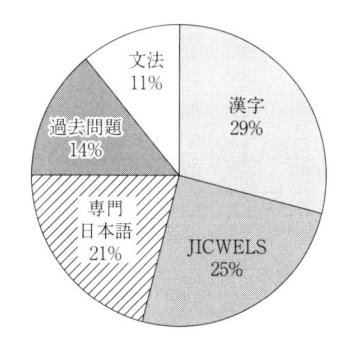

図5.1　Q1　誰と日本語を勉強していますか
　　出所：筆者作成。

図5.2　Q2　日本語の授業で何を勉強していますか
　　出所：筆者作成。

　図5.1の「Q1誰と日本語を勉強していますか（複数回答可）」は，日本語教師ではない「施設関係者」，「施設外の外部講座などで日本語教師と」が35％で並んでもっとも高く，ついで，「施設内で日本語講師と」が18％，「ボランティア」が12％と続いた。また，図5.2の「Q2日本語の授業で何を勉強していますか（複数回答可）」は，「漢字」が29％ともっとも多く，次いで「JIC-WELS」から配布される各種テキストが25％，介護の専門用語などの「専門日本語」21％であり，「国家試験過去問題」14％，「文法」11％と続いた。

　これらの結果から，まず，多くの「施設関係者」が着任後教育の責を担っているという実態が，実証データによって改めて示された。次に，図5.2の，学習項目で最多の「漢字」は，「漢字学習支援は施設でできる」という「インタビュー」で得られた声との相関が見られ，ここから，漢字は日本語教師以外

表5.3　1年目（2012年度）日本語コース／専門日本語コースシラバス

				1時間目	2時間目	3時間目	4時間目	5時間目
1	8月24日	金	第1回目　全体説明会					
2	9月24日	月	第2回目　全体説明会					
3	10月3日	水	日本語クラス	開会式	日テスト	介護入門テスト	介護の漢字・語彙	
			専門クラス	開会式	日テスト	介護専門テスト	介護の漢字・語彙	
5	10月15日	月	日本語クラス	介護の漢字・語彙	①文法（機能語　表現文型）			
6	10月17日	水	専門クラス	介護の漢字・語彙	短文読解／事例問題1			
7	10月27日	土	日本語教師向けオリエンテーション					
8	10月31日	水	日本語クラス	介護の漢字・語彙	②会話・聴解			
9	11月1日	木	専門クラス	介護の漢字・語彙	短文読解／事例問題2			
10	11月10日	土	日本語クラス	介護の漢字・語彙	③短文読解			
11	11月19日	月	専門クラス	介護の漢字・語彙	短文読解／事例問題3			
12	11月28日	水	日本語クラス	介護の漢字・語彙	①文法（機能語　表現文型）			
13	12月3日	月	専門クラス	介護の漢字・語彙	短文読解／事例問題4			
14	12月8日	土	施設向けオリエンテーション					
15	12月20日	木	日本語クラス	日テスト	介護入門テスト	②会話・聴解		
			専門クラス	日テスト	介護専門テスト	短文読解／事例問題5		
16	1月7日	月	専門クラス	介護の漢字・語彙	短文読解／事例問題6			
17	1月9日	水	日本語クラス	介護の漢字・語彙	③短文読解			
18	1月19日	土	専門クラス	介護の漢字・語彙	短文読解／事例問題7			
19	1月23日	水	日本語クラス	介護の漢字・語彙	①文法（機能語　表現文型）			
20	2月5日	火	日本語クラス	介護の漢字・語彙	②会話・聴解			
21	2月9日	土	日本語教師向けオリエンテーション					
22	2月11日	月	専門クラス	介護の漢字・語彙	短文読解／事例問題8			
23	2月23日	土	日本語クラス	介護の漢字・語彙	③短文読解			
24	2月26日	火	専門クラス	介護の漢字・語彙	短文読解／事例問題9			
25	3月5日	火	日本語クラス	介護の漢字・語彙	①文法（機能語　表現文型）			
26	3月9日	土	施設向けオリエンテーション					
27	3月11日	月	専門クラス	介護の漢字・語彙	短文読解／事例問題10			
28	3月21日	木	日本語クラス	まとめ		日テスト	介護入門テスト	閉会式
			専門クラス	まとめ		日テスト	介護専門テスト	閉会式

時間割

| ① | 10：00－11：00 | 昼休み | 12：00－13：00 | ④ | 14：10－15：00 | |
| ② | 11：10－12：00 | ③ | 13：00－14：00 | ⑤ | 15：10－16：00 | |

注：日テストは日本語の能力を測るテストを，日本語クラスは日本語コースを，専門クラスは専門日本語
コースを指す。
出所：筆者作成。

の教育担当者でも支援可能であるという「施設関係者」の認識のもとに施設内で広く行われていると考えられた。そこで，対面型集合研修で改めて「漢字」に注力する必要性は低いことがはかり知れ，むしろ集合型の研修だからこそ発揮できるグループダイナミクス[5]の効果をいかす授業形態が望ましいことが分かった。

　さらに，図5.2で2番目に示された「JICWELS」での各種テキストは，文法や日本の文化的背景を含む表現，およびオノマトペも扱われているが，国家試験問題に偶発的に表出される語彙に限られ，「足りない」とされた。「インタビュー」で，「介護という業務の性質上，日本の文化的背景を含む表現やオノマトペなどは円滑なコミュニケーションを図るために必要だと感じるが，教えられない」といった声も聞かれた。そこから，「文法・日本語独特の表現・オノマトペ」というアプローチでの日本語教育支援が足りず，急務である，と言えた。また，「施設ヒアリング」により，施設側は介護の現場で即戦力として活かせる専門用語が理解語彙となることを希望していることが分かった。「授業評価」からは，申し送り等の聞き取り練習が就労の実践訓練となっていたことが分かった。これらの省察から，2年目以降のシラバスでは，①「漢字」の時間を大幅に削減，②「文法・日本語独特の表現・オノマトペ」でのアプローチをシラバス作成の根幹に据える，③専門用語の解釈文を短文読解として加える，④申し送りの聞き取り練習はそのままとする，こととした。
③日本語コース2年目のシラバス改編
　上述した実践1年目の実践から，2年目（2013年度）の「なにを」は，①文法・オノマトペ，②会話・聴解，③短文専門読解を3つの柱とし，各5回シラ

バスに組み込むこととした。具体的には①で，国家試験に頻出する，書き言葉の機能語を扱い，②と③では，「施設ヒアリング」で寄せられた意見を反映させ，実働に直結する専門的な項目を取り入れた。

「どのように」は，①文法・オノマトペでは，導入後，質疑応答を加え，例文作成，口頭確認とし，運用力の向上を目指すとした。②会話・聴解では，実際の介護現場での声かけや申し送りの素材を施設側から得，それをもとに資料を作成した。また，作成した資料に即し録音し，音声教材とし授業にいかした。③短文専門読解では，丁寧な精読をタスクとして課すことにより，読解力を養った。表5．4に具体的に示す。

さらに，「専門用語」，および「オノマトペ」に関しては，1つの意味を示す用語であっても，介護現場，国家試験，および日常生活での語彙の異なりを，表5．5のように示し，工夫を施した。これは，ある語彙における異なりと重なりという相関性について，具体的に「介護現場」「国家試験」「利用者との会話」というカテゴリー枠で明確に示すことによって，客観的に言葉をとらえる視点を育む，既有知識との関連づけからの派生的な習得を促すという，理解のネットワークの構築を目指したためである。

④日本語コース3年目のシラバス構築

3年目（2014年度）の「なにを」は，まず，2年目の「授業評価」で好評だった，「会話」「聴解」「オノマトペ」は，そのまま残すこととした。「会話やオノマトペは介護現場でのコミュニケーションの向上に役立つ」「申し送りの聴解は聞き取りに役立つ」と「施設ヒアリング」で評されていたためである。次に，短文読解は「振り返り」から，来日1年目のEPA候補者にとっては

専門性が高く，背景知識を十分に施してからでなければ授業内で理解にまで導くことは困難であると記されたところから，3年目以降は，EPA候補者にとって必須となる基礎知識の「認知症」「糖尿病」に関する専門語彙の解釈程度に留めることとした。一方，理解語彙となる専門用語を増やすため，EPA候補者が施設内で実体験としてなじみのある，「自立生活運動（IL運動）」と「生活の質（QOL）」に関する短文読解を加えることとした。結果，来日1年

表5．4　2年目（2013年度）日本語コースシラバス概要

回数	会話・聴解		文法・オノマトペ		短文読解
1	会話：利用者の体調を確認するときの声かけ	聴解：利用者の体調に関する申し送り	文法：利用者の様子や状態を表す表現	オノマトペ：気持ちを表す表現	「認知症」に関する専門的な語彙解釈
2	会話：徘徊する利用者に対する声かけ	聴解：徘徊する入所者の申し送り	文法：利用者の変化の様子を表す表現	オノマトペ：人の様子を表す表現	「糖尿病」に関する専門的な語彙解釈
3	会話：外出前における確認時の声かけ	聴解：外出・病院受診についても申し送り	文法：わかりやすく説明するための表現	オノマトペ：説明のときの表現	「誤嚥性肺炎」に関する専門的な語彙解釈
4	会話：ショートステイ者に対する声かけ	聴解：ショートステイについての申し送り	文法：申し送り時の表現	オノマトペ：時間・主観的な気持ちを表す表現	「日常生活動作（ＡＤＬ）」に関する専門的な語彙解釈
5	会話：相談時に対するやり取り	聴解：入所時の申し送り	文法：注意喚起を促す表現	オノマトペ：ヒヤリハット	「感染症（感染予防）」に関する専門的な語彙解釈

出所：筆者作成。

表5．5　介護現場・国家試験・日常会話語彙の相関性提示例

語彙の使用場面		
介護現場（日常語彙）	国家試験	利用者との会話
移動	移乗	移動／移る
床ずれ	褥瘡（じょくそう）	床ずれ／ただれている
飲み込む	嚥下（えんげ）	ゴックン（する）
（食べ物などを）かむ	咀嚼（そしゃく）	モグモグする
うがい	含嗽（がんそう）	クチュクチュペー

出所：筆者作成。

目のEPA候補者のためのシラバスモデルとして，表5．6の「3年目（2014年度）日本語コースシラバス」を示すことが叶った。

表5．6　3年目（2014年度）日本語コースシラバス

回	授業日	曜日	学習項目	午前	午後
1	5月21日	水		開会式／プレテスト／学習の仕方／漢字チュートリアルオリエンテーション	
2	5月28日	水	会話・聴解①	会話：利用者の体調を確認するときの声かけ	聴解：利用者の体調に関する申し送り
				利用者の体調に関する漢字語彙・表現とそれらを用いた会話練習及び申し送りを聞く	
3	6月11日	水	文法・オノマトペ①	文法：日常生活に必要な基本的な表現	オノマトペ：気持ちを表す表現
				プレスメントテストの文法FB	「ドキドキ」「ワクワク」「イライラ」など
4	6月25日	水	短文読解①	「社会福祉士及び介護福祉法」	
				「社会福祉士及び介護福祉法」に関する専門的な語彙解釈及び短い解釈文章(定義)を素材とした読解	
5	7月9日	水	会話・聴解②	会話：徘徊する利用者に対する声かけ	聴解：徘徊する入所者の申し送り
				徘徊に関する漢字語彙・表現とそれらを用いた会話練習及び申し送りを聞く	
6	7月25日	金	文法・オノマトペ②	文法：利用者の変化の様子を表す表現	オノマトペ：人の様子を表す表現
				「～がち」「～ぎみ」「～にしたがって」「～によって～」	「ぼんやり」「ふらふら」「はりきって」など
7	8月6日	水	短文読解②	「誤嚥性肺炎」	
				「誤嚥性肺炎」に関する語彙や表現の習得及び短い解釈文章を素材とした読解	
8	8月27日	水	中間テスト	中間テスト	
9	9月3日	水	会話・聴解③	会話：外出前における確認時の声かけ	聴解：外出・病院受診についての申し送り
				外出に関する漢字語彙・表現とそれらを用いた会話練習及び申し送りを聞く	
10	9月17日	水	文法・オノマトペ③	文法：わかりやすく説明するための表現	オノマトペ：説明のときの表現
				「～ために」「～することが～ので」「～に加え」	「さっと」「ざっと」「しっかり」「ちゃんと」「きっちり」など
11	10月1日	水	短文読解③	「日常生活動作（ＡＤＬ）」	
				「日常生活動作（ＡＤＬ）」に関する語彙や表現の習得及び短い解釈文章を素材とした読解	
12	10月15日	水	会話・聴解④	会話：ショートステイ者に対する声かけ	聴解：ショートステイについての申し送り
				ショートステイに関する語彙・表現とそれらを用いた会話練習及び申し送りを聞く(荷物などチェック等)	
13	10月29日	水	文法・オノマトペ④	文法：申し送り時の表現	オノマトペ：時間・主観的な気持ちを表す表現
				「～たところ」「～際～」「～については～で～ように～」	「ずっと」「ちょっと」「うっかり」など
14	11月12日	水	短文読解④	「高齢者虐待」	
				「高齢者虐待」に関する語彙や表現の習得及び短い解釈文章を素材とした読解	
15	11月26日	水	会話・聴解⑤	会話：相談時に対するやり取り	聴解：入所時の申し送り
				相談に関する語彙・表現とそれらを用いた会話練習及び入所時についての申し送りを聞く	
16	12月10日	水	文法・オノマトペ⑤	文法：注意喚起を促す表現	オノマトペ：ヒヤリハット
				「～場合，～」「～おそれがある」「～ように～てください」	「ハラハラ」「ドキドキ」「ヒヤヒヤ」など
17	1月7日	水	短文読解⑤	「感染症（感染予防）」	
				「感染症（感染予防）」に関する語彙や表現の習得及び短い解釈文章を素材とした読解	
18	1月21日	水		ポストテスト／閉会式	
	2月18日	水		2014年度　介護福祉士候補者　対面型研修　修了式／交流会	

左側縦書き：介護現場でのコミュニケーション能力向上と介護福祉士国家試験に対応できる基礎的な専門日本語力の強化

出所：筆者作成。

（2）専門日本語コース「どこから，なにを，どのように」

①専門日本語コース 1 年目のシラバス立ち上げ

　専門日本語コースのシラバス作成のたたき台も日本語コースと同じく，三橋・丸山（2012）での先行事例，および介護の専門家（以下，専門家）からの助言とした。事業開始時 1 年目（2012年度）の「なにを」「どのように」は，午前は介護の専門漢字の習得をコロケーション[6]の視点より促し，午後は国家試験の事例問題をもとにした読解演習を中心とした。具体的なシラバスは表 5 . 3 を参照されたい。

　半年経過後の「振り返り」「テスト結果」の俯瞰的省察から，EPA 候補者側は，着任前研修の充実（野村 2013）によって，①漢字習得の方法を心得ているため難解な介護の専門漢字であっても学習そのものはできること，②語彙や文法の不明瞭さから文脈を勘違いしていること，が明らかになった。一方，日本語教師側は介護の専門性に対し不安を抱いていることが明らかになった。また，2012年度の「施設ヒアリング」から，施設側は「文法指導は困難である」と示され，合格につながる日本語教育支援を事業に対し求めていることが明らかになっていた。そのため，それらをふまえた改編を施すこととした。

②専門日本語コース 2 年目のシラバス改編

　実践 1 年目での省察結果をふまえ，2 年目（2013年度）の「なにを」は，年度前半で「国家試験に対応できる文法力の養成から専門日本語読解力の強化」を，年度後半で「総合問題の解答力に繋げられる読解力の強化」を目標と定め，具体的には，① EPA 候補者が苦手な国家試験のための文法，② EPA 候補者が理解しにくい表現，③長い漢字専門語彙，④介護の専門内容に関する読解で，認知症，糖尿病，介護保険，難病（以下，「専門に関する読解」）とした。

　「どのように」は，上述の①から③はそのままとし，「④専門に関する読解」で介護の専門家（以下，専門家）とのティームティーチング（以下，TT 授業）を取り入れることとした。TT 授業は，1 年目の実践における俯瞰的省察で示された，日本語教師側の介護の専門性に対する不安への対応，およびその際の専門性の担保という視点から導入することとした。

　「④専門に関する読解」のTT授業においては円滑な連携を図った。まず，授業で使用する授業資料は，各課ごとに①事前打ち合わせ，②日本語教師が専門家の担当部分を受け，資料内に落とし込む，③専門家による修正・加筆，④日本語教師が最終調節，という一連のサイクルを，専門家との3週間程度の往還をかけ，作成した。次に，専門家とのコミュニケーションを促す機会として，各授業終了後に「TT振り返り」を，対面で各回1時間程度行った。

　「④専門に関する読解」の具体的な授業運営としては，午前はトピックスに関連した過去の国家試験事例問題を読解素材とし，日本語教師が介護の専門語彙・表現・内容理解の精読，および問題演習を行った。午後は専門家が主軸となり，専門解説の付加，およびさらなる同トピックス関連過去問題の演習を加えた。しかし「授業評価」から，特に介護保険に関し「わからない」と記され，「TT振り返り」では「介護の文脈での言語教育に専門性を絡めどのように深めるのか」という課題が示された。

③専門日本語コース3年目のシラバス構築

　3年目（2014年度）は，実践2年目の省察結果をふまえさらに改編を図った。まず，「なにを」は，2年目の「④専門に関する読解」の「授業評価」から，読解素材はトピックスに関連した過去の国家試験事例問題ではなく，トピックスに対する解釈文章とした。午前は，言語教師が専門関連トピックスを通し専門用語等の運用能力向上から読解力を培うとし，午後は，専門家による専門内容の学習を中心とすることで言語学習で内容の理解を支援する構成とした。具体的には，午前は，①音読の活用から専門語彙や表現の獲得，②4技能統合タスクから読解力の向上，③積極的に既有知識，およびピア学習[7]を促すことから理解の深化を図ることとした。このような試みは独自のものであり，1つのトピックスに対して4技能を駆使させるという統合タスクをもって理解の深化を図る，まとめとして概念を整理させるもので，4技能を駆使させ概念マトリックス図を構築させるなど，多面的に幾重にもタスクを組み込むところから，「立体的な専門読解の授業」[8]と名付け，その後，批判的に過去問題をとらえるステップを専門家との協働で設けた。

　3年目の「授業評価」から，午前は特に，既有知識の活用，およびピア学習が「意見を出し合ってどうして間違ったのかが分かった」と評され，「立体的な専門読解の授業」が「わかりやすい」，「ただ言葉を覚えることだけではなく，全体の文章を理解するのが目立つ的な学習でした」と評価を得た。午後は「TT振り返り」から，自身の誤答を内省し分析する学習姿勢，およびトピックスから派生させた解釈の口述など，理解の深化や積極的な学びが確認された。

　結果，来日2年目のEPA候補者のためのシラバスモデルとして，表5.7の「3年目（2014年度）専門日本語コースシラバス」を示すことが叶った。

5　シラバスの開発の成果と課題

　2年半にわたるシラバス開発の成果として，日本語コースでは表5.6の来日1年目のシラバスモデルを提示することが叶った。具体的には「授業評価」から，「オノマトペ」「会話・聴解」が効果的と示された。またEPA候補者自身は介護現場，および日常生活でのコミュニケーション能力の向上を求めているということが明らかとなった。特に「オノマトペ」は，EPA候補者自身が就労を経る中で，日常生活では「オノマトペ」が多用されるが，今までの学習支援ではあまりふれられてこなかったという学習上の齟齬への「戸惑い」を補完する役目を本シラバスが果たしていたことがうかがわれた。課題としては，多様な場面設定の必要性があげられた。専門日本語コースでは表5.7に示した来日2年目のシラバスモデルを提示することが叶った。具体的には「授業評価」から，TT関連の学習活動が効果的であるとされ，特に「立体的な専門読解の授業」が評価された。課題としては，介護の専門内容に関する読解の，特に介護保険が難解であると示された。

6　実践後の「施設ヒアリング」から

　3年目実践完了後の「施設ヒアリング」で，日本語コースに対しては「業務

表5.7　3年目（2014年度）専門日本語コースシラバス

	回	授業日	曜日	学習項目	午前	午後
国家試験に対応できる文法力の養成から専門日本語読解力の強化及び総合問題の解答力に繋げられる読解力の強化	1	5月21日	水	開会式／プレテスト／学習の仕方／漢字チュートリアルオリエンテーション		
	2	6月4日	水	候補者が苦手な国家試験のための文法1	【　行為者の存在を問題にしないことを客観的に示す表現　】	
					取り上げた学習項目が出題されている国家試験総合問題の演習とその読解	
	3	6月18日	水	候補者が苦手な国家試験のための文法2	【　一文内で変化を表す硬い表現　】	
					取り上げた学習項目が出題されている国家試験総合問題の演習とその読解	
	4	7月2日	水	候補者が苦手な国家試験のための文法3	【　部分的に否定したり消極的に肯定したりする表現　】	
					取り上げた学習項目が出題されている国家試験総合問題の演習とその読解	
	5	7月16日	水	候補者が苦手な国家試験のための文法4	【どのような経過を通ってそうなったを表す表現】	
					取り上げた学習項目が出題されている国家試験総合問題の演習とその読解	
	6	7月30日	金	外国人候補者が理解しにくい表現	例：「おぼつかない足取りで〜」「〜を取り入れて反省を促す」「〜とぼつりと言った」等	
					取り上げた学習項目が出題されている国家試験総合問題の演習とその読解	
	7	8月20日	水	日本独特の文化背景を含む言葉や表現	例：「市営住宅」「仏壇」「みんなに迷惑をかけて申し訳なかったという気持ちで一杯」等	
					取り上げた学習項目が出題されている国家試験総合問題の演習とその読解	
	8	8月27日	水	中間テスト		
	9	9月10日	水	長い漢字表記語彙／国試問題	長い漢字表記語彙	ＴＴ　日本語教育専門家
					取り上げた学習項目が出題されている国家試験総合問題の演習とその読解	
	10	9月24日	水	認知症に関する読解	「認知症に関した読解」に見られる語彙や表現	ＴＴ　日本語教育専門家
					取り上げた学習項目が出題されている国家試験総合問題の演習とその読解	
	11	10月8日	水	糖尿病に関する読解	「糖尿病に関した読解」に見られる語彙や表現	ＴＴ　日本語教育専門家
					取り上げた学習項目が出題されている国家試験総合問題の演習とその読解	
	12	10月22日	水	介護保険に関する読解1	「介護保険に関した読解」に見られる語彙や表現	ＴＴ　日本語教育専門家
					取り上げた学習項目が出題されている国家試験総合問題の演習とその読解	
	13	11月5日	水	介護保険に関する読解2	「介護保険に関した読解」に見られる語彙や表現	ＴＴ　日本語教育専門家
					取り上げた学習項目が出題されている国家試験総合問題の演習とその読解	
	14	11月19日	水	脳血管疾患に関する読解1	「脳血管疾患に関した読解」に見られる語彙表現	ＴＴ　日本語教育専門家
					取り上げた学習項目が出題されている国家試験総合問題の演習とその読解	
	15	12月3日	水	脳血管疾患に関する読解2	「脳血管疾患に関した読解」に見られる語彙表現	ＴＴ　日本語教育専門家
					取り上げた学習項目が出題されている国家試験総合問題の演習とその読解	
	16	12月17日	水	難病の利用者に関する読解1	「難病の利用者に関した読解」に見られる語彙や表現	ＴＴ　日本語教育専門家
					取り上げた学習項目が出題されている国家試験総合問題の演習とその読解	
	17	12月17日	水	難病の利用者に関する読解2	「難病の利用者に関した読解」に見られる語彙や表現	ＴＴ　日本語教育専門家
					取り上げた学習項目が出題されている国家試験総合問題の演習とその読解	
	18	1月14日	水	ポストテスト／閉会式		
		2月18日	水	2014年度　介護福祉士候補者　対面型研修　修了式／交流会		

出所：筆者作成。

を行う際のコミュニケーションが円滑になったのはよかったが読解力も付けて
ほしい」という声があがり，「就労のための能力」から「国家試験に合格する
能力」に通じる読解力を期待していることが新たに分かった。専門日本語コー
スに対しては，「国家試験対策学習の段階になったときのために，日本語教育
関係者ではない施設関係者などが教えても理解できるような読解力をぜひ付け
てほしい」という声が聞かれ，介護の専門の文脈に対応し得る安定した読解力
を強く望んでいることが確認された。さらに，「話せるのはいいが試験に合格
してもらわないと困る」「JICWELS の通信添削では順位が出るようになった，
順番が下がるのは困る」といった，施設側が抱える国家試験への重圧を臭わす
声も聴かれた。

　ここから，施設側が求める着任後教育の在り方として，「国家試験に合格す
る能力」と「日本語力」とを安易に等号で結び付けてはいない場合もある，と
いうことが分かった。むしろ，本調査においては日本語運用能力の伸張の先に
国家試験の合格を描いていると考えられた。国家試験の合格を射程に入れなが
らも，就労に際してのコミュニケーションのための日本語力の向上も望んでい
るといえた。すなわち，施設側は，日本語力の内の「国家試験に合格する能
力」としては「読解力」を強く期待していること，また，「就労のための能力」
と「日本語力」を，「国家試験に合格する能力」に内包する，入れ子構造のよ
うな形態でとらえていることが考察された。

7　求められるシラバスと日本語教育支援

　EPA 候補者，および施設の両者への省察を合わせた結果に得られた「求め
られる日本語支援」としては，来日 1 年目は，介護現場，および日常生活での
コミュニケーション能力の向上，および読解力養成であることが分かった。ま
た，利用者との円滑なコミュニケーションを図る際に効果的な「オノマトペ」
も要望度が高いことが分かった。

　来日 2 年目においては，介護の専門内容に関する読解力の向上が強く求めら

れており，特に介護保険に関する項目が難解であると示されたところから，それらを重層的に扱う必要性があることが分かった。さらに，本調査においては，施設の教育担当者は，合格を望みながらも，「就労のための能力」と「日本語力」を，「国家試験に合格する能力」に内包する，入れ子構造のような形態でとらえていることが考察された。ここから，介護の日本語教育におけるシラバス作成においては，「就労のための能力」と「日本語力」が，「国家試験に合格する能力」に内包する，入れ子構造となるよう工夫を図ることが「求められる日本語支援」であると言えた。具体的には，①介護現場で培うことばや専門知識を国家試験のなかの関連問題と直結させる，②①を経験知とつなげ，大きなイメージで描けるよう促す，③各大きなイメージと国家試験のための専門知識や試験対策を連動させながら身に着けるよう育むことが望ましいと考えられた。

注

1）EPA による受入れ要件の1つとして，各施設での教育担当者を設けることが課せれている。
2）事業は2012年度から2017年度まで，東京都，首都大学東京，国際医療福祉大学との協働のもとに行われた。今現在（2019年9月現時点）は，首都大学東京オープンユニバーシティ講座に移行し，形態を変え，引き継がれている。
3）介護福祉士国家試験の受験領域は「人間と社会」「介護」「こころとからだのしくみ」の3領域から成る。
4）「首都大学東京『きらきらオノマトペ』動画サイト」を使用した。詳細は右記を参照されたい〈http://nihongo.hum.tmu.ac.jp/mic-j/kirakira-o/〉（2019年10月19日）。
5）集団力学，社会力学とも言われる。集団と個人との相互作用によってもたらされる効用や弊害のこと。
6）ある語と語のよく使われる組み合わせのこと。自然な語のつながり。
7）学習者同士だけで行う課題解決のための遂行活動。
8）1つのトピックスに対し拾い出したキーワードを，あらすじに沿いながら図に埋め込ませる作業を経ることによって，学習者自身が自身の理解度合と照合させながら，そのトピックスの概念の構造をメタ的に組み立て，そのトピックスの包括的な理解力を培うことを目指した，図によるタスク。

参考文献

安里和晃（2012）「外国人 EPA 候補者・受け入れ先の実態と懸念される労働市場への影響とは EPA は介護・看護現場を変えたのか」『新世代のための雇用問題総合誌 posse』第16号，141-153.

大関由貴・奥村匡子・神吉宇一（2014）「外国人介護人材に関する日本語教育の現状と課題─経済連携協定による来日者を対象とした研究を中心に─」『国際経営フォーラム』Vol.25，239-280.

小川令子・平野裕子・川口貞親・大野俊（2010）「来日第 1 陣のインドネシア人看護師・介護福祉士 EPA 候補者を受け入れた全国の病院・介護施設に対する追跡調査（第 1 報）受け入れの現状と課題を中心に」『九州大学アジア総合政策センター紀要』第 5 巻，85-98.

神村初美（2015b）「EPA 候補者を巡る日本語教育支援を批判的に捉える─言語研究フィールドからはじまる可能性─」TMU 日本語・日本語教育研究会2015年度年次大会発表資料，TMU 日本語・日本語教育研究会，於：首都大学東京.

神村初美・三橋麻子（2016）「外国人介護人材のためのシラバスモデルの構築─EPA 候補者を対象とした集合研修での成果と課題─」『日本語研究』第36号，73-96.

平野裕子・小川令子・川口貞親・大野俊（2010a）「来日第 1 陣のインドネシア人看護師・介護福祉士 EPA 候補者を受け入れた全国の病院・介護施設に対する追跡調査（第 3 報）受け入れの実態に関する病院・介護施設の比較を中心に」『九州大学アジア総合政策センター紀要』第 5 巻，113-125.

三橋麻子・丸山真貴子（2012）「EPA 介護福祉士 EPA 候補者への学習支援と支援体制─今後の連携・ネットワーク作りを目指して─」『2012年度日本語教育学会春季大会予稿集』217-222.

丸山真貴子・三橋麻子（2014）「日本語教育としてすべきもの─受け入れ施設・合格者の声を受けて─」『2014年度日本語教育学会春季大会予稿集』78-81.

野村愛（2013）「介護福祉士 EPA 候補者に対する日本語教育の制度的課題」『2013年度日本語教育学会春季大会予稿集』239-244.

西郡仁朗・王瑩（2015）「マルチメディア教材『きらきらオノマトペ』の開発と WEB 公開について」『人文学報』第503号，39-60.

第6章

日本語教師と介護の専門家とのティームティーチング
—— 介護の専門日本語授業での実践から ——

神村初美・小平めぐみ

1　日本語教師と介護の専門家との
ティームティーチングの現状と課題

EPA 候補者に対する施設着任後の日本語教育支援（以下，着任後教育）については，上野（2013），三橋・丸山（2012），丸山・三橋（2013）など事例的取り組みに関する調査や分析等を中心に議論が重ねられてきている。しかし，各受入れ施設（以下，各施設）での協力体制のもとで，数名の候補者を対象としており，近視眼的な面があることも否めない。特に，介護の専門家（以下，専門家）とどのように日本語教育支援を図っているのか，についての論考は少なく，十分であるとは言えない。たとえば丸山・三橋（2013）では，専門家と日本語教師との連携を説いているが，国家試験合格後の EPA 介護士への支援として，介護実務の「書く」業務に特化し検討されており，着任後教育についてはふれられていない。よって，依然，着任後教育で専門家とどのように日本語教育支援を図るか，については，不特定多数を対象とした実践や，より広い視点からの議論の積み重ねが待たれるといえる。

筆者らも，本実践開始時，着任後教育での日本語教師と専門家とのティームティーチング（以下，TT 授業）をどのように図るべきかという課題を抱えていた。そこで，多様な背景を抱える不特定多数の EPA 候補者が集う，公学連携事業に基づく介護の専門日本語教育の授業（以下，介護の専門日本語研修）[1]で，2 年間にわたり行った TT 授業に俯瞰的な省察を加えた過程を記すことに

よってどのように課題を克服していったのかを述べる。そして，得られた成果と課題から，着任後教育での TT 授業の一支援策を提示する。

2　CBI モデルを用いた橋渡しの介護の専門日本語教育

　神村・三橋（2015a）によると，施設側が望む来日 2 年目の着任後教育は，国家試験の受験が来日 3 年目から課せられる制度的枠組みを鑑み，国家試験対策に対応し得る日本語力の養成，いわゆる，国家試験対策に繋げるための橋渡しの専門日本語教育（以下，「橋渡しの専門日本語教育」）であることが，施設でのヒアリング調査結果から示され[2]，第 5 章にて詳細に記した。これらの着任後教育は，日本語教師と専門家とがともに作り上げていく必要がある（上野 2013，大関他 2014）との指摘もある。しかし，「橋渡しの専門日本語教育」を，日本語教師と専門家との協働により図る試みは管見の限り見られない。一方，上述の「橋渡しの専門日本語教育」を対象とした学習環境のデザインの 1 つとして，内容重視の言語教育（Content-Based Language Instruction）（以下，CBI）があげられる。CBI とは，北米のイマ－ジョンプログラムに端を発する，「言語と（言語以外の）教科の内容の授業を統合する（佐藤他 2013：71）」教育である。具体的には，母語以外の学習言語で，学習者が目指す専門領域での知識の理解を深めながら，学習言語の習得促進も同時に図ることを目指す。CBI は，米国の外国語教育では，その指針としての5C を統合できる理想的な設定とされているが，日本語教育では，いまだ実践が遅れている（近松 2009）との指摘もある。5C とは，全米外国語教師会が掲げる総合言語教育の目標，および指針を指し，具体的には以下の 5 項目からなる（National Standard in Foreign Language Education，1999）。

　　・Communication：情報や意見の理解・伝達を目的とする言語能力の養成，

　　・Cultures :言語の背景にある文化や社会の理解，

　　・Connections：言語を通して他教科と関連づけた学習，

　　・Comparisons：母語と学習言語，およびその文化の比較・理解，

表6.1　北米における CBI モデル

モデル	主目的 (内容・言語)	主言語 (L1・L2)	学習言語の役割	主講師 (専門・言語)	主対象 (母・非母語話者)
1	FLAC	内容	L1(＋L2)	補助ツール	専門	母語話者
2	LSP	言語	L2	主目的	言語	非母語話者 (専門)
3	Theme-based	言語	L2	主目的	言語	非母語話者 (専門)
4	Sheltered	内容	L2	主要ツール	専門	母語・非母語話者
5	Adjunct	内容	L1・L2※	主要ツール	専門	非母語話者

注：L1は母語，L2は学習言語を指す。この場合対象言語が母語話者にとって L1，非母語話者にとって L2。
出所：近松（2009：143）。

・Communities：教室を超えた地域・多言語社会での学習活動

　CBI には，言語と内容とが学習のどの段階でどのように関連するのかに起因し，さまざまな形がみられる（近松 2009，佐藤他 2013）。近松（2009）は，北米での日本語教育における多様な CBI の実践事例を，主目的（言語・内容），主言語（母語・学習言語），学習言語の役割（ツール・目的），主任講師（専門・言語），履修対象者（母語・非母語話者）の要因から分類し，表6.1のように5つのモデルに整理している。

　表6.1を説くと，まず，FLAC（Foreign languages across the Curriculums）とは，母語話者が対象で，専門家による母語での授業に，内容理解深化のために学習言語による資料を補助ツールとして使用するものである。次に，LSP（Language for Specific Purpose：以下，LSP モデル）とは，非母語話者が対象で，言語教師が専門の関連トピックスを通して専門用語等の言語運用能力の向上を図るものである。そして，Theme-based とは，非母語話者が対象で，言語教師が専門のテーマを扱いながらも言語学習（文法項目等の説明を明示的におこなう）を中心とするものである。Sheltered（以下，シェルターモデル）とは，非母語話者を対象とし，専門家による内容に関する学習が中心で，言語学習は内容の理解をサポートする位置づけというものである。Adjunct とは，非母語話者が対象で，母語話者とともに専門内容の授業を履修し，さらに直接関係するよう設定された言語コースを同時に履修するものである。本実践においては，こ

れら CBI モデルのうちの LSP モデルとシェルターモデルに注目し，介護の専門日本語研修での「橋渡しの専門日本語教育」に取り入れた。

　本章では，2013年9月から2015年1月の約2年間に行われた介護の専門日本語研修の，来日2年目を主な対象とした専門日本語コースでの TT 授業について取り上げる。コースは，隔週1回5時間（午前2時間，午後3時間），年間全18回であり，TT 授業は，専門日本語コース全18回内の後半で全9回実施した。参加者は，各年各回7名から23名で，実践1年目は平均参加者10名で平均出席率は91％，実践2年目は平均参加者20名で平均出席率は91％である。実践の省察には以下を用いた。

①日本語教師と介護の専門家とで TT 授業後に行った振り返りの記録（以下「TT 振り返り」）。

②候補者による毎授業ごとの授業評価（以下「授業評価」）。

③各種到達度テスト結果（以下「テスト結果」）。

3　ティームティーチング授業の実践

（1）「介護保険がわからない」── TT 授業実践1年目の省察から

　TT 授業は，専門日本語コースのシラバス内「専門に関する読解」（認知症，糖尿病，介護保険，難病）で，国家試験の読解力強化，および総合問題の解答力を培うことを目指す際の専門性の担保という視点から試行した。円滑な TT 授業を目指し，連携を図った。まず，授業で使用する授業資料は，各課ごとに①事前打ち合わせ，②日本語教師が専門家の担当部分も含め作成，③専門家による修正・加筆（他専門家による校閲含む），④日本語教師がまとめる，という一連のサイクルを，専門家との3週間程度の往還をかけ作成した。次に，専門家とのコミュニケーションを促す機会として，各授業終了後に「TT 振り返り」を，対面で各回1時間程度行った。表6.2に，TT 授業での連携について授業資料作成のプロセスをもとに示す。

　初年度の TT 授業の内容として，午前はトピックスに関連した過去の国家

表6.2　授業資料作成のプロセス

順　序	日程概要	日本語教師			専門家		他専門家	
		資料の V	作業		資料の V	作業	資料の V	作業
step1	4週前〜	資料 V0	作成					
step2	3週前	資料 V1	送付	→	資料 V1	確認・加筆		
step3	2週前	資料 V2	確認・調節	←	資料 V2	送付		
step4	1週前	資料 V3	送付	→	資料 V3	確認・調節	資料 V3	校閲
step5	3日前	資料 V4	調節	←	資料 V4	送付	資料 V4	送付
step6		資料 V5	完成					

出所：筆者作成。

試験の事例問題を読解素材とし，日本語教師が介護の専門語彙・表現・内容理解の精読，および問題演習を行った。午後は専門家が主軸となり，同じ読解素材に対する専門解説の付加，および発展的な過去問題の演習を加えた。しかし「授業評価」からは，特に介護保険に関し「わからない」と記され，「TT 振り返り」では「言語教育のなかで介護の専門性をどのように絡め深めるのか」という課題が示された。

　資料1と2に，「わからない」と記された「第13回介護保険に関する読解」の省察データを示し具体的になにが「わからない」とされたのかを説く。

　「第13回介護保険に関する読解」内では，トピックスとして地域包括支援センターについても扱った。資料1，「第13回授業評価」のコメントからは，授業項目をおおむね理解できていたように見受けられる。しかし，資料2，「第13回 TT 振り返り」の文字化データおよび，資料1，「第13回授業評価：Q 2 -A 3問題になるとわからなくなった」からも，受講者はトピックスに対する理解が曖昧なままであったことが分かる。

　資料2，「第13回 TT 振り返り」での日本語教師と専門家とのやり取りから，EPA 候補者 A における曖昧な理解状態について詳しく述べる。

　まず，「第13回 TT 振り返り」のなかの下線部で，専門家が「（EPA 候補者 A は）混同しちゃってるなって思って」と述べた「第13回介護保険に関する読解」での問題の質問文は「地域包括支援センターはどういうところですか」と

【介護保険に関する読解】

Q1：わかったことはなんですか。
A1ケアマネージャーのことはすこしずっつ分かる。／Ａ２介護支援専門員とちいきほうかつセンタどんなことでならった。／A3地域包括支援センターについてわからなかった。今少し分かるようになりました。
Q2：わからなかったことはなんですか。
A1地域包括支援センターの内容はおぼえらない。／Ａ２地域包括支援センター概要についてなかなか覚えられません。／Ａ３問題になるとわからなくなった。／Ａ４今まであまりしらなかった　マネジャーのこと説明してくれてから分かるようになった。

出所：筆者作成（2013年11月13日「授業評価」から抜粋してそのまま転記）。

資料1　第13回授業評価

【介護保険に関する読解】

専門家：（候補者Ａさんは）地域包括支援センターは包括的にケアを行っていくために……ってのは，通所介護サービスを包括的に提供しているって言ってたでしょ……混同しちゃってるなって思って……，設問はそれを聞いているんじゃなくて，じゃ，地域包括支援センターってどういう所ってことで，で，介護マネージメントを包括的に行うって言って，あーそーっかって（Ａさんは）なってたけど……ごっちゃになっちゃってたっていうか……ん……しっかり理解はできていないんだなって……，地域包括支援センター自体がよく理解できてないっていうか……だから，同じような言葉を聞くとごっちゃになっちゃって……。

出所：筆者作成。

資料2　第13回TT振り返り

いうもので，地域包括支援センターの役割について専門家は尋ねていた。正答は，①原則，市町村単位で設置されている，②保健師，主任介護支援専門員，社会福祉士が配置される，③業務内容は，相談・計画・支援である。しかし

EPA 候補者 A は，まず，「包括」という言葉の意味から，地域包括支援セン
ターは，地域での介護に関する諸事を「すべてまとめて一括し担っている機
関」と勘違いしていることが推測された。次に，介護の専門家による「介護
サービスを切れ目なく提供するために」「包括的にケアをする中核機関」とい
う説明から，「地域包括支援センターは包括的に介護サービスを切れ目なく提
供する中核機関である」と誤認した。これは「包括的に」だから当然，「通所
介護サービス」も提供していると捉えたことによる誤った理解であった。
EPA 候補者 A が混同したこの「通所介護サービス」はいわゆるディサービス
であり，介護保険[3]のなかの居宅サービスの一環に見られるものである。地域
包括支援センターでは行われないのである。「通所介護サービス」とは，被介
護者が介護を受けられる通所施設に通い，そこで入浴介護などの介護サービス
を受けるもので，「直接的な介護」という認識に基づく。一方，地域包括支援
センターは，介護が必要になった場合に最初に訪れる機関であり，介護の計画
や相談を無料で提供する役割を担うもので，「直接的な介護」ではない。あく
までも，介護が必要になった場合に，その計画や相談を請け負うためのいわゆ
る相談，仲介役にとどまる役どころであり，「直接的な介護」と真逆の「直接
身体に触れない介護サービス」を担うと位置付けられている。そのため「通所
介護サービス」は行えないし，そもそもその役目を担っていないのである。

　EPA 候補者 A は教師に疑問を投げかけるなかで，「地域包括支援センター
とはどういった建物ですか？」としきりに尋ね，「テーブル 2 つくらいのとこ
ろで特に決まった建物などがあるわけではないし，いろいろなところに設置さ
れている」との専門家の回答に，自分のとらえ方と異なっていたので，「わか
らなくなった」と述べたと推察できたのである。つまり，「直接的な介護サー
ビス」としての介護保険・居宅サービス内の「通所介護」と，「直接身体に触
れない介護サービス」としての，相談支援・マネジメントを担う地域包括支援
センターへの理解が不明瞭で，明確に整理し描けていないところに，既有知識
で知り得ていたいくつもの同じことばが出現したため，混乱を招いたと考えら
れた。EPA 候補者 A は，「包括」を含め，国家試験内のことばの意味も文法

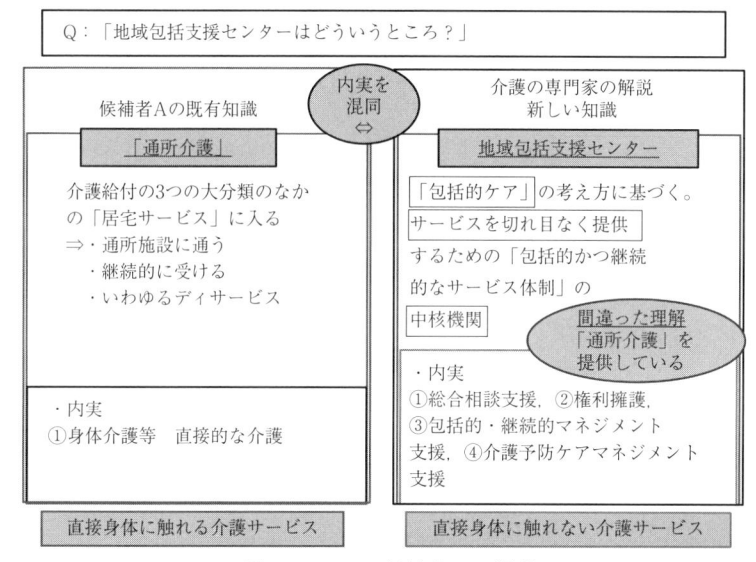

図6.1　EPA 候補者 A の混乱

出所：筆者作成。

も理解できており，介護保険そのものがどういった仕組みなのかも理解できていた。しかし，すでに持っていた介護保険の介護サービスに関する知識で得た「通所介護」「包括」「切れ目なくサービスを提供する」ということばや表現が，新しく得た地域包括支援センターに関する知識のなかでも散見されたため，既有知識で得たことばの意味をあてはめ理解しようとし，混乱をきたしたととらえることができた。そのため，介護の専門家は「混同しちゃってるなって思って……地域包括支援センター自体がよく理解できてないっていうか……だから，同じような言葉を聞くとごっちゃになっちゃって」と「第13回 TT 振り返り」で述べたのである。EPA 候補者 A の混乱を図6.1に整理し示す。

　国家試験の事例問題はこのようにトピックスを取り巻くさまざまな情報が多角的に表出してくるため，判断基準がゆれ，解答に迷いが生じやすくなる。事例問題は，①「人間と社会」（人や制度を理解する科目），②「こころとからだのしくみ」（利用者を理解する科目），③「介護」（介護福祉士の仕事を理解する科目）

の３領域にわかれ，先に取り上げた地域包括支援センターに関する問題は，
「人間と社会」にあてはまり，出題頻度が高い問題[4]である。その一方で，情
報処理量が多いため，示す用語やことばが何の機能を担っている機関やサービ
スであるのかといった内実を，正確かつ十分に理解しておかなければ，先述の
EPA 候補者 A のような混乱が生じかねない。ここから，地域包括支援セン
ターに関する問題は，学習者にとっては Q & A の丸暗記では太刀打ちが効か
ないトピックスであるということが分かった。

　また，EPA 候補者 A に見られたような曖昧な理解の事例は，既有知識とそ
の場で説かれた解説文を統合するという高い類推力をもって対応した結果に引
き起こされたと考えられた。そのため，こういった理解齟齬を解消するために
は，より確実な理解力，およびその先の解答力に繋げられるような支援の工夫
が要ることが分かった。そのため，「TT 振り返り」から，トピックスに対し
多角的に TT 授業を構成し，学習者の日本語習熟度や内容理解度に柔軟に対
応しながら，介護の文脈での言語教育に専門性を絡め，理解の深化を図るとい
う課題が導き出された。

（2）CBI モデルに基づく「橋渡しの専門日本語教育」
── TT 授業実践２年目の省察から

　実践２年目は CBI モデルに注目した。CBI モデルの，5C を統合できる理想
的な設定という学習環境のデザインが，TT 授業実践１年目で導き出された，
介護の文脈での言語教育に専門性を絡め，理解の深化を図るという課題に対し，
有効に作用する可能性があると考えられたためである。

　まず読解素材は，LSP モデルの理念に基づき，トピックスに関連した過去
の国家試験事例問題ではなく，トピックスに対する解釈文章とした。午前は，
言語教師が専門関連トピックスを通し専門用語等の運用能力向上から読解力を
図るとした。午後は，シェルターモデルの理念に基づき，専門家による，内容
に関する学習を中心とし，言語学習で内容の理解をサポートするとした。また，
実践１年目で介護の文脈での言語教育に専門性を絡め，どのように理解に繋げ

表6.3　実践 1年目・2年目における午前の学習設定の比較

	主講師	読解素材	授業構成	授業詳細
1年目	言語	国試事例問題	精読／演習	一般的な読解授業／過去問題演習
2年目	言語	解釈文章	CBI,LSP モデル	立体的な専門読解の授業

出所：筆者作成。

表6.4　実践 1年目・2年目における午後の学習設定の比較

		主講師	授業構成		授業詳細		
1年目		専門	講義形式		専門解説／過去問題演習		
		（言語）			適宜サポート		
2年目		専門	CBI,シェルターモデル	専門解説	インプット	過去問題演習：協働	批判的に過去問題を捉える取組
		言語			フィードバック		

出所：筆者作成。

るのかという課題が示されていたため，その課題に対応する工夫を含めた。

　具体的には，午前は，①音読の活用から専門語彙や表現の獲得，②4技能統合タスクから読解力の向上，③積極的に既有知識，およびピア学習を促すことから理解のネットワークの構築をそれぞれ目指し，図った。このような取り組みを「立体的な専門読解の授業」と呼んでいる。本章末に授業資料（「立体的な専門読解の授業」の授業資料例）の例を示す。

　また午後は，インプットを専門家が，フィードバックの細かい調節を主に日本語教師が適宜挿入し，その後，批判的に過去問題をとらえるステップを専門家との協働で設け，図った。表6.3と表6.4に示す。

　実践2年目の「授業評価」から，午前は特に，既有知識の活用，およびピア学習が「よかったこと」と評され，4技能統合タスクでのトピックスの解きほぐしおよび，概念マトリックス構築が「わかりやすい」と評価された。

　午後は「TT振り返り」から，自身の誤答を内省的に分析する学習姿勢，およびトピックスから派生させた解釈の口述など，理解の深化や積極的な学びが確認された。一方課題としては，介護の専門家がより詳細に説明しようとする際に突出する難解な表現・語彙をどのように橋渡しするのかという「動的橋渡

図6.2　実践2年目　CBIシェルターモデルでの「過去問題演習・協
　　　　働」で学ぶEPA候補者
　出所：筆者作成

し」が示された。3年目実践完了時の「振り返り」から，対処法として，各異
領域の専門性に積極的に寄り添うことが有効であろうと省察された。しかし，
どのように寄り添うのかについては，今後検証すべき余地がある。

4　橋渡しの介護の専門日本語教育へのCBIモデルの可能性

　上述した2年間のTT授業においては，各年度ごとの受講者は異なるが，
同じ要件に基づくEPA候補者であるため，等しく扱えるデータであると言え
る。そこで2年間のTT授業での到達度テストの結果を比較した。
　表6.5から分かるように，2014年度にすべての項目において数値的向上が
確認された。特に表現においては，前年度比31％の向上率であった。2年間の
TT授業は，同一のシラバス・授業時間数・各教師・各種テストのもとに実施
され，授業構成に対する理念とその学習設定だけが異なる。各施設で本実践の
TT授業への補完は特段なされていないこと，TT授業は好適と「授業評価」
で示されていた。そのため，実践2年目の到達度テストでの数値向上は，CBI

表6.5　TT授業　到達度テスト結果比較

テスト実施日	読解素材	合　計	漢　字	語　彙	表　現	読　解
	満　点	66	30	20	10	6
2013年度 2014/01/22	平　均	54%	64%	49%	44%	37%
2014年度 2015/01/21	平　均	63%	72%	52%	75%	44%
	平均差	9%	8%	3%	31%	7%

出所：筆者作成。

の理念に基づき行った実践2年目での一連の試みに対する有効性によるものと考えられた。

　では，なぜ，実践2年目（2014年度）の一連の試みから，有効性が示される変化に至ったのであろうか。

　先述の表6.3，表6.4は，実践1年目と2年目との学習設定の相違点を午前と午後に分け示したものである。実践の省察，および表6.3，表6.4，表6.5の相関性から学習設定の相違点に注目した場合，国家試験を意識し，トピックスに関連した過去問題を広く扱った実践1年目（2013年度）では，先の「授業評価」や表6.5の表現の到達度が44％であったところからも，理解が拡散してしまっていたことが分かる。一方，重層的に理解を育むことを試みた実践2年目（2014年度）では，表6.3，表6.4の学習環境の設定に加えた改良から変化の内実を，および先の「授業評価」と表6.5の数値から，導き出された変化の結果を汲み取ることができる。

　国家試験の問題では，同一トピックスであっても多角的な視点による包括的な理解が求められる。特に介護保険に関してはその特徴が顕著である。つまり，トピックスを主軸とし，それに対する理解の隙間を埋めるよう，幾重にも多角的な視点から重層的に行う取り組みから，包括的な理解につながった，その結果得られた実践2年目（2014年度）の変化であったと言える。ここから，国家試験に対応し得る包括的な理解力に繋げるためには，あるトピックスに関連する多種多様な問題を数多く取り上げるよりも，あるトピックスのひとつの問題そのものに対しての理解を深め，そこから枝葉のように関連付けて派生させな

がら，理解のネットワークを作っていくような介護の日本語教育支援の在り方，いわゆる「広がりよりも深まり」が有効であり，学習を構造化する際の要であることが導き出された。

5　「広がりよりも深まり」に注力した「橋渡しの専門日本語教育」

　上述で示した CBI モデルに基づく「橋渡しの専門日本語教育」は，TT 授業の 2 年間の試行により示されたものである。各施設内においては，日本語教師または教育担当者が単独で着任後教育を施す場合もあると考える。しかし，それらの場合においても，本実践での以下の工夫手法が，具体的な教育支援策として活かせるものと考える。

　①有知識を積極的に引き出し言語学習と自信につなげる。

　②4 技能を多角的に駆使させる。

　③国家試験の問題を批判的に解くステップを挿入する。

　また，「橋渡しの専門日本語教育」の在り方に対する一つの重要な着眼点として示された「広がりよりも深まり」は，「着任後教育はどうあるべきなのか」といった議論に対し，日本語教育の視点から提示する一回答例につながるものと考える。

　本章では，TT 授業での 2 年間の実践の省察から得られた，CBI モデルに基づく「橋渡しの専門日本語教育」を報告することによって，得られた成果が具体的な方便として，着任後教育の支援策につながることを提案した。しかし，介護の専門日本語教育は緒に就いたばかりであり，先行事例も少ない。また，施設配属 3 年後の国家試験合格を見据えた教育は，いまだ過渡段階である。そのため，今後一層，実践研究を積み重ねることによって，日本語教育という視点から専門的知見を提示し，支援に繋げていく必要があると考える。また，言語教育の持つ使命の 1 つが，学習者が所属する現今のコミュニティの成員として十全に参画していくことを保証するものである，と考えた場合，国家試験合格後の日本語教育は非常に重要な意味を持つ。よって，合格後の日本語教育支

援を今後の課題とした。

注

1）東京都と首都大学東京による「アジアと日本の将来を担う看護・介護人材の育成による公学連携事業」に基づく，EPA 候補者を対象とした介護の専門日本語教育の授業。詳細は第1・5・7章を参照されたい。

2）施設側が行う学習支援として，漢字は対応可能だが文法は困難であるとの声も明らかになっている。詳細は第1・5・7章を参照されたい。

3）介護保険で行われる介護サービスは「居宅サービス」「地域密着型サービス」「施設サービス」の3枠に分けられている。

4）主に出題で問われる項目は，要介護認定，地域ケア会議，介護サービス，地域密着型サービス，地域包括センター，介護保険審査会，介護支援専門員などについてである。

参考文献

上野美香（2013）「介護施設におけるインドネシア人候補者の日本語をめぐる諸問題—日本人介護護職員の視点からの分析と課題提起—」『日本語教育』第156号，1-15.

大関由貴・奥村匡子・神吉宇一（2014）「外国人介護人材に関する日本語教育の現状と課題—経済連携協定による来日者を対象とした研究を中心に—」『国際経営フォーラム』Vol.25, 239-280.

神村初美・三橋麻子（2015a）「EPA 介護福祉士候補者に対するシラバス作成—「どこから，なにを，どのように」の視点から捉えた成果と課題—」『第17回専門日本語教育学会研究討論会誌』14-15.

神村初美・小平めぐみ（2015b）「EPA 介護福祉士 EPA 候補者に対する介護専門家と日本語教師とのティームティーチング—CBI モデルに基づいた授業実践報告からの提案—」『2015年度日本語教育学会春季大会予稿集』141-146.

齊藤真美・中川健司・角南北斗・布尾勝一郎・中村英三（2013）「EPA 介護福祉士候補者学習支援で求められるもの—実践報告および今後の課題—」，『2013年度日本語教育学会春季大会予稿集』251-256.

佐藤慎司・長谷川敦志・熊谷由理・神吉宇一（2013）「内容重視の言語教育の理論と実践—「批判的」日本語教育にむけて—」, *New perspective on Japanese language learning, linguistics and culture*. Honolulu: University of Hawaii, National Foreign Language Resource Center, 69-93.

近松暢子（2009）「米国におけるコンテント・コミュニティーベース授業の試み—米

　国シカゴ日系人史─」『世界の日本語教育』第19号，141-156.

春原憲一郎（2006）「専門日本語教育の可能性─多文化社会における専門日本語の役
　　割─」『専門日本語教育研究』第 8 号，295-296.

丸山真貴子・三橋麻子（2013）「外国人介護福祉士にとっての次なる課題─アンケー
　　ト・インタビュー調査結果からの教材作成の試みと学習法─」『2013年度日本語
　　教育学会春期大会予稿集』257-262.

三橋麻子・丸山真貴子（2012）「EPA 介護福祉士候補者への学習支援と支援体制─今
　　後の連携・ネットワーク作りを目指して─」『2012年度日本語教育学会春季大会
　　予稿集』217-222.

Brinton, D. M., Snow, M. A., and Wesche, M. (2003). *Content-based Second
　　Lannguage Instraction*, Ann Arbor, MI: The Unversity ofMichigan Press.

Stryker, S. B. and Leaver, B. L. (1997). *Content-based instruction in foreign
　　language education; Models and methods.* Washington, D. C.: Georgetown
　　University Press. (1999) National Standard in Foreign Language Education

資料　「立体的な専門読解の授業」の授業資料例（「関節リウマチ」の専門読解から）

(1)　「関節リウマチ」のことばの意味を確認しよう。

		よみかた	母語
①	炎症		
②	腫れる		
③	関節のこわばり		
④	可動制限	日本語	母語
⑤	左右対称に進行		
⑥	骨が破壊される		
⑦	関節の変形		
⑧	微熱		
⑨	倦怠感		
⑩	全身症状		

出所：筆者作成。

(2)　「関節リウマチ」のマトリックス図を完成させよう！

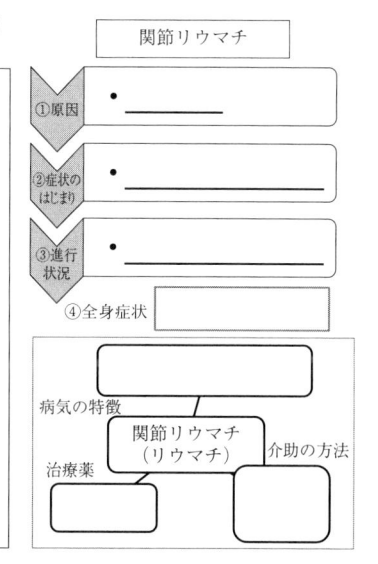

関節リウマチ

　原因不明の難病。関節に炎症が起こり，腫れて痛む病気。
　中高年の女性に多く発症する。起床時の関節のこわばり，腫れ，痛みなどから始まり，可動制限を起こす。よくなったり悪くなったりしながら左右対称に進行し，骨が破壊されていく。特有の関節の変形や微熱，倦怠感などの全身症状が現れる。
　単にリウマチともいう。治療には，消炎鎮痛剤がよく用いられる。自助具を工夫して自立を支援する。介護保険の中の16の特定疾病の一つ。

出所：筆者作成。

第7章
外国人介護従事者のための持続可能な
日本語教育を目指して
—— EPA 介護士による「日本語アシスタント」の試みから ——

神村初美

1 EPA 介護士の定着という課題

　日本は介護人材不足という国内事情から，外国人介護従事者の受入れを加速させる向きにある。また，執筆時点直近の2018年度第31回の介護福祉士国家試験（以下，国家試験）の EPA 全体の合格率は，46％と日本人を含めた全受験者の合格率73.7％を下回ったものの，ベトナム人 EPA 候補者の合格率は88.5％を保った。2017年度第30回の EPA 全体の国家試験の合格率は50.7％[1]と，第29回の49.8％をわずかだが上回り，第1陣であるベトナム人 EPA 候補者の合格率は93.7％[2]と，こちらは日本人を含めた全受験者の合格率70.8％を大きく上回っていた。このような数値の状況からも，合格率は安定の兆しを見せている。よって，急速な高齢化，および介護人材不足という国内事情から鑑みると，国家試験に合格し有資格者となった EPA 介護士の日本社会への定着は自明の理であると考える。

　一方，EPA 介護士の定着に向けた支援の在り方を日本語教育の視点から図った試みは極めて少ない。そこで，EPA 介護士への一支援策として行った「日本語アシスタント」の取り組みを，外国人介護従事者が，日本社会で持続的にいきいきと生活を営むことができるよう支援する日本語教育（以下，「外国人介護従事者のための持続可能な日本語教育」）とは何であるのかという視点で省察することによって，EPA 介護士の日本社会への定着に向けた支援の在り方への要件を探った。なお，本章における「日本語アシスタント」とは，EPA

候補者向けの対面型集合研修での介護の日本語授業[3]（以下，介護の日本語授業），およびその関連業務をサポートするために雇用された EPA 介護士を指すものとする。

2　EPA 介護士による日本語アシスタントの概要と方法

　岡崎（2009）は，思考を進める「心理的領域」，および他者との関係構築を図る「社会的領域」で，言語がその力を十分に発揮できる状態にあれば，人間としての活動もよい状態にあるという主張に基づく日本語教育へのアプローチを，「持続可能性日本語教育」と呼んだ。ここでは，所属するコミュニティのなかで持続可能に生きていく人間として，自分の生活をよくする言語力を手に入れる言語学習が目指されるとしている。本章で取り上げる「日本語アシスタント」においても，介護の日本語授業に関する業務を介すことによって，アシスタントを行う EPA 介護士自身が，在住地域や所属施設といった日本社会の各コミュニティのなかで，いきいきと持続可能な状態でよりよく生きるための言語力の獲得につながることを目指した。

　本章では2015年度から2016年度の「日本語アシスタント」を取り上げる。起用にあたっては以下の順を経た。

　①EPA 介護士自身の意思確認

　②所属施設との話し合い

　③所属施設長レベル決定権者からの許可

　④資格外活動許可申請手続き

　「日本語アシスタント」始動時の予定実働頻度は，6月から翌年2月の年間19回，1か月2回から3回，1回3時間程度であった。対象は，介護の日本語授業輩出の EPA 介護士で，対象者通計21名中で6名からの協力を得た。6名はいずれもインドネシア人 EPA 介護士で，雇用時25歳から30歳である。実働は正規業務の休日を充て雇用するとし，一定の規定に沿った対価が支払われた[4]。実働内容はいずれの年度も以下の①と②である。

図7.1　「実働①」の様子

出所：筆者提供。手前から日本語アシスタント。

図7.2　「実働②」の様子

出所：筆者提供。日本語アシスタントと筆者。

①授業での学習のサポート（以下，「実働①」）。

②候補者向けメールマガジン（以下，「介護通信」）への掲載記事の作成（以下，「実働②」）。

「実働①」においては，サポート日の授業資料を2週間ほど前にメールで「日本語アシスタント」に送り，授業内容への自学を課した。「実働②」では，「実働②」のための業務日を別途に設けた。

「実働②」は，「介護通信」を作成するのにあたって，まず，取り上げるトピックスに対するアシスタント同士の意見交換を介し，次にその結果を「日本語アシスタント」全員でまとめ，そして最後に，教員がサポートしながらPCを用い記事に起こすという段を経た。本章末に「実働②」で作成した「介護通信」を資料として添える。

「日本語アシスタント」は活動年度の初回と最終回に「ライフ・キャリアプランニングシート」（以下，（1）「シート1・2」）を，「実働①」後に，アシスタント自身が記入した活動報告書（以下，（2）「アシスタント報告」）を，活動年度の最終回に，振り返りシート（以下，「シート3」）を記入し，年3回N1レベルのテスト（以下，（3）「N1テスト」）を受けた。

「シート1・2・3」は，合格後の自身の在り方を言語化させることで，自分の生活をより良くする意識化を促し，「思考を進める『心理的領域』（岡崎2009）」に働きかけるために，また「N1テスト」は「他者との関係構築を図る『社会的領域』」（岡崎 2009），つまりアシスタントの日々の生活や仕事のなか

で言語がその力を十分に発揮できる状態にあるかを検証するために行った。担当教員は都度，振り返りのための，（4）「アシスタントログ」を記した。考察には，上述の（1）から（4），および「実働②」におけるやり取り（以下，（5）「実働②ログ」）を合わせ，複眼的に「外国人介護従事者のための持続可能な日本語教育」への要件を探った。以下に検証の対象としたデータを整理し示す。

① 「シート1・2」（ライフ・キャリアプランニングシート）
② 「アシスタント報告」（アシスタント自身が記入した活動報告書）
③ 「N1テスト」（年3回行ったN1レベルのテスト）
④ 「アシスタントログ」（担当教員が振り返りを記した記録）
⑤ 「実働②ログ」（「介護通信」作成時における「日本語アシスタント」同士や教員とのやり取りの記録）

3　日本語アシスタントの実際

「日本語アシスタント」の雇用へ向けた働きかけは，国家試験の合格発表直後に行った。まず，雇用人数は当初の予想を下回り，2015年度は対象11名中4名，2016年度は対象10名中2名で合計6名となった。その背景としては，EPA介護士，および教育担当者が快諾であっても他機関での就労を認めないという配属施設の規定にふれる場合や，施設側が快諾であってもEPA介護士自身が望まない場合，また国家試験合格直後に帰国してしまう場合，などがあった。次に，開始時期の一律化は困難であった。国家試験の合格に伴う査証の切り替えや資格外活動許可申請の一連の諸手続きに，各人2か月から4か月を要することとなったためである。雇用のための資格外活動許可申請等の一連の手続きを経た後，実働に移った。「日本語アシスタント」の実施スケジュール例として，「2015年度アシスタント実施日程一覧」から表7.1に示す。

2015年度の実働頻度は，始動計画時の全19回から2回を中止とし，全員1か月2回から3回から適宜の持ち回りで対応することとした。これは介護現場で

表7.1　TT授業　到達度テスト結果比較

回数	月	日	実働時間	時間数	参加者	業務
1	5月	27日（水）	10：30-16：00		4	オリエンテーション
2	6月	23日（火）	13：00-16：00	3	2	実働②介護通信作成
3	7月	7日（火）	12：30-17：30	5	2	実働②介護通信作成
4		14日（火）	12：30-16：30	4	3	実働①授業サポート
5		30日（木）	12：30-16：30	4	3	実働②介護通信作成
6	8月	5日（水）	13：00-17：00	4	2	実働①授業サポート
7		20日（木）	13：00-17：00	4	2	実働②介護通信作成
8		28日（金）	13：00-17：00	4	2	実働②介護通信作成
9	10月	6日（火）	12：30-16：30	4	3	実働①授業サポート
10		14日（水）	12：30-16：30	4	2	実働①授業サポート
11		23日（金）	10：00-14：00	3	4	実働②介護通信作成
12	11月	11日（水）	12：30-16：30	4	4	実働①授業サポート
13		19日（木）	12：30-16：30	4	2	実働①授業サポート
14		30日（月）	13：30-15：30	2	2	実働②介護通信作成
15	1月	6日（水）	12：30-16：30	4	1	実働①授業サポート
16		12日（火）	12：30-17：30	5	2	実働①授業サポート
17	2月	26日（金）	13：00-16：00	3	4	報告書作成

出所：筆者作成。

の人手不足から，予定していた「日本語アシスタント」日に急きょ仕事が入る，または連日夜勤の翌日に「日本語アシスタント」日となるといった就労実態から鑑み，変更したものである。そこで2016年度はEPA介護士の手続きが完了すると予想される8月初旬の開始とし，実働可能と意思表明したアシスタント2名の実働確約共通日で設定し，頻度は全14回とした。「日本語アシスタント」自身の勤務の状況としては，いずれの年度も積極的に業務に携わり，むしろとても楽しみにしている様子であった。しかし，2015年度は年度中間で1名が私事で帰国，2016年度は年度後半に1名が体調不良で帰国，結果2015年度から2016年度合計6名中2名が中途退職となった。

4　「外国人介護人材のための持続可能な日本語教育」と EPA 介護士

　省察は，2015年度から2016年度の「シート１・２・３」，および「N1テスト」を用い行う。アシスタント名は匿名化しＡからＦで，「シート１」の日本語レベルは雇用時のおおよそのレベルで示す。表７．2の「シート１」は，記述時点で１年後，および５年後の自分をイメージし，その時に居る国名とおおよその人生プランを，表７．3の「シート２」は，「シート１」を記した後で，「将来なりたい自分」について，それぞれ記してもらったものである。(4)に示す「シート３」は，最終回で書いた「日本語アシスタント」の振り返りから，具体例としてＣの記述を抜粋転記したものである。「シート１・２・３」はいずれも，問いに対する自己の答えを内省する時間を設け，その後アシスタント同士での自由闊達な意見交換を通し，その後各自によって記されたものである。

（1）１年後，および５年後の自分

　まず「シート１」内の「初回」と「最終回」を比較する。まず初回の「１年後と５年後」では，日本で描く将来への希望が見られ，この時点では総じて，介護の仕事に前向きで，意欲的であったことが分かる。たとえばＢは，初回の「１年後」で，介護の仕事でバリバリ働くキャリアウーマンとし，2015年度第２回目「実働②ログ」にも「Ｂ：いろんな介護の仕事をしてみたい」と語ると記された。Ｃは，同回の「実働②ログ」に「Ｃ：施設の人間関係がいいからずっと働きたい」と語ると記されていた。ここから，ＢとＣの，介護の仕事への期待と意欲が見て取れる。

　次に最終回の「１年後と５年後」を見ると，「結婚」という言葉が散見されはじめ，「本音」ともとれるコメントがある。「結婚」と記す記述内容からは，将来の自身の家族像を思い描きながら，自分自身の可能性をも模索している様子がうかがわれる。たとえばＢは，初回の「１年後」で，介護の仕事でバリ

表7.2　ライフ・プランニングシート1（「シート1」）

初回		2015-2016　初回　ライフ・キャリアプランニングシート1					
アシスタント名		A	B	C	D	E	F
日本語レベル		N2中	N1初	N2後	N2中	N1初	N2初
1年後	場所	日本	日本	日本	日本	日本	分からない
	計画	自分の家族と日本国内旅行	バリバリ仕事／お金を貯めて海外旅行	N2を取得／結婚したい	いろんなところに行く／N1合格／結婚プランを立てる	翻訳や通訳をする／たくさんの知識を身に着ける	○○で通訳をしてみたい
5年後	場所	日本	日本	尼国	尼国	日本?尼国?他国?	尼国／日本
	計画	結婚相手とオリンピックを見る	結婚し子育てしながらキャリアウーマン	看護の大学院に進学するつもりです	結婚して子どもを産む／日本で勉強したことをいかす	プロの通訳／いい母, いい妻になりたい	プロの通訳／英語の能力試験を受ける

最終回		2015-2016　最終回　ライフ・キャリアプランニングシート1					
アシスタント名		A	B	C	D	E	F
1年後	場所	日本	日本	尼国		日本	
	計画	介護の技術を向上させたい／ダメだったらほかの施設に勤めたい	結婚式をあげたいです。恋人がいるから	結婚するつもりです（頑張っているのに認めてもらえないから）		EPA介護福祉士として働き続けながらN1を勉強する（N1不合格ならば）	
5年後	場所	尼国	日本	尼国		日本／尼国	
	計画	結婚して家族と一緒／日本語の先生か日本企業で働く／ツアーガイド	子育てしながら人材派遣会社で働く／子どもがほしい	クリニックで働く／看護か介護か日本語の先生になる／マスターに入る		本業主婦で在宅翻訳のバイト／インドネシアの子どもに教える	

出所：筆者作成。

バリ働くキャリアウーマンとしていたが最終回の「5年後」で，日本で子育てをしながら人材派遣会社で働くとした。またCは，初回の「5年後」で，インドネシアの看護系大学院への進学と記しながら介護の仕事への思いも語って

表7．3　ライフ・プランニングシート2（「シート2」）

初回	「2015-2016 初回　ライフ・キャリアプランニングシート2」					
アシスタント名	A	B	C	D	E	F
日本語レベル	N2中	N1初	N2後	N2中	N1初	N2初
将来なりたい自分	優しいお母さんになりたい	誰からも頼りにされる人間になりたい／今よりも素敵な人になりたい	看護師としてたくさんの人を助けられる／親や家族の世話をしたい	看護か介護の先生になりたい／日本で勉強していること（専門日本語）をインドネシアでいかしたい	通訳のプロ	プロの通訳になりたい／日本の会社で働きたい

最終回	「2015-2016 最終回　ライフ・キャリアプランニングシート2」					
アシスタント名	A	B	C	D	E	F
将来なりたい自分	尼の病院で本当は働きたい　理由：5年間,体と心が疲れる。あきらめの気持ち。	介護じゃない仕事　理由：5年間で体と心が疲れた。あきらめる気持ち。体がきついのに給料はあまり高くない。	インドネシアで看護師になる。　理由：4年間,頑張っているのに認めてもらえない。体がきついのに給料はあまり高くない。		翻訳者（家）になりたいと考えています。子どもと関わる仕事がしたい（日本語の先生）。	

注：DとFは中途退職の為，いずれも最終回での記述はない。
出所：筆者作成。

いたが，最終回の「5年後」では多様な人生の選択肢をイメージし，記している。

　一方，Aは介護技術の向上を望むが「ダメだったらほかの施設に勤めたい」と記し，Cは「結婚」の理由に「頑張っているのに認めてもらえないから」と添え，彼らの「本音」がここでも垣間見える。つまりこの時点では介護現場の理想と現実との間に何らかのギャップがあり，彼らはそれを認識し，多少あきらめの気持ちでいることもうかがわれる。「本音」については「シート2」か

らさらに考察する。

（2）「シート2」に見られる「将来なりたい自分」

　「シート1」で「ダメだったらほかの施設」と記したA，および「認めてもらえない」と記したCのいずれも，「シート2」の最終回で，「本当はインドネシアで看護師になりたい」と記している。またA，B，C，ともに，将来なりたい自分を，「介護じゃない仕事」と記し，その理由は「体と心が疲れてしまうからあきらめる気持ち」と添えている。2015年度第14回「実働②ログ」には，介護現場での人手不足から過酷な就労状況となる日常に「努力しても大変になるだけ」とある。ここでは，疲弊し介護の仕事をあきらめる気持ちや，EPA候補者時代に得ていた家賃補助が解かれたことが原因で生活費が圧迫されEPA候補者時代よりも苦しい経済状況にあることなどを語る「本音」のやり取りがあった。

（3）EPA介護士Eにみる日本社会への融合

　「日本語アシスタント」として起用した6名の内，E[5]のみが2019年3月執筆時点でもEPA候補者着任時の施設で変わらずに就労していた。そこで，Eの例を主軸とし，「外国人介護従事者のための持続可能な日本語教育」の要件についてさらに考察する。

　Eは，「シート1最終回：1年後」で介護福祉士として日本で働き続ける意思を記している。しかし，「シート1」の最終回以降で「結婚」「主婦」などが見られ，気持ちの揺れともとれる。

　Eの「日本語アシスタント」としての終盤の2016年度第14回3月10日（水）「実働②ログ」では，「E:仕事は楽しく職場も働きやすいので田舎だけどずっと住みたい」と笑顔で語る，とある。ここからこの時点のEの場合，介護の仕事への意欲もあり現状に特段問題はないが，描く将来の理想は「いい母，いい妻」なので，「シート1」の最終回「5年後」に「本業主婦で在宅翻訳」と記したと考えられた。「いい母やいい妻になる」「家族とともにある」といった，

いわゆる「人はこうあるべき」というEの倫理観として「結婚」があるため記されたとも考えられる。この「倫理観」という視点でアシスタント全員の「シート1」の最終回「5年後」に頻出した「結婚」をとらえた場合，インドネシア人EPA介護士に関しては，結婚，出産，育児，という人生の諸事をふまえずして，合格後の定着は図れないことが推し量られる。また「実働②ログ」で見られたあきらめの気持ちの「本音」や，その「本音」に相反するEの語りから，EPA介護士の定着には，経済的，精神的に安定した生活基盤がまず必要であると考えられた。

　一方で，いずれの「シート1・2」にも，介護の仕事を通して自分がどのようにキャリアを形成し，生きていくのかといったキャリアビジョンが見られない。一般的に人がある社会の成員として就いている場合，より上を目指す気持ち，いわゆるキャリアアップを望み描くのは当然である。しかし，そのキャリアビジョンが描けないとした場合，彼らが抱く日本社会への閉塞感は想像に難くない。また，先にあげた，結婚，出産，育児，という人生の諸事は，インドネシア人に限らず，どこの国でも，男女問わず，人が人として歩む道のりの過程でのごく一般的な諸事である。よって，これら人生の諸事への対応，および閉塞感を解消する経済的・精神的な安定が，EPA介護士，ひいては国家試験合格後の外国人介護従事者の定着のためには肝要であるといえよう。具体的な対応策としては，外国人介護従事者がどのようにキャリアを形成し，そこからどのように自身の将来を描くのか，について支援するような働きかけがまず必要であると考える。

（4）日本能力の変化に見られた「日本語アシスタント」の効果

　ここでは「シート3」と「N1のテスト」を取り上げさらに「日本語アシスタント」を省察する。「シート3」からは具体的にCのコメントをそのまま取り上げ左記に記す。

　「シート3」は，Cのコメントにあるように，おおむね自身の学びにつながったとした記述が多くみられた。また「シート3」における各人の記述から，

シート3

アシスタント業務の振り返り（Cの記述のまま転記）

※実際にやってみた　よかったこと

・人に教えると色々と勉強になる

・先生や後輩に会うチャンスを得た（うれしい）

・いろいろな国の人との交流の機会になった

※反省点

・勉強不足

・学習会にもっと入りたかったのにあまり参加できなかった

・メールを見なかった／返事をしなかった

アシスタント業務の振り返り

A　質問された時，ちゃんと答えられたらうれしかったし，達成感がある。

B　アシスタントに選ばれた事に対してとても光栄ですし，とても感謝しています。

C　「自分って意外とこんなことも出来るんだ」という新しい発見もあります。

E　このような経験ができると次はこれをやってみようと自分の可能性を広げている。

「日本語アシスタント」が，アシスタント自身の自己肯定感を育むむ，能動的な学びを深める，という相乗効果をもたらしていたことがうかがわれた。上記に「日本語アシスタント」各人の記述のまま振り返りを記す。

　「N1のテスト」では，通年で就いたアシスタント4名全員の，漢字・語彙・表現・読解への各数値の伸びが見られた。アシスタントは，「日本語アシスタント」以外で，①分からない言葉や文章の意味を丁寧に調べる，②知識の再確認のやり取りを複数名と経る，③書いた文章に対しその場でフィードバックを

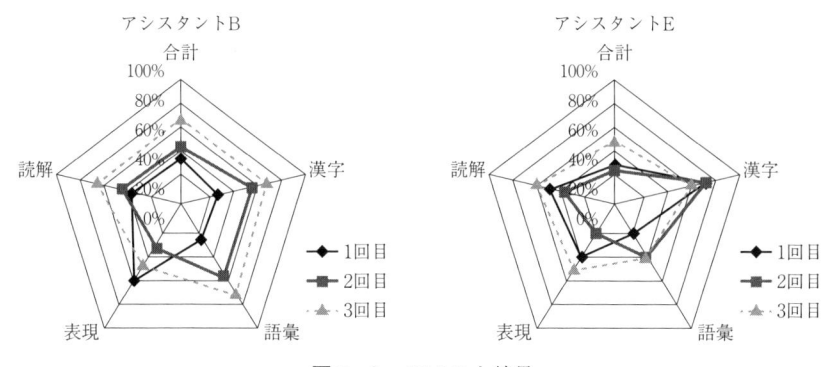

図7.3 N1テスト結果

出所：筆者作成。

受け，自ら修正し，さらにその修正の確認を受けるといった学びの機会はなかったことが確認されている。また，2015年度から2016年度の両「実働②ログ」で「実働①」のために課した課題から，自主学習を行っていたことが確認された。そのため，「日本語アシスタント」がEPA介護士の継続的で能動的な日本語学習に功を奏した結果による伸びであることがうかがわれた。「N1のテスト」の具体的な数値の変化として，雇用時ともにN1前半レベルであったBとEの「N1テスト」3回分からの変化の結果を図7.3に示す。一方，「シート3」にはアシスタン同士が助け合うような仕組みづくりが必要とも記され，これらが課題として示された。

5 EPA介護士のキャリア形成支援の必要性

本章ではEPA介護士を起用し試行した「日本語アシスタント」の取り組みに対する省察から，「外国人介護従事者のための持続可能な日本語教育」について考察した。結果，「日本語アシスタント」は日本社会で生きることへの自己肯定感を育み，自主的かつ継続的に学んでいく意欲を促す機能となることがうかがわれた。一方，「実働②ログ」をもとにしたアシスタントの語りから，深刻な人材不足，体力を要する実働という介護業界事情が改めて示された。こ

れによって「日本語アシスタント」の試みから外国人介護人材のための持続可能な日本語教育の要件として，①安定した生活基盤の構築，②介護分野における外国人のキャリア形成教育，があげられた。

　具体的に①は，EPA 介護士になることで起こる経済的・精神的マイナス変容，外国人が地域に根差し生活すること（結婚，出産等）への意識化とその配慮が示され，②では，中長期的スパンでの外国人介護士に対するキャリアビジョンの構築である。また，日本語教育の視点で外国人介護従事者のための持続可能性を図る場合，介護分野における外国人のキャリア形成を促し支援するような働きかけが望ましいと考えられた。

　外国人介護従事者に対する日本語教育は緒に就いたばかりであり，EPA 候補者は原則来日 4 年以内に国家試験の合格が課せられるという制度的枠組みから，国家試験の合格を最終地点とする傾向もみられる。しかし，国家試験の合格が課せられている EPA 候補者にとって日本語教育という中庸な視点から，国家試験の合格後をも含めた持続可能な支援のあり方を模索する必要がある。なぜならば，外国人介護人材のための持続可能な日本語教育を図るところから来る介護現場のダイバーシティ化に貢献し得る，知見の提示につながると考えるからである。

注
1）厚生労働省「第30回介護福祉士国家試験における EPA 介護福祉士候補者の試験結果」〈https://www.mhlw.go.jp/stf/houdou/0000199604.html〉（2019年10月19日）。
2）95名の受験者に対し，合格者は89名であった。
3）東京都と首都大学東京による「アジアと日本の将来を担う看護・介護人材の育成」公学連携事業に基づく授業。詳細は第 1 章，第 5 章，第 6 章を参照されたい。
4）首都大学東京の規定に則し支払われた。
5）2019年 4 月，腰痛がひどくなり EPA 介護士 E も帰国した。

参考文献
岡崎敏雄（2009）『言語生態学と言語教育』凡人社．
神村初美・西郡仁朗（2016）「候補者にとって有効的な介護の日本語教育支援とは何

か―集合研修でのアンケートとヒアリング調査を通して―」『2016年度日本語教育学会春季大会予稿集』249-254.

公益社団国際厚生事業団 JICWELS（2018）「2019年度受け入れ版 EPA に基づく外国人看護師・介護福祉士受け入れパンフレット」1-42.

厚生労働省「第30回介護福祉士国家試験における EPA 介護福祉士候補者の試験結果」〈https://www.mhlw.go.jp/stf/houdou/0000199604.html〉（2019年10月19日）.

付記

　本章は，神村初美「外国人介護人材のための持続可能な日本語教育― EPA 介護士を起用した「日本語アシスタント」の試みを通して―」『2017年度日本語教育学会春季大会予稿集』（245-250頁）に加筆・修正を加えたものである。

資料　介護通信

回数	掲載予定日		記事作成日	作成	1. 介護通信	2. 介護の漢字を練習しよう！		3. お知らせ
第3回	7月24日	金	6月23日	N	日コース授業リポ第1弾[5/27 会話・聴解]	介護業務―食事1～10③	文章	次回予定等

【2015年7月24日配信　第3回介護通信　スマイル】

・・・・・・・・・・・・・・・・・・・・・・・・・・

1.介護通信

　EPA 介護福祉士候補者のみなさん、こんにちは！

　今日は、5月27日の第2回日本語コース授業に参加した、アシスタントの EPA によるインドネシア人介護福祉士から、授業リポート No.1 が届いています！

　5月27日の授業は、「利用者の体調を確認するときの声かけと申し送り」に関する会話と聴解でした。授業リポートを読んでいるうちに、今、勉強していることが、将来（しょうらい）、どのように役にたつのかイメージがふくらんで、元気が出てきますよ。

＊-＊
［2015月5月27日（水）］第2回　日本語コース　会話と聴解
「利用者の体調を確認するときの声かけと申し送り」の授業リポート No.1
＊-＊

　今回の日本語コースの授業は、「利用者の体調に関する申し送りと声かけ」でした。

　以前の日本語コースの授業では、申し送りを勉強するときに、音声の教材はありませんでした。でも今回は音声の教材があって、聞き取りの勉強にもなっていて、とてもいいなと思いました。

　施設でも申し送りがもちろんあります。早めに申し送りについての勉強をしておいたら、

実際に申し送りをするときに、とても役に立つと思います。

　授業でしていたオノマトペも毎日会話で使います。特に利用者さんと話すときには、とても大事だと思います。たくさんのオノマトペを勉強して、いっぱい使うことで、利用者さんと深いコミュニケーションが図れるようになります。そして、心からつながることができるようになると思います。

　以前、利用者さんから「頭ががんがんする」と訴えがあったときに、すぐに、そのオノマトペ「がんがん」のイメージから、利用者さんの気持ちを理解することができました。ああ…こんな感じなんだな..と理解することができました。そして他のスタッフに利用者さんの状態を適切に申し送りすることができました。また、その後も利用者さんに適切な対応をすることができました。オノマトペから、いろいろ広がります。

　みなさん、がんばって！

第8章

産学官連携による日本語学習支援
——日配介護人材への教育実践現場から——

中野玲子・宮崎里司

1　在住外国人の支援における産学官連携の意義

　本章は，コミュニティ・サービス（地域社会への貢献）を中心課題として，日本語教育を基軸とする産学官連携を遂行してきた実践報告である。具体的には，東京都墨田区で立ち上げた，「すみだ日本語教育支援の会[1]」（以下，支援の会）による，「外国人介護ヘルパーのための日本語支援教室」（以下，日本語支援教室）の活動のなかで，社会福祉法人賛育会，早稲田大学，ならびに墨田区の3機関連携を考える場合，とりわけ筆者が関わる『学』に求められるものが何であったのかを解説し，産学官で連携しながら，どのように実践してきたのかを検証する。さらに，地域在住の外国人介護人材の育成とその仕組み作りについて詳述し，多文化共生社会で居住する外国人定住者の十全参加を，日本語教育を通して支援するプロセスとともに，日本語教育の関係者が「生活者としての外国人に対する日本語教育事業」をどのように実践していくべきか考察する。

　大学の多様な知的財産を広く社会に還元することを責務ととらえる早稲田大学は，墨田区が持つさまざまな可能性を見出し，産業振興やまちづくりなどの分野での相互連携を図る目的で，2002年に締結した包括協定に基づき，墨田区・早稲田産学官連携事業をスタートさせた。区内には，永住，定住する外国人女性介護ヘルパーや，介護分野への従事を希望する外国人も多く，配偶者の両親（義父母）との日常的な接触による高齢者問題を身近に考えていることが分かった。しかしながら，そうした介護領域に役割参加するための日本語運用

能力には問題があり，日本語支援が重要な課題となっている状況も明らかになった。そこで，地元 NPO 法人であるて一ねん・どすこいクラブの協力を得るとともに，文化庁による日本語教育関連委嘱プロジェクトの一環である，地域日本語教育支援事業（日本語教室設置運営）を活用し，2008 年 8 月に日本語教室とパソコン教室を立ち上げ，日本語教育関連の支援を開始した。これが「外国人介護ヘルパーのための日本語支援教室」である。

　さらに，筆者の 1 人である宮崎は，墨田区において，学齢期を超過した義務教育未修了者を受け入れている公立中学校夜間学級（通称，夜間中学）においても，教育行政の一環として，日本語教育の支援を提供してきた。夜間中学の支援を通し，まず，生徒側への支援も重要な課題であると気付かされた。つまり，そうした生徒が，社会的に意味ある構成員であるという自覚を持ちながら，エンパワーメント[2]を実践していくうえで，日本語教育の役割が大きいことが判明した。換言すると，従来目標とされてきた「規範に沿った正しい日本語」を教えることだけではなく，識字力に課題がある学習者が「日本語を学びたい」と思い立ったとき，どのように学ばせ，社会のなかで十全に役割参加させることができるのかが重要であると理解するに至った。その一方で，外国人生徒を教える教師も，十分なリテラシーが備わっていない生徒に，教室場面を中心とした学習環境としての「学校型日本語教育」を提供すると同時に，学習者が，学校型日本語教育で学んだ知識を，地域社会でより実践的に再構成させた知識に変容させるプロセスの一環としての「地域型日本語教育」にも配慮したカリキュラムを考えなければならないという命題に取り組む必要性がある。そのため，社会のなかで十全に役割参加する能力の習得まで配慮することが要求されているという悩みを解決する必要があった。こうした支援は，今回の外国人介護人材の日本語支援を考えるうえで，非常に参考になった。また，教育委員会をはじめとした墨田区とのつながりも構築できていたので，墨田区の担当所轄である高齢者福祉課との連携も，比較的スムーズに行える土壌はできあがっていたといえる。

2　「日本語支援教室」参加者の結びつきと日本語教師の変容

（1）教室参加者の結びつきの変容

　2008年に開講した「日本語支援教室」は，産学官や民間からの参加者に加え，受講生も含む関係者全員が，自らできることを通して，教室運営を行っている。本節では，2008年の開講前から2019年に至るまでの日本語教師を含む教室参加者が果たしてきた役割の変容を，第 1 期から第 3 期に分け概観を俯瞰しながら，教室参加者による「日本語支援教室」への十全参加のプロセスを論じる。

①第 1 期（2008年教室開講前後）

　第 1 期である教室開講の時期に，東京都墨田区内の「社会福祉法人賛育会」傘下の介護老人福祉施設で，日本人配偶者として定住・永住している外国人介護職の採用を開始した。採用したところ，日本語の「読み書き」に大きな問題があるものの，介護職への適性の高い者が多いことが分かった。そして，介護の周辺業務だけではなく，職場への十全参加ができる可能性の高さを感じるとともに，日本語教育の必要性を現場は認識し始めていた。一方，行政は介護人材不足という地域が抱える問題に関して把握はしているものの，外国人介護人材育成のための日本語教育への対策はとれていなかった。また，地域住民は「地元に外国人がいる」という程度の認識はあるものの，どのような仕事をして，どのような生活をしているのかについての関心は低く，地域の「仲間」として認知していなかった。その結果，外国人介護職が地域の住民として地域社会に参加するのが難しい状況であった。このように外国人介護人材育成のための日本語教育や外国人介護職の地域社会への参加という課題に関して，まとまった対策がとれなかった地域を，日本語教室を開講することで結びつけたのが第 1 期である。日本語教育を基軸とする産学官民が連携して日本語教室を開講することで，地域が抱える問題を地域で解決するという土壌の醸成を目指したのである。

　図 8 . 1 は，第 1 期である教室開講直後の教室参加者の結びつきを示したも

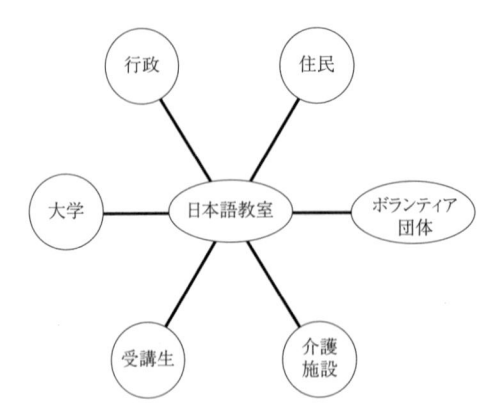

図 8 . 1　教室開講直後の教室の結びつき

出所：筆者作成。

のである。産学官の「産」からは社会福祉法人賛育会，「学」からは早稲田大学日本語教育研究科，「官」からは墨田区議という参加者に加え，「民」からは地域の住民やボランティア団体である，NPO 法人てーねん・どすこい倶楽部からの参加者，さらに受講生が教室関係者に加わっているのが特徴である。

　まず「学」の役割は，外国人介護人材育成のための日本語教育と外国人介護人材の地域社会への参加という地域の課題を地域の人々に投げかけ，教室参加者を募り，「支援の会」という仕組みを構築し，教室を開講することであった。教室運営は地域主体で行うため，教室参加者を「支援の会」運営委員とし，教室運営に関する活動は産学官民からの参加者全員で担うという仕組みを構築した。

　そして「産」は，受講生が教室に参加できるよう勤務体制を整える，施設の日本人職員の理解を促す，教室会場を提供する，日本語教育以外の事務作業を担当するなどの形で教室運営に参加した。介護の現場は多忙で，外国人介護職が定期的に通学するための勤務体制を整えるためには，日本人職員の理解と協力が欠かせない。日本人職員の非協力が壁となり日本語学習が継続できないケースもあるため，「産」からの協力は学習継続のための大きな要因となる。

また，負荷の大きい経費面での事務処理などを担当することで，日本語教師が教室に注力できる環境を提供した。

「民」のNPO法人からは，介護施設利用者の年齢に近い60歳から80歳の地元住民が日本語ボランティアとして教室参加者に加わった。「日本語支援教室」にとって，地元住民の参加はレベルの異なる学習者への個別支援や地域文化に関する学習という点で大きな力となった。たとえば，日本語のレベル・学習背景・生活背景の異なる受講生にむけた個人指導だけではなく，日本語ボランティアとの会話などを通して，昭和期の地域の様子や社会文化情報に加え，日本における介護状況への受講生の理解を促進する役目を担った。

「官」である区議は，教室と行政をつなぐ役割を持った。区議会などで教室活動の説明をしたり，国会議員や都議会議員への陳情を実施する際の橋渡し役となったりした。つまり，教室から行政へ発信する際のつなぎ役を担ったのである。

②第2期（2010年開講後2年目以降）

第2期は，受講生の一部が介護福祉士国家試験に挑戦することになり，日本語学習に加えて，介護の専門学習を教室で開始した時期となる。学習目標の変化に合わせて「日本語支援教室」の仕組みも変容した。第2期に日本語教師が担った役割は，授業実践に加え教室参加者の「結びつきの有機化」と教室の「持続可能性の追求」の2つであった。

1つめの「結びつきの有機化」とは，各参加者が教室全体の目的のために，自分たちの力を発揮し，その結果，教室そのものが発展的な変化を遂げていくことを指す。「支援の会」では定期的に開催した運営委員会で，クラス編成や教室経費，受講生に関わる問題などを運営委員全員で共有し，解決策を模索した。運営委員会において，意見交換をし，討議することで，日本語教室の問題を自らの問題ととらえるようになったのである。その結果，問題の解決にむけて各参加者自らができることを能動的に模索するようになり，教室全体が発展的変化をとげるようになった。

　「結びつきの有機化」の一例は，「プロ養成クラス」の増設である。このクラスは，「介護日誌の読み書きができるようになる」という目標に向かい学習を開始した受講生が，学習を継続する過程で「介護福祉士国家試験合格」という目標を持つようになったため，専門知識を学ぶ場として作られた。当時の日本語教師や日本語ボランティアに介護の専門知識はなく，試験対策にむけた学習支援をすることは不可能であった。そこで，運営委員会で検討した結果，受講生と日本語教師，日本語ボランティアがともに学習者になり，介護の専門知識を学べるクラス（以下，「プロ養成クラス」）を増設したのである。「プロ養成クラス」の講師は日本語教師ではなく，社会福祉法人から派遣される介護専門家であり，介護現場と専門知識を結びつける講義内容とした。この講座は，2019年現在まで9年連続開講しており，当初の目的である，受講生・日本語ボランテイア・日本語教師が「ともに学ぶ」は変化していない。

　次に，「プロ養成クラス」での講義が「結びつきの有機化」につながった事例を紹介する。「プロ養成クラス」で日本語教師も受講生とともに学ぶ過程を通して，介護福祉士国家試験問題には外国人受験者にとって難解な専門漢字語彙が多いことに気付いた。また，EPA 介護福祉士候補者に向けては問題に総ルビをつけるという対策がとられた一方で，EPA 候補者以外の外国人受験者にはこの対策は取られていなかったことが分かった。そこで，2015年に当時の永岡厚生労働副大臣に対して「支援の会」が，外国人受験者全員に対してEPA 候補者と同様の配慮を求める陳情を実施した。この陳情は，日本語ボランテイアと区議が地元の政治家に働きかけた結果実現したものである。この陳情の結果，2016年1月の介護福祉士国家試験から，外国人受験者全員が総ルビつきの問題用紙を使用できるようになっている。また，2017年には，EPA 候補者同様，受験時間を既定の1.5倍にするという配慮を求めて陳情を実施した。授業実践から得た見識をもとに，区議や日本語ボランテイアが地元政治家を動かし，国を動かす結果となったのである。この活動は，「支援の会」の結びつきを有機化したのみでなく，日本語教育政策の観点からも，重要な実践活動といえる。

　2つめの役割である「持続可能性の追求」は，資金面に関するものが主であった。教室開講当初は文化庁の助成金（6か月）が運営資金であり，行政からの継続的支援を得ることが大きな課題であったため，区議を中心に陳情を実施した。助成金に関する陳情は東京都と墨田区の両行政に対して実施し，2009年に東京都の「外国人介護従事者等に対する日本語学習支援事業」に関し，区市町村包括補助事業の応募を墨田区に陳情した。その結果，墨田区が東京都の当該事業に応募し，「日本語支援教室」が墨田区の委託事業となった。東京都の当該事業は時限つきであったため，教室運営継続に関する陳情はその後も墨田区に対して継続した。その結果，2013年度から教室運営は墨田区の単独事業となり，2019年現在も墨田区の「外国人介護従事者等に対する日本語学習支援事業」として助成金を得て，教室運営を続けている[3]。

　「持続可能性の追求」として，次に受講生確保がある。受講生確保に関しては，外国人介護職間の口コミが大きい効果を持っていた。在日フィリピン人社会には，日曜の教会通いなどを通して，緊密なネットワークがあり，受講生の口コミが来室のきっかけとなった者が多い。そのほか，区内介護事業所が集う会合で教室紹介を実施したり，教室パンフレットを作成し区内事業所に配布したりするなどの活動を実施した。

　今後の課題は，介護業界における日本語教育に関する理解を高めることである。第1期で述べたように，学習継続には，シフト調整などの介護施設の協力が欠かせない。介護業界を中心に，外国人介護人材への日本語教育に関する理解を高め，教室協力者を増やしたいと考えている。

　以上のように，第2期では教室から得た見識を陳情につなげるなど「支援の会」の活動に発展的変化が見られた。また，個々の教室参加者にも発展的変化が見られる。たとえば，「産」は，「プロ養成クラス」への講師派遣を通して，日本人介護職と外国人介護職がともに働く「共生職場」の創造を意識するようになった。外国人介護職が読めるよう，職員間のお知らせにルビを振る等の工夫をしたようである。また，日本語ボランティアは教室内における学習支援以外でも，地元政治家に働きかけるなどの教室外活動を始め，活動範囲を広げて

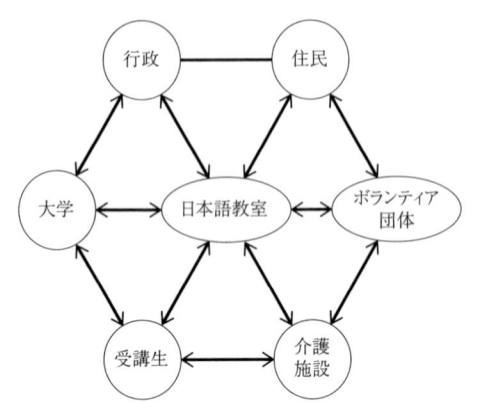

図8.2　第2期の教室参加者の結びつき
出所：筆者作成。

いった。第1期のように日本語教室を中心に教室参加者が個々に結びついているのではなく，教室参加者が有機的に結びつき，参加者が能動的に何をするべきか考えるという組織に変容していった（図8.2）。

③第3期（2016年受講生によるボランテイア団体誕生以降）

　第3期には，外国人介護職・介護施設・地域・地元住民それぞれに利が生じた結果，教室参加者がwin-winの関係となり，地域で「利の循環」が生じた時期となる。第2期で増設された「プロ養成クラス」から，介護福祉士国家試験の合格者（2019年6月現在介護福祉士合格者3名，ケアマネージャー合格者1名）が輩出された。そして，この合格した受講生を中心に受講生たちが，教室・地域に恩返ししたいと言い出し，ボランティア団体「アボット・カマイ」を創設した（詳細なボランティア活動については後述する）。この結果，第3期からは，受講生だけが日本語教室の受益者ではなくなり，教室参加者や地域全体が受益者になるというwin-winの結びつきに変容していった。つまり「日本語教育をきっかけに地域で利の循環」が起きたのである（宮崎他2018）。「利」とは，受講生にとっては日本語や介護の専門知識を学ぶ場を得るという利であり，介護施設にとっては就労するために必要な日本語能力と専門知識をもった外国人介護人材を育成できるという利であり，地域にとっては外国人介護職が地域社

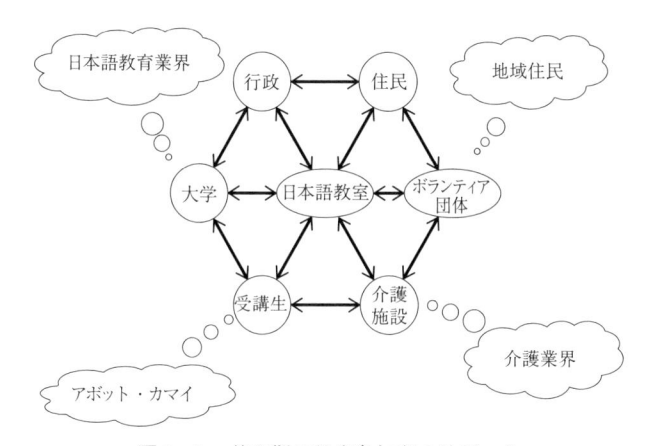

図 8 . 3　第 3 期の教室参加者の結びつき
出所：筆者作成。

会に参加できているという利である。

　第 3 期以降の特徴として，「利の循環」が生じたことに加え，教室参加者の活動の場が広がったことから，結びつきがさらに発展的変化を遂げたことがあげられる。

　図 8 . 3 からは，受講生を含む教室参加者全員が，介護業界や教室の外に活動の範囲を広げていったことが分かる。

　まず「産」が，社会福祉協議会など介護業者が集う場を利用し，外国人介護人材の育成の重要性を地域の介護業界に訴え，自分たちの地域の実情にあった「人材育成」の仕組み作りを模索し始めた。

　そして「民」である日本語ボランティアは，地域住民向けに受講生を紹介するというイベントを開催した。地域で働き，子育てをする地域の「仲間」として，地域住民に受講生を周知するという目的のイベントであった。東京都墨田区錦糸町には多くの外国人が集まってくるが，ほとんどの地域住民は外国人との接点を持たない。そこで，受講生のように墨田区で就労したり，子育てをしたりしている外国人の仲間がいるという事実を地域住民に知らせたいというのが日本語ボランティアたちの希望である。このように日本語ボランティアを通

して，外国人介護職と地域住民がつながることが，外国人定住者の地域への十全参加へのきっかけとなるのであろう。

　また，受講生はボランティア活動を能動的に始めることで，地域に貢献するようになった。介護福祉士国家資格を取得した受講生のうちの1名がリーダーとなり，先述した「アボット・カマイ」というフィリピン人介護職によるボランティア団体を自ら立ち上げ，墨田区内の介護事業所で自分たちの紹介イベントを実施している。たとえば，施設利用者に対して，母国フィリピンを映像で紹介したり，伝統的な衣装やダンスを見せたりすることで，自分たちを身近に感じてもらおうとしている。また，介護施設主催のお祭りに参加し，フィリピンのお菓子を作って販売もしたようである。2019年現在，「アボット・カマイ」は墨田区の正式なボランティア団体として認定を受け，墨田区オリンピック・パラリンピック地域協議会参画団体に加わっている。日本語教育では，受講生＝受益者という図式が見受けられることが多いが，「日本語支援教室」では，受講生のボランティア活動により，地域も含めた教室関係者全員が「受益者」となっている。

　「学」として教室参加する日本語教師は，授業実践を行うだけではなく，教室参加者を募り，参加者の結びつきを有機化させ，さらに地域も含め教室関係者全員が win-win の関係になるような仕組みを創った。また，陳情や受講生確保等の「教える」以外の活動を通して，教室運営の持続可能性も追求してきた。日本語教師の持つ専門性とは「日本語を教える」だけにとどまらず，日本語教育を通して社会に貢献する仕組みを創造することも含まれているのである。

（2）日本語教師の変容

　陳情活動や授業実践などを通して，「支援の会」の日本語教師も成長している。陳情活動からは，ボトムアップ的アプローチで社会の問題解決につなげる手法を学んだ。「日本語支援教室」に関わる以前は，地域住民としての意識が希薄であったが，最近は地域の問題を自らの問題ととらえるようになった。また，授業実践を通して，外国人介護職が日常生活や職場で抱える問題が理解で

きた。

　第1期から教室では「専門日本語」学習を意識していた。春原（2006：16）は「専門日本語学習の道筋」とは「ある世界の成員となったものが，その世界に参加していく過程の一部」であるとする。「日本語支援教室」においては，受講生が介護現場，また地域社会に十全参加していく過程を支援するのが日本語学習ととらえた。しかし，第1期の日本語教師には介護の専門知識がなかったため，漢字・介護の専門用語・パソコン入力だけを学習項目としていた。

　専門用語の学習から，「排泄」「誤嚥」など介護現場では基本語彙といえる語彙の理解が，専門的観点から不足していることが分かった。たとえば「誤嚥」はむせることだと理解できていても，誤嚥の因果，予防法等についての専門的知識がないのである。また，受講生は体系的な学習経験を持たないため，辞書で調べるという方法がとれない。したがって，介護の専門用語に関しては，一緒に辞書をひく，専門書を調べるなどの形式で学習を実施した。また，当時の教室は，社会福祉法人賛育会事務局のある建物で開講していたため，調べても分からない用語があると，日本語教師は事務局を訪れ，介護専門家に確認するという形で連携していた。

　パソコン学習では，ローマ字入力ができない受講生が多かったためローマ字入力の学習から開始した。また，促音長音拗音などをひらがな表記できず漢字変換できないため，ひらがな表記の学習も実施した。これらの学習は，日本語ボランティアが受講生1名につき1台のパソコンを使って，個人指導するという形式を採った。多くの介護施設では，記録をパソコン入力しているため，パソコン入力は受講生にとっては必須学習項目である。また，業務上のニーズだけではなく，日本語入力ができないため，日本人とメールやLINEでやり取りができないという生活の面での問題も抱えていることが想像される。

　第2期に入ると，前述したように「プロ養成クラス」を開講し，介護の専門知識の学習をすることになった。このクラスを通して，介護職として長い経験を有していても，専門知識が伴わない外国人介護職が多いという状況が分かった。たとえば，認知症の専門知識がなかったために，認知症利用者とのコミュ

ニケーションに苦労していた介護職歴10年以上の受講生がいた。この受講生は，「プロ養成クラス」を受講して，「認知症利用者への対応に対する専門知識を学習して，認知症利用者との話し方が分かってきた」と述べた。それまでは，日本人介護職の真似をして認知症利用者の対応をしていたものの，専門知識が欠けていたため，どうしてそのような対応をするのかが理解できておらず，柔軟な介護につながっていなかったと自己分析していた。

「プロ養成クラス」開講当初は，介護職として長い経験があれば専門知識は母語で持っていると考えたため，日本人向けの国家試験対策本をそのまま利用し，語彙の英語訳を作成し配布していた。ところが，EPA 候補者とは異なり，「日本語支援教室」の受講生はたとえ介護現場での就労期間が長くても，介護実践に専門知識が伴っていなかったことが判明した。看護も介護も母国では一切学んでいないため，日本人向け国家試験対策本は専門知識の難易度が高く，英語訳があっても理解できなかったのである。

そこで，第２期後半から第３期では，介護の基本的知識から日本語で学習するという CLIL を意識した支援を行った。CLIL とは，「Content and Language Integrated Learning」（内容重視型教授法）の略であり，内容と語学の両方を組み合わせる言語学習アプローチである」（市川 2015：52）。CLIL では４つの C が重要となり，それぞれ content（内容），communication（言語），cognition（認知），culture（文化）である。１つめの C（内容）に対応する専門知識の学習については，介護現場での業務に結びつくように，日本人介護職が講義を工夫した。たとえば「介護者の重心移動で利用者を動かす」という日本語を現場の介護職の動きにあわせて解説するなどの工夫である。２つめの C（言語）は，専門漢字語彙や試験問題読解の学習が対応し，これらの学習は日本語教師が担当している。日本語での講義を通して，専門職間のコミュニケーションに十全参加できるような日本語力養成を目指した。３つ目の C（認知）では，専門知識を理解するだけではなく，介護現場で専門知識を応用して，行動できるようになるための学習が対応する。つまり，テストのために記憶するのではなく，介護実践につながるような高次思考力の養成を目指した。最後の

C（文化）は，地域の歴史や文化，また社会文化的知識の学習が対応し，開講当初から日本語ボランティアを通して，利用者の世代の歴史・文化や地域社会が持つ歴史・文化への意識づけを行った。介護の日本語教育の場合，日本語教師に介護知識が一定程度求められるであろう。しかしながら，日本語教師がすべてを担うのではなく，「日本語支援教室」のように教室参加者の専門性をいかす工夫をすることで，CLIL を実践できるはずである。

3　実践における課題

第2期の「日本語支援教室」では，教室参加者の「結びつきの有機化」という変容が生じたが，この過程において大きな課題が生じていた。宮崎（2011：93）は，日本語教育の政策決定に関わる参加者を「エージェント」と定義し，自覚的に言語教育に役割参加する教室参加者を「アクター」と定義している。「日本語支援教室」で「結びつきの有機化」が生じた結果，教室参加者は，エージェントの役割も意識化し始め，十全なアクターへと変容したともいえる。「産」である地域の社会福祉法人には介護，「学」である日本語教師には日本語教育，「官」である区議には行政という専門性があるため，力を発揮する方法を能動的に模索できた。しかし，「民」からの教室参加者である日本語ボランティアと受講生も，自らの持つ力に気付き，エージェントならびにアクターの役割を理解することが教室の大きな課題であった。

日本語ボランティアは，当初，「パソコン入力を教える」という立場で教室参加していたが，第2期になりプロ養成クラスを開講するにあたり，「教える」立場から「一緒に学ぶ」立場へと変わった。これは「日本語を教えよう」と思って教室参加してきた日本語ボランティアにとっては，大きく難しい変化であったと思われる。しかし，日本語ボランティアと受講生が同じ「学ぶ」立場になったことで，受講生の学びの困難さや介護職の持つ高い専門性に気付いたようである。そして，それらの学びを通して，介護人材育成の重要性にも気付いたのではないだろうか。また，教室での会話を通して，受講生の生活を知り，

同じ地域の住民だという意識を持つようになったのではないだろうか。このように，教室参加を通して日本語ボランティアは「日本語を教える」だけではなく，「自分たちの介護を担う人材を自分たちの手で育てる」という意識や「外国人介護職を地域の仲間として受け入れる」という意識を持つ「アクター」になったと言える。具体的には，地元政治家と話し陳情につなげる，NPO団体の催しを通じて墨田区民に受講生紹介をするなど，地域に関係するさまざまなネットワークの利用を考え始めた。このように，日本語ボランティアは教室への関わり方を自ら探すことで，地域に持つネットワークなど自らの持つ力に気付いたのである。日本語ボランティアの変容によって，外国人介護職の地域社会への参加が可能になったともいえる。

　もう一方の「民」である受講生は，開講当初は受益者という立場からスタートし，第3期以降変容した。「日本語支援教室」で日本語を学び，初任者研修を修了し介護現場に就労した受講生，正社員の職に就いた受講生，夜勤を開始した受講生，介護福祉士国家資格やケアマネージャー資格を取得した受講生などは，教室で受けた益を職場に還元している。職場において周辺参加しかできなかった受講生が，少しずつとはいえ職場への十全参加へ向け歩んでいるのである。職場への十全参加だけでも，支援する側への恩返しと考えられる。しかし，受講生自身が「職場」に還元するだけでは満足せず，「地域」に還元したいと考えだしたのである。「日本語支援教室」の受講生は日本に長期滞在し，日本人家族を持ち，日本国籍の子どもを育てている者がほとんどであるが，どんなに長期滞在しても外国人とみなされ，日本人ネットワークに入ることが難しく，地域社会に参加しているとは言い難い状況であった。しかしながら，教室で学び，日本語ボランティアと交流する過程を通して，地域への恩返しを意識するというアクターへと変容していったのである。現在は，墨田区内の介護事業所のお楽しみ会などに赴き，母国の歌や踊りや民族衣装を紹介するなどのボランティア活動を行い，地域での自分たちの認知を高め，地域社会に能動的に参加している。

　産学官連携においては，それぞれの持つ専門性や力をどのようにいかし連携

するかという課題がある。日本語学習支援における産学官連携においては，介護専門家・日本語教育専門家・区議などは職業としての専門性を連携にいかすことが多いであろう。そこで，「民」からの参加者が，各自の持つ力とその活用方法を探し出すことが大きな課題となる。「日本語支援教室」では，運営委員会や教室活動を通して，日本語ボランティアと受講生が自らの持つ力に気づき，能動的に教室参加する方法を模索した。この気付きは，教室関係者全員が各自のできる範囲で教室参加をする過程を通して自然に得るため，気付きを得るまで時間を要するであろう。産学官連携をする際の，参加者の持つ専門性をいかす方法は，それぞれの地域状況を鑑みたうえで，時間をかけて検討し，各自が模索するしかないと考える。

4　産学官の「学」に求められたもの

　支援の会の産学官連携において，「学」に求められたものは，授業実践に加えて，「仕組み作り」と「持続可能性の追求」であった。日本語教師は，日本語教育業界にとどまり，日本語教育の実践方法のみを追求しがちである。しかしながら，日本語教育の目的にあわせた仕組み作りや，一度構築した仕組みの持続可能性の追求なども，日本語教師の専門性として問われる力である。そして，これらの日本語教師の専門性を発揮するためには，日頃から教師自らが，「何のための日本語教育か」という問いと向かい合わなければならない。「支援の会」の日本語教師は，開講当初から，教室参加者とともにこの問いに向き合い，地域の外国人介護職への日本語教育の意義について考えている。

　開講当初は，主に大学を中心とした「仕組み作り」という実践力が問われた。「何のための日本語教育か」という問いへの新たな答えを見つけるためのプロセスが，「仕組み作り」であったともいえる。日本語教師は，意識や役割を変容するために，「教授内容」や「教授方法」などの授業実践にのみに強く関心を寄せるのではなく，自ら日本語教育の目的や社会との関わり方を考えるべきである。

表8.1　「日本語支援教室」を通した教室参加者の変容

	第1期（開講前後）	第2期（2年目以降）	第3期（ボランティア団体誕生以降）
社会福祉法人	仕組み構築への協力	共生職場創造への意識	同業者への発信
大　学	仕組み構築	協働の仕方の模索 持続可能性の追求	各参加者の活動への協力
行　政	資金獲得に向けた都や区への橋渡し	陳情の都議会議員・国会議員への橋渡し	
日本語ボランティア	日本語を教える	介護の知識を受講生とともに学ぶ	地域のネットワークを活かした教室参加
受講生	日本語を学ぶ	日本語と介護の知識を学ぶ	ボランティア活動を通した教室参加

出所：筆者作成。

　第2期で「学」に求められたものは，産学官の協働の仕方を模索することと持続可能性を追求することであった。運営委員会を通し，国家試験対策の実施方法を検討する過程，助成金や国家試験に関する行政への陳情等を通して，教室参加者全員で協働の仕方を模索する方法を採った。この方法が，教室参加者がアクターに変容するきっかけとなり，各参加者の結びつきを変容させ，地域の問題は地域で解決を図るという土壌形成につながったといえよう。

　第3期では，教室参加者としての活動に協力することも「学」に求められるものとなっている。たとえば，陳情の際の陳情書作成や介護施設向け座談会への登壇など，各参加者の教室活動に協力する役目である。教室参加者から要望が寄せられたとき，日本語教育専門家の立場から応えていくのも，日本語教師の役割であると考えている。開講時から今まで，さまざまな課題を抱えている「日本語支援教室」であるが，今後も従来同様，教室参加者全員で運営委員会において討論することによって，参加者の力を能動的に発揮し，問題解決方法を考えていきたい。そうすることによって，地域における外国人人材の育成と外国人介護職の地域への十全参加につなげていきたいと考える（表8.1参照）。

　以上のように，地域が抱える課題に対して日本語教育を基軸に自治体・社会福祉法人・大学が連携しながら，どのように取り組んでいくのかといった筆者

たちの課題に対しては，産学官連携のなかで，「学」は授業実践以外に，「仕組み作り」に向けて活動するという答えを得た。また，「仕組み作り」以外に日本語教師に求められる役割としては，教室参加者がアクターとなれるよう支援すること，また教室参加者が十全なアクターとなった以降は，ほかのアクターの活動に協力することである。

注
1 ）運営委員として，墨田区の社会福祉法人賛育会，墨田区の特別養護老人ホーム和翔園，墨田区の NPO 法人てーねん・どすこい倶楽部，墨田区区議，早稲田大学日本語教育研究科宮崎研究室が参加している。
2 ）Empowerment（権限付与）。
3 ）すみだ日本語教育支援の会〈http://sumidanihongo.web.fc2.com/katudou.html〉（2019年10月19日）。

参考文献
市川新剛（2015）「CLIL 内容重視型教授法の特徴とその効果」『名古屋学院大学論集言語・文化篇』第27巻第 1 号，51-57.
宮﨑里司・中野玲子・宇津木晶（2018）「地域定住外国人介護従事者のための持続的な日本語支援―すみだ日本語教育支援の会と産学官連携活動―」宮崎里司・西郡仁朗・神村初美・野村愛（編著）『外国人介護・看護人材とサスティナビリティ 持続可能な移民社会と言語政策』くろしお出版，36-46.
春原憲一郎（2006）「専門日本語教育の可能性―多文化社会における専門日本語の役割―」『専門日本語教育研究』第 8 号，13-18.
宮崎里司（2011）「市民リテラシーと日本語能力」『早稲田日本語教育学』第 8 ・ 9 号，93-98.
「「生活者としての外国人」のための日本語教育事業地域日本語教育実践プログラム」〈http://www.bunka.go.jp/seisaku/kokugo_nihongo/kyoiku/seikatsusha/〉（2019年10月19日）。

第9章
EPA候補者へ向けた自律学習支援の取り組み
——第8期フィリピン訪日前研修の実践から——

早川直子・石川晶子・國頭あさひ

1 訪日前研修における自律学習の位置づけ

　国際交流基金では，2011年よりEPAに基づいて渡日するフィリピン人EPA看護師・介護福祉士候補者（以下，EPA候補者）への渡日前の訪日前研修を実施している。2011年に131名のEPA候補者で始まった訪日前研修は図9.1のように年々その数を伸ばしている[1]。本章では，まず訪日前研修における自律学習の概要を述べ，続いて，研修のデザインや運営にあたった筆者ら教務スタッフが関わったフィリピン第8期訪日前研修における自律学習に関する支援の方針や考え方を示す。

　なお，本章は筆者らが日本語専門家として国際交流基金マニラ日本文化センターに派遣されていた2015年から2016年当時の内容であることを予め記しておく。

（1）訪日前研修の目的

　訪日前研修は，日本国内で看護師，または介護福祉士の国家試験合格を目指し，病院や施設で働きながら受験勉強をするEPA候補者に向けた渡日前予備教育である。EPA候補者の母国で実施され，主たる教育は日本語教育であるが，患者や高齢者といった精神的にも肉体的にもデリケートな配慮が要される相手に対するコミュニケーション力の養成も重視される。さらに，母国フィリピンにおいては豊富な知識や経験を持つ看護師・介護福祉士であったとしても，

174

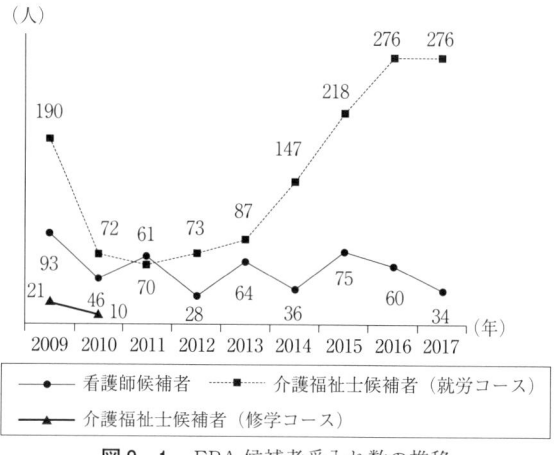

図 9.1　EPA 候補者受入れ数の推移

注 1 ：フィリピンにおける訪日前研修は2010年度（入国は2011年度）より開始された。
注 2 ：フィリピン就学コースは2011年度より送り出しが行われていない。
注 3 ：年度は入国年度のため，訪日前研修の年度とは異なる。
出所：厚生労働省ウェブサイト（2017年12月 5 日現在）より作成。

就労先が日本である以上は日本文化・社会への理解が必須となる。以上をふまえ，訪日前研修の目的は「来日後，日本での生活と国内研修に必要な日本語能力と日本社会・文化に関する知識を身につけること」（国際交流基金 2015）となっている。

（2）訪日前研修の目標

　EPA 候補者の母国で実施される訪日研修の前身は，日比間で発効された EPA 協定に基づき，国際交流基金関西国際センター（大阪府）で2008年に行った「協定上日本語研修」である。登里他（2010）が報告したように，協定上日本語研修では「初級からの専門日本語教育」「『日本語でケアナビ[2]』の活用」「自律学習支援」「行動志向のコースデザイン」「学習者の特性に沿うコースデザイン」の 5 点が基本方針として掲げられていた。その後，これらの基本方針を引継いで，EPA 候補者の母国での訪日前研修が開始されることになった。表 9.1は訪日前研修の「三本柱」と呼ばれる「日本語」「自律学習」「社会文

表9.1　日本語研修の目標

A　日本語	①日本での生活と国内研修での学習に必要な，基本的な日本語の知識と運用能力を習得する。言語知識・読解・聴解においては未習者の場合，初級後期修了程度（日本語能力試験 N4程度）を目標とする。また，日本での生活と国内研修に必要なコミュニケーション能力を含め，4技能をバランスよく身につけることを目指す。②看護・介護に関わる基本的な語彙・表現を身につける。
B　自律学習	③基本的な予習・復習のやり方と，自己学習の習慣を身につける。④自分の学習を計画し，振り返る姿勢を養う。
C　社会文化理解	⑤日本と日本人に関する基本的な知識（地理・交通等）を理解する。⑥日本で生活するのに必要な，基本的な生活習慣やマナーを理解する。⑦日本の職場習慣や，看護・介護の業務場面における文化・習慣の違いを理解する。

出所：国際交流基金（2015）。

化理解」の3つの目標について述べたものである。

　まず，「日本語」では4技能をバランスよく伸ばし，半年で初級終了レベルに到達することを目標としている。文字学習や基本的なケアに関わる用語（語彙）の学習もこの「日本語」のなかに含まれる。

　次の「自律学習」であるが，青木（2005）は自律学習を「自分で自分の学習の理由あるいは目的と内容，方法に関して選択を行い，その選択に基づいた計画を実行し，結果を評価する」ことと定義している。訪日前研修の「自律学習」で EPA 候補者に求められることは，このような自律学習の考え方を理解することと，その考え方を意識した学習習慣をまずは身につけることである。「自律学習」は訪日後の EPA 候補者の学習を支える根幹となっていくことから，訪日前研修の重要な柱の1本となっている。

　そして，最後の「社会文化理解」は，日本，さらに，病院や介護施設という，命や尊厳を守るための厳格な規律順守が求められる場所で就労するうえで知っておかなければならない文化的・社会的知識について学ぶことを目標としている。

2　EPA候補者に対する自律学習の方針と考え方

（1）訪日前研修における自律学習支援の意義

　フィリピン第8期（2015年度）訪日前研修の主軸研修施設[3]では，筆者ら教務スタッフの他，約20名の日本人常勤講師と約10名の現地人非常勤講師（以下，日本語教師）がEPA候補者約250名[4]を対象に日本語教育を実施した。筆者らは同研修の教務スタッフという立場で，日本語の授業をはじめ自律学習支援を含めた研修全体のデザイン・運営にあたった。なかでも，自律学習は日本語教師にとってもEPA候補者にとっても自身の学習経験においてなじみが薄く，訪日前研修開始時より意義や方法について時間をかけて説明するが，実際のところ，容易な取り組みとはいかず，毎期試行錯誤を重ねた。

　訪日前研修中は日本語教師という人的リソースや教材という物的リソースに恵まれ，学習支援体制が整っている。加えて，初級段階は学力の伸びを実感しやすいことから，学習を振り返り，学習計画を立て直し，計画を実行するという自律学習のサイクルを身につける絶好の機会であると考える。

　EPA候補者は訪日後にさらに半年の訪日後研修に参加した後，EPAの枠組みに則り，病院や施設といった就労先で自力で，または自分から周囲に支援を仰ぎつつ国家試験合格を目指して勉強する。この就労先での学習に関して，国際厚生事業団の「平成28年度介護福祉士候補者巡回訪問実施結果について」と「平成28年度看護師候補者巡回訪問実施結果について」の「平成27比」のデータでは，「病院や施設での週の勉強時間（平均時間）」は看護師候補者で12.0時間，介護福祉士候補者で5.4時間と，学習時間は限られている。また，「自宅や寮での週の勉強時間（平均時間）」は看護師候補者が12.3時間，介護福祉士候補者が6.1時間とあり，就労先外では毎日平均1時間程度しか勉強時間がないことが分かる。

　EPA候補者のなかには，配属先の支援により国家試験の対策講習を定期的に受けられる恵まれた者もいれば，そうでない者もいる。たとえ，講習が受け

られず，教師すらいない環境に置かれても，自らの学習を進めていくためには，EPA 候補者自らが学習を管理する力を備えておくことが切要である。

　そのため訪日前研修では学習習慣を身につけると同時に，自律学習を意識化できるような支援に注力している。

（2）自律学習の段階

　訪日前研修では，自律学習と自律学習支援について理解を深めてもらうため，筆者ら教務スタッフが，日本語教師には訪日前研修開始前にワークショップなどを，EPA 候補者には研修開始後まもなく，「自律学習オリエンテーション」を実施する。そこでは，自律学習とは何か，なぜ必要なのか，訪日前研修のなかでどう取り組むのかを説明している。自律学習は国家試験対策の学習，あるいはそれ以降の学習においても自律的に学習が継続されることが理想であるが，訪日前の半年で自律学習を習得するのは難しいため，日本語教師らには図9．2のような段階を経て習得していけばよいと伝えている。

　訪日前研修時は，図9．2の「学習習慣定着段階」にあるとし，たとえ宿題がなくても，自分に必要な学習とは何かを考え，日本語教師の支援を受けながらそれを実行する習慣を身につけることを目標とする。社会人であるEPA候補者は学習そのものから長く離れているケースも多いため，まずは学習習慣を身につけることから始める。続いて，訪日後研修の頃を「自立学習段階」とし，日本語教師の見守りのもとで，自ら学習計画を立て実行することを目標とする。そして，就労開始後の「自律学習段階」は，この一連のサイクルを，自律的に継続していくことを目指している。しかしながら，EPA候補者にとって，このような自律学習のイメージは説明だけではつかみにくく，実際に学習習慣を身につけることは容易ではない。したがって，支援にあたる日本語教師側には，学習の習慣化が進まないEPA候補者に粘り強く支援を続けていく忍耐強さが求められる。

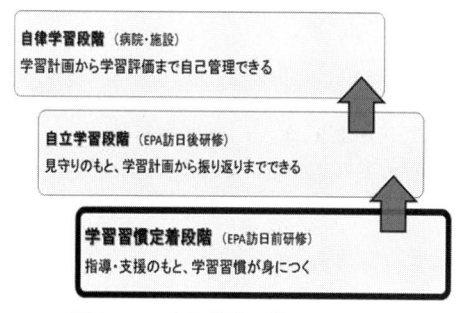

図9.2　自律学習の段階イメージ

出所：筆者作成。

（3）自律学習の時間

　訪日前研修では，図9.3の通り，ほぼ毎日，1日の研修の最後の1時間を自律学習の時間にあてている。この時間は教室に日本語教師1，2名が常駐する。しかし，その役割はあくまで自律学習の支援者として声かけをし，質問に答え，学習相談にのりEPA候補者の自律的な学習を見守ることである。研修開始時，筆者ら教務スタッフはこの時間に取り組むべき授業の予習・復習の材料や，それ以外の学習活動を例示・提案する。しかし，研修が進むにつれてEPA候補者の自律段階も変化するため，筆者らはその段階に応じた自律学習支援を考えて実行するよう日本語教師らに促した。

　また，クラスを越え，研修全体の自律学習支援を考えるために，日本語教師らで「自律学習ポートフォリオ活用係」「自律学習シート活用係」を編成し，係の主導で同じ課題を抱えた教師同士が連携して支援にあたりやすくする体制を作った。

　日本語教師が自律学習を支援する際に忘れてはならないのは「なぜその学習をするのか」をEPA候補者に意識させることである。そして，「させられている」のではなく「自らが選んで実行している」という，学習への主体的な関わりをも意識させることである。実際の例として，自律学習の時間中にEPA候補者が自主的にグループ学習をしたり，教師役のEPA候補者が前に立って

時限（コマ）	1	2	3	4	5	6	7
科目	総合日本語					漢字	自律学習支援

図9.3　1日の時間割例

出所：筆者作成。

自分の理解をグループメンバーに説き共有したりするなどの発展を遂げたクラスも見られた。これらはいずれもEPA候補者が主体となった学習である。

（4）自律学習促進ツール

　訪日前研修には自律学習を支援するためのツールがある。それは「自律学習支援シート」（以下，支援シート）と「ポートフォリオ」であり，どちらもEPA候補者に自分の学習の道筋を意識させるために活用を促している。

①自律学習支援シート

　支援シートは数種類あり，歴代の教務スタッフと日本語教師らで作りあげてきた。各シートは異なる目的を持ち，自律学習の時間にEPA候補者が学習を振り返るために使用する。長期的な目標を意識しやすくするものや，Can-doで自己評価するものなどを複数用意し，研修初期に教務スタッフが共通フォーマットを支援にあたる日本語教師らに提供する。支援シートはEPA候補者自身による学習の振り返りのほかにも，個人面談時に日本語教師らが学習へのフィードバックのために活用するなど，EPA候補者の自律学習支援に対する有効なツールとなることを期待して作った。

②ポートフォリオ

　ポートフォリオは，EPA候補者自身にとって重要な資料や授業での成果物，返却物などを自由に綴じられるファイルを指す。研修終了前には，日本へ持っていくべきファイルの中身を自らが取捨選択している。その目的は，支援シートと同様に，EPA候補者が自身の学習を管理するツールとなることであり，作り方や内容はEPA候補者にゆだねられている。教務スタッフ，および日本語教師は，研修開始時，EPA候補者にファイルを配布して，目的と使い方を

示す。EPA 候補者は，研修中，自らの日本語学習に関わるもの，学習動機を高めるものなどを自由にファイルするが，その際には，ただむやみにファイリングするだけでなく，見やすく分類するなど，後から何度も見返そうと思えるポートフォリオになるよう工夫するようにも伝えた。

3　フィリピン第8期の自律学習支援実践

訪日前研修の自律学習支援は毎期の振り返りを経て改善を試みている。この章では2016年5月に終了した第8期における自律学習支援の実践内容について振り返る。

（1）第8期の自律学習支援シート

第8期では，第7期の「支援シートの種類が多いと EPA 候補者は各シートの意義が理解しにくい」「支援シートが多すぎて，自律学習の時間は学習時間ではなくシートの記入時間になっている」「日本語で書く EPA 候補者にも，多くのシートを読む日本語教師にも負担である」といった声を受けて，支援シートを以下の「わくわく！　夢実現シート」「Plan-Do-See シート」「日本語でできますかシート」「総合日本語ふりかえりシート」の4種類に絞った（図9.4参照）。

①わくわく！　夢実現シート

研修開始時の「自律学習オリエンテーション」で配布し，長期の目標設定を意識づけること，自分の学習スタイルを認識することを目的とするシートである。学習動機を維持するためにポートフォリオの1ページ目にファイルすることを勧めている。さらに，個人面談などでアドバイスを受ける際にも使用する。

② Plan-Do-See シート

計画実行能力をメタ的に振り返ることを目的とする。「学習目標設定→計画→実行→振り返り→学習目標設定」の習慣が身についているかを定期的に確認するためのシートである。

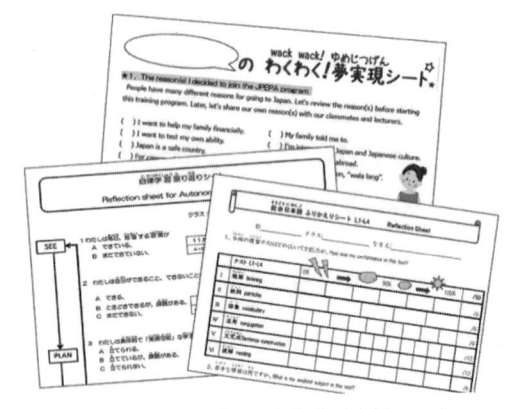

図9.4　さまざまな自律学習支援シート
出所：日本語教師および教務スタッフ作成。

③日本語でできますかシート

　日本語でどのようなことができるようになったかを Can-Do で自己評価し，できることとできないことを明確に認識するためのシートである。

④総合日本語ふりかえりシート

　定期テストの成績を視覚的に分析し，できることとできないことを確認するためのシートである。達成度を振り返ることで，今後の学習の予定や目標を設定するのに役立てるものである。

　上記の4つの支援シートを提示する目的は，EPA 候補者が自律学習の2番目のステップ「自立学習段階」へ進むための「計画」と「振り返り」の具体的方法を知り，実行することである。しかし実際には，研修が進むにつれ壁にぶつかることも多かった。その最大の要因は，EPA 候補者の自律学習支援への概念理解以前に，学習計画を立てたことがある経験者も少なく，自律学習の意義やゴールが具体的にイメージできない EPA 候補者が多かったことである。

　また，ときには支援シートが自分の振り返りのためではなく，日本語教師に見せるために見映えよく書くことが目的となっていたようだ。支援シートを成績のように「評価されるもの」と認識していたようである。また，支援シートを目的に沿って効果的に活用するためには，EPA 候補者の気持ちを汲みなが

図9.5　ポートフォリオの例
出所：EPA 候補者作成。

ら，さらに細やかな提示方法を考える必要があるだろう。

　自律学習の習熟度は目に見えるものでも，成績に表れるものでもない。
EPA 候補者の自律学習がどのように進んでいるかを支援シートからだけで把
握するのは難しい。面談や日々のコミュニケーションで得た情報，ポートフォ
リオの定期的なチェックなど，多方面からの習熟度確認が不可欠であることを
再確認した。

（2）第8期のポートフォリオ

　ポートフォリオ（図9.5参照）のなかには，先述の EPA 候補者が自らの学
習を振り返るために使用する支援シートをはじめ，授業での配布物，自分の成
果物，学習動機を高めるあらゆるものをファイリングするように指導した。時
系列に並べたり，「テスト」や「作文」などカテゴリ別に分類したり，整理の
仕方は自由であったが，なかには，ただ無計画に書類を挟み込むだけの EPA
候補者もいた。

　中身の整理や活用を促すために，定期的に日本語教師が中身をチェックして

EPA 候補者にアドバイスをするだけではなく，主体的に関わってもらうことを目的に，「ポートフォリオシェア会」と称し，お互いのポートフォリオを見せ合い，構成や中身についてアイデアを共有しコメントし合うクラスもあった。このような活動を通して，刺激を受けつつ，しだいに自分にとって大切なものとそうでないものを見極める気付きが生まれ，ポートフォリオの整理や活用が促された。

　訪日前研修で学び，体験したことはフィリピンで完結するのではなく，訪日後につながっていく。石井・熊野（2009）は自律学習について「学習者が自主的な活動を行うため，また帰国後の継続学習へつなげるためにも自律学習の意識化が必要となる」と述べた。EPA 候補者の場合は「帰国後」を「訪日後」と置き換え，母国フィリピンでの学習の軌跡をポートフォリオという形でしっかりと残し訪日後の継続学習にいかすためのツールのひとつとして意識させた。

（3）その他自律学習支援のための取り組み

　自律学習支援のために，支援シートやポートフォリオなどのツールのほか，自律学習について考えるきっかけ作りの時間である「クラスミーティング」や，EPA 候補者と日本語教師で学習への取り組みと進み具合を確認する「個人面談」も自律学習支援の役割を担った。「クラスミーティング」では，自律学習に関する悩みや進捗状況をクラスで共有したり，EPA 候補者が自分の学習方法をクラスメイトに共有する「勉強方法シェア会」が行われた。これらの取り組みは，EPA 候補者が周囲の支援を求め，自らの学習環境を作るために有効であった。

4　自律学習の実践から得られたこと

　本節ではフィリピン第 8 期訪日前研修において，EPA 候補者を対象に行った自律学習に関するアンケートの結果と日本語教師による支援に対する振り返りの記録から，上述した一連の自律学習支援の課題について明らかにする。さ

表9.2　調査属性

全　体	男性	女性	20代前半	20代半ば	20代後半	30〜40代
201名	39名	162名	31名	71名	70名	29名

出所：筆者作成。

らに，その結果をふまえ，訪日前研修における自律学習支援の必要性と支援の
あり方を考えたい。

（1）EPA候補者による自律学習支援の評価

　第8期研修終了時，213名を対象に質問用紙による調査を行い，201名
（93.4%）から有効回答を得た。調査属性は次の通りである（表9.2参照）。

　アンケート用紙（図9.6参照）には以下の質問1から3の自律学習に関する
質問をし，それぞれ選択肢のなかから該当するものを3つ以内で回答しても
らった。

　　質問1：自律学習支援コマや寮での自習のときに分からないことがあったら
　　　　　　どうするか。

　　質問2：どんなときに勉強の意欲が湧くか。

　　質問3：自律学習の支援で役に立ったもの／役に立たなかったものはそれぞ
　　　　　　れ何だったか。

①質問1に対する回答（自習時の活用リソース）

　質問1では，EPA候補者が学習でつまずいたときにどのような対処法やリ
ソースを活用するかを聞いた。多くのEPA候補者が「翻訳・文法解説」
（74%）や「タブレットなどのデジタルデバイス」（57%）を選択し，自分で調
べる傾向が強いことが分かった。また，「日本人教師に聞く」という回答も多
かった（50%）一方で，クラスメイトなど「フィリピン人の友人に聞く」とい
う回答は全体では16%と低かった。

②質問2に対する回答（学習意欲向上のきっかけ）

　質問2では，何がEPA候補者の学習意欲向上につながったかをきいた。
「テストの点が低かったとき」（77%），「授業が理解できなかったとき」（53%）

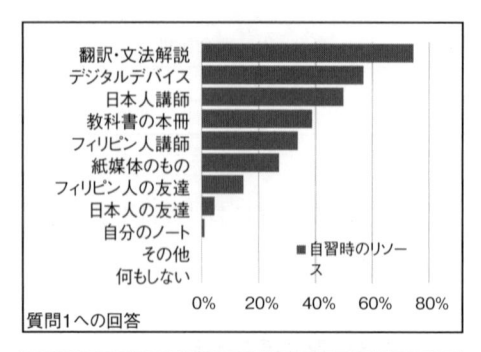

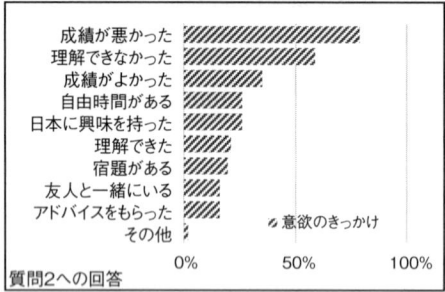

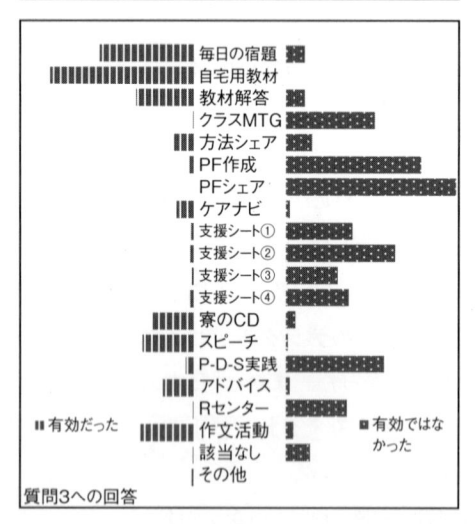

図9.6　EPA候補者へのアンケート結果

出所：教務スタッフ作成。

など，学習のネガティブな経験が学習意欲向上につながる原因になりやすく，女性や若年層でその傾向が強いことが分かった。また，「自由な時間があるとき」に学習意欲が増すと答えた候補者は27％で，この「自律が比較的進んでいる」といえる層の多くが「デジタルデバイスの使用」と回答した。質問 2 の回答結果からは学習意欲向上のきっかけにはかなりばらつきがみられ，支援側に個別対応が求められることが明らかになった。

③質問 3 に対する回答（自律学習支援に対する評価）

　質問 3 では，研修中に取り組んだ自律学習支援のさまざまな取り組みに対する評価を聞いた。残念ながら，自律学習支援のツールであるポートフォリオについては，約37％の EPA 候補者が「ポートフォリオの作成」が「有効ではなかったもの」と回答した。同じく支援ツールである 4 種類の支援シートに関しても，「有効だった」と評価したのは 5 ％未満と低かった。次に，「有効だったもの」としては，クラスごとに対応した「作文活動」（30％）や「スピーチ」（29％）がやや多かった。これらの活動は，研修参加前に学習歴があった EPA 候補者に特に多く選ばれ，アウトプット活動が好意的に捉えられたことが分かった。また，環境設定の点からは，「自習用教材」（80％），「20課までの毎日の宿題」（53％），「教材の解答」（32％）が非常に多く選ばれた。これらの日々コツコツと取り組む活動は「学習習慣を身につける」という目標に沿っているが，その一方で「自らが学習計画を立てて実行する」という自律的な学習の段階には遠いといえる。

　与えられた課題ではなく，自らが必要とし，選択した課題に取り組めるよう，自律を促すためのアドバイスが必要となる。

　以上の結果から，ポートフォリオと支援シートに関する評価が低いこと，また課題を待つだけでなく自ら学習教材を選ぶ意識を育てる必要があることが明らかになったため，筆者ら教務スタッフが反省すべき点は，より分かりやすく効果的な使い方を EPA 候補者と日本語教師に伝えることであろう。今回の調査によって，デジタルデバイスが意欲向上のきっかけにつながること， 8 期の指導方法では支援ツールなどの評価が得られにくいことがはっきりした。今後

は有効性に気づけるような導入やガイダンスを行うこと，シートの項目見直しなどといった具体的な改善を図っていく必要がある。

（2）日本人教師による振り返り

　一方，支援にあたった教師の振り返りからは，「支援」という視点からの貴重な意見，評価を得た。自律学習シート活用係，ポートフォリオ活用係を担当した教師の振り返りや気づき[5]を以下にまとめる。

①支援シートやポートフォリオの概念導入が難しく，工夫が必要である（特に研修開始時）。

②教師の熱心な指導がEPA候補者の自律学習を妨げる矛盾に直面する。

③クラス単位，集団単位での自律学習支援に難しさを感じる。

④支援のゴールが見えにくく試行錯誤が多い，負担が大きい。

　筆者らが実施した自律学習支援の枠組みは，研修期間が6か月となった第5期から第8期研修の実績に基づいて確立されたものである。しかし，本章第1節の図5．1でも示した通り，ここ数年でEPA候補者数が急増したのに伴って，参加EPA候補者の属性にも変化が見られている。20代後半から30代以上では，学習から長く離れ，勘を取り戻すのに苦労するEPA候補者が以前より増えた。

　上記①から④の振り返りからは，EPA候補者・日本語教師双方に負担のない形に改善していく必要性を強く感じた。①に関しては，理解を促すよう通訳やフィリピン人日本語教師のサポートをつけ対処しているものの，「目標指向型の学習がフィリピンの学習習慣に合わないのでは」といった声もきかれた。②は熱心な教師ほど陥りがちな現象といえる。EPA候補者の自律学習の習熟度に合わせ，つないだ手を徐々に放すことが理想だが，日々指導するなかで，EPA候補者の自律段階を俯瞰することは難しいようだ。実際，不安からEPA候補者に自らの学習管理を任せられず，自律のタイミングを逸させるケースもみられた。③および④については，習熟度別クラスで構成された集団授業のデメリットといえる。とはいえ，個別対応となると担当する日本語教師の負担は

計りしれない。以上の振り返りを受け，筆者ら教務スタッフにとっては，日本語教師の個別努力に依存しない支援方法の改善が急務となった。

5　これからの自律学習
——候補者，支援者ができること——

　訪日前研修の目標となる三本柱の1つ「自律学習」は，EPA候補者，さらに，支援する日本語教師双方にとって負担が大きいということが分かった。第4節でも述べた通り，よりシンプルで負担の軽い自律学習への改善も急がれる。今回は日本語教師らが自律学習にかける熱意とEPA候補者の自律学習の習熟度が比例しない結果となった。自ら学習を管理するより教師に管理してほしいという受身の姿勢や，熱心な教師に従うべきだというEPA候補者の意識が関係していると思われる。また，そもそも国家試験合格という遠い目標よりも，目前に迫る渡日そのものを目標と考えている場合もある。

　近年の訪日前研修は，EPA候補者の増加，またその属性の変化が著しく，自律学習支援を実践する環境は厳しくなっている。EPA候補者一人ひとりの習熟度や，訪日後に置かれる学習環境もそれぞれである。それゆえ，支援方法は同一とはいかず，EPA候補者の数だけ存在する。このような状況で，筆者ら教務スタッフは研修に関わるEPA候補者と日本語教師全員に，自律学習が日々のテストに備える自習ではなく，数年後の国家試験，さらに業務で知るべき知識を身につけることを見据えた長期的な取り組みであることを意識してもらうよう努めている。

　さらに，登里他（2014）が述べた「国内研修機関との連携を密にする」ことは非常に重要な点であり，自律学習に対する考え方を訪日後研修へ引き継ぎ，それに対するフィードバックを反映させていくことによって，訪日前から訪日後への連続性のある学習をEPA候補者が享受できるようになる。EPA候補者が日本へ持参するポートフォリオが訪日後の学習をさらに自律的にすすめるためのツールであってほしい。

　訪日前研修の半年はEPA候補者にとっては長い道のりのスタート地点に過ぎず，筆者らは自律学習の過程のほんの入り口でEPA候補者を日本へ送り出す。候補者とそれぞれの自律学習のゴールまでの道のりが途切れないことをただ願う。

注

1）訪日前研修修了者数と入国者数は異なる。
2）外国人のための看護・介護の専門用語集。ウェブサイトもある。「日本語でケアナビ」〈http://nihongodecarenavi.net/sp/〉（2019年10月19日）。
3）フィリピン第8期訪日前研修は主軸研修施設を中心に合計3か所で実施した。本章の内容は主軸研修施設に限っている。
4）主軸研修施設で研修を受けた候補者数。
5）研修の最後に各係で振り返りを行った際の資料を参照した。

参考文献

青木直子（2005）「自律学習」日本語教育学会（編）『日本語教育事典』（新版）大修館書店，773-774.

石井容子・熊野七絵（2009）「体験交流活動を中心としたコースにおける自律学習支援とポートフォリオ」国際交流基金日本語国際センター20周年記念シンポジウム「JF日本語教育スタンダード―その活用と可能性―」第15回海外日本語教育研究会〈http://jfstandard.jp/publicdata/ja/event/091004.html〉（2019年10月19日）.

厚生労働省「インドネシア，フィリピン及びベトナムからの外国人看護師・介護福祉士候補者の受入れについて」〈https://www.mhlw.go.jp/stf/seisakunitsuite/bunya/koyou_roudou/koyou/gaikokujin/other22/index.html〉（2019年10月19日）.

国際厚生事業団（JICWELS）（2017）「平成28年度　介護福祉士候補者巡回訪問実施結果について」〈https://jicwels.or.jp/files/junkai-report_C-H28.pdf〉（2019年10月19日）.

国際厚生事業団（JICWELS）「平成28年度　看護師候補者巡回訪問実施結果について」〈https://jicwels.or.jp/files/junkai-report_N-H28.pdf〉（2019年10月19日）.

国際交流基金（2015）「平成29年度経済連携協定（EPA）に基づくインドネシア人・フィリピン人看護師・介護福祉士候補者に対する日本語予備教育事業企画書「研修カリキュラムの概要」1.

登里民子・石井容子・今井寿枝・栗原幸則（2010）「インドネシア人介護福祉士候補者を対象とする日本語研修のコースデザイン―医療・看護・介護分野の専門日本

語教育と関西国際センターの教育理念との関係において—」『国際交流基金日本
語教育紀要』第6号，41-56.
登里民子・山本晃彦・鈴木恵理・森美紀・齊藤智子・松島幸男・青沼国夫・飯澤展明
　　（2014）「経済連携協定（EPA）に基づくインドネシア人・フィリピン人看護
　　師・介護福祉士候補者を対象とする日本語予備教育事業の成果と展望」『国際交
　　流基金日本語教育紀要』第10号，55-69.

━ ■コラム1■ ━━━━━━━━━━━━━━━━━━━━━━━

　　　　　　「お餞別」を渡し「心の港」になる
　　　　━━異国での活動を支える事前研修の目的と機能━━

　　　　　　　　　　　　　　　　　　　　　　　　　登里民子

　筆者は独立行政法人国際交流基金（以下，JF）に勤務し，2008年から2014年4月ま
では EPA候補者受入れ事業，2014年5月以降は「日本語パートナーズ（以下，NP）」
派遣事業に携わってきました。NP派遣事業とは東南アジアの高校などへ日本人
ティーチング・アシスタントを派遣するプロジェクト1)で，私は主にインドネシアへ
派遣予定の NPを対象とする派遣前研修を担当しています。
　EPA候補者を対象とする日本語研修と，日本人を対象とする NP派遣前研修は一見
かなり異質なものに思えるかもしれませんが，実は「異文化に接した経験の少ない人
が異文化環境下で働くための事前研修」という点で共通しています。本コラムでは事
前研修の目的と機能について，筆者が2つの事業の経験を通して考えてきたことをご
紹介します。
　事前研修の目的は言うまでもなく「現場で必要な能力の養成」ですが，これは研修
を企画する側から見ると，旅立つ人にいわゆる「お餞別」を渡す行為に似ています。
研修の目標やシラバスの選定は，お餞別の品選びです。役立つ品，「もらって良かっ
た」と思ってもらえる品を選ぶためには，研修参加者が将来働く場について，研修担
当者自身が詳しく知る必要があります。EPA候補者第1陣が来日した2008年当時は
介護専門日本語に関する文献が少なかったため，JF国内研修2)担当チームで介護施
設を訪問して言葉の調査をしたり，介護の専門家を呼んで話を聞いたりしました。ま
た研修終了後，渡した「お餞別」が現場で役立っているかを検証するために，施設で
働く候補者を訪ねて，職場での働きぶりや会話を観察しました。

　このような現場調査の積み重ねが，その後のEPA候補者受入れ事業にも，さらに
NP派遣前研修のコースデザインにも役立っていると感じます。

　さて，事前研修は「旅先で役立つ能力を身につける」場であると同時に，「旅仲間」
や「心の港」を得る場でもあります。

　2009年2月，EPA候補者第1陣が受入れ施設に着任しました。その1年後の2010
年2月，JFでは再びEPA介護候補者を集め，2泊3日の「フォローアップ日本語研
修」3)を実施しました。候補者たちは忙しい仕事をやりくりし，人によっては交通費
も自己負担して全国から集まりました。事前調査で「業務指示の聞き取りや利用者へ
の声かけはほぼ問題ないが，申し送りの聞き取りが困難」という傾向が分かっていた
ので，授業では申し送りの聴解4)を行いました。JF国内研修では少し不真面目だっ
た者も含め，みんなが大きな声で発言し，久しぶりに仲間と学ぶ時間を心から楽しん
でいるように見えました。事実，研修終了時のアンケートでは，JFが実施する他の
研修と比べても非常に満足度が高い結果が得られました。「私にとってJF関西国際セ
ンターは学習の場というだけでなく，やる気をサポートしてくれる場でもある。この
ような集まりがあることで，友人と比べて自分の弱点がどこにあるか考えられる。私
たちが必要としているのは学習だけではない」候補者が記したこのコメントを読んで，
JF国内研修が候補者の「心の港」となっていることを実感しました。

　そして2014年4月，NP派遣事業がスタートし，私はNP派遣前研修の企画に着手
しました。日本語教育の世界に「外国語教育の知識を持たないティーチング・アシス
タント派遣」の前例はありません。そこで似た事例として，JETプログラム（The
Japan Exchange and Teaching Programme）に基づいて日本の学校で活動するALT
（Assistant Language Teacher）について調べました。ある程度の情報は得られました
が，ALTとNPでは研修制度や派遣期間など条件の違いも多く，NP派遣前研修にそ
のまま役立つ情報は得られませんでした。

　NPの人物像として予想されたのは「日本語教育の知識を持たない」他に「外国の
人や文化に慣れていない」ことでした。また受入校でカウンターパートとなる現地日
本語教師（以下，CP）も，日本語能力にバラつきがあり，チーム・ティーチングや異
文化間協働に不慣れであることが予想されました。

　そこで，仮想NPのAさん（60代男性）がインドネシアの高校で活動する姿を想像
してみました。例えば，Aさんは初級日本語学習者と接した経験がないので，生徒や
CPに対して普段と同じスピードで，難しい言葉で話すかもしれません。当然，生徒

も CP も理解できず，その結果，良い人間関係が築けない可能性があります。

　次に，どんな知識や力があれば，そのような「お困りごと」を避けたり，乗り越えたりできるか考えました。例えば A さんに「やさしい日本語」[5]についての知識があり，相手の理解度を確認しながら平易な日本語で話すことができれば，生徒や CP との意思疎通がもっとスムーズになるでしょう。

　このような過程を経て，最終的に「お餞別（＝研修目標）」を以下 3 点に定め，研修全体をデザインしました。

①派遣国の日本語教育事情を知り，生徒や CP に対してわかりやすい日本語で話す。

②日本語授業で適切に CP を補佐したり，生徒をほめたり励ましたりする。

③日本事情・日本文化を，相手とやりとりしながら，やさしい日本語で紹介する。

　さて，この文章を書いている2019年 8 月現在，すでに 5 年ほど NP 派遣前研修に取り組んできました。任期を終えて帰国した NP 達からは「やさしい日本語で話す練習が現地で役立った」「派遣前研修で体験した模擬授業と，現地での授業は少し違った」というような声のほかに「NP 派遣を通じて，親子ほど年が離れた友人ができて嬉しい」「現地では苦しいこともあったが，NP 同士協力して乗り切った」「辛いときや悩んだとき，楽しかった研修のことを思い出す」等の声も聞こえてきます。「お餞別」の基本的な品揃えはこの 5 年間変わっていませんが，NP からの声をもとに，少しずつ修正を加えています。これからも，役立つお餞別は何か？渡した品は本当に役立っているのか？を自問自答しながら，異国へ旅立つ人々の「旅仲間」作りを応援し，「心の港」を形作っていきたいと思います。

　注
（ 1 ）「日本語パートナーズ」派遣事業の詳細については，独立行政法人国際交流基金アジアセンターのウェブサイトを参照。
（ 2 ）第2章第1節で述べたとおり，「JF 国内研修」とは2008年8月に来日したインドネシア第1期 EPA 介護士候補者56名を対象とし，JF 関西国際センターで実施した訪日後研修を指す。
（ 3 ）フォローアップ日本語研修の詳細に関しては，登里（2010）を参照。
（ 4 ）申し送りの聞き取り授業の詳細に関しては，登里・永井（2011）を参照。
（ 5 ）「やさしい日本語」に関しては，庵（2016）を参照。

参考文献
庵功雄（2016）『やさしい日本語─多文化共生社会へ─』岩波新書.
登里民子（2010）「国際交流基金レポート（ 9 ）『ケア開国』への日本語支援─インドネ

シア人介護福祉士候補者フォローアップ日本語研修の現場より―」『日本語学』第29巻第10号，100-111.

登里民子・永井涼子（2011）「介護福祉士候補者を対象とする『申し送り』聞き取り授業の実践報告」『国際交流基金日本語教育紀要』第7号，85-101.

独立行政法人国際交流基金アジアセンター〈http://jfac.jp/partners/〉（2019年10月19日）.

第10章

介護福祉士を志す留学生に対する専門課程に向けてのブリッジ教育

——専門学校（介護福祉士進学コース）1年課程での実践を通して——

三橋麻子・丸山真貴子

　現在の日本は「超高齢社会」へ突入しており，介護従事者へのニーズは増加する一方であるが，慢性的な不足が続いている。厚生労働省「2025年に向けた介護人材にかかる需給推計（確定値）について」によると，2025年度に介護職員が約253万人必要になるのに対し，供給の見込みは約215万人で，37.7万人不足するとのことである。このような問題を緩和するべく，政府は外国人が介護福祉士となれるよう，さまざまな政策や対策を整備してきた。そして，2017年9月1日に，在留資格「介護」が施行された。これは介護福祉士養成校にとって大きな転機となった。

　そこで，本章では，介護福祉系専門学校で学ぶ外国人留学生に焦点を当て，まず介護福祉士を志す留学生（以下，留学生）にとって必要な学習項目を挙げ，次にその問題点と課題について考察する。そして，専門課程に向けてのブリッジ教育のカリキュラム・シラバスを提示する。また，その具体例として「介護の基本語彙」をはじめ，学習項目についての指導法，および教材を紹介する。

1　介護福祉士養成校における外国人留学生の受入れ

　まず，介護福祉士養成校の入学者数と外国人留学生の受入れの推移を見る。そして，留学生を受入れた介護福祉士養成校が抱える問題や課題について考察し，介護福祉士養成校で学ぶ留学生に必要な学習項目について考察する。

表10.1　専介護福祉士養成施設への入学者数と外国人留学生（2013年度から2017年度）

年度（平成）		2013年度	2014年度	2015年度	2016年度	2017年度
養成施設数（過程）		412	406	379	401	396
入学定員数（人）		18,861	18,041	17,769	16,704	15,891
入学者数（人）		13,090	10,392	8.884	7,752	7,258
内訳	一般入学者数（外国人留学生を含む）	10,381	8,481	7,258	6,317	5,951
	離職者訓練受入数	2,709	1,911	1,626	1,435	1,307
	外国人留学者数（人・国数）	21(5)	27(5)	94(9)	257(15)	591(16)
全入学者数のうち外国人留学生の占める割合（％）		0.2	0.3	1.1	3.3	8.1

出所：公益社団法人日本介護福祉士養成施設協会（2017：13）より転載。

（1）介護福祉士養成校の現状と外国人留学生の受け入れ

　表10.1の通り，全体を見ると，介護福祉士養成施設への入学者数は減少傾向をたどっていることが分かる。また，入学定員数も3,000人近く減り，入学定員数と実際の入学者数との差が開いていることが見てとれる。

　一方で，受入れ留学生数（図10.1参照）を見ると，2013年度には21名で全体の外国人留学生数0.2％の割合しかなかったが，2015年度より一段と増え，2016年度には257人（全体の3.3％）から2017年度にかけては591人（8.1％）と急増している。これは，2015年に国会で在留資格「介護」の審議が開始されたことを受け，卒業後に在留資格「介護」を取得することを見越して，入学者数が増加したものと考えられる[1]。

　次に，留学生の出身国（図10.2参照）を見ると，増加が著しいのはベトナムである。2014年度には12人だったが，2016年度には114人，2017年度には364人となっている。中国はベトナムほどではないが増加の傾向をたどっている。2016年度，2017年度にはフィリピン，ネパール，その他の国が増えてきているのが分かる。また，出身国数では，2014年度には5か国だったのが，2017年度には16か国となっており（表10.1参照），さまざまな国からの留学生が介護業界への関心を持っていることがここから分かる。

　これらの傾向から，今後も留学生の増加が示唆され，さらなる整備，またそ

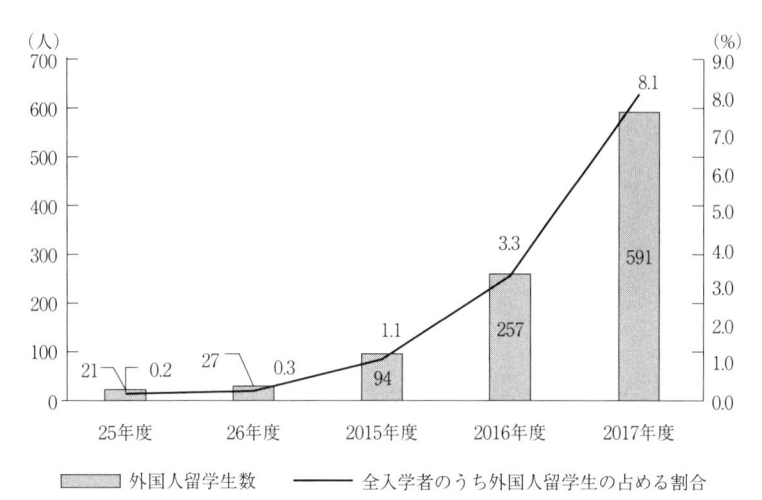

図10.1　外国人留学生数と全体に占める割合

出所：公益社団法人日本介護福祉士養成施設協会（2017：13）より筆者作成。

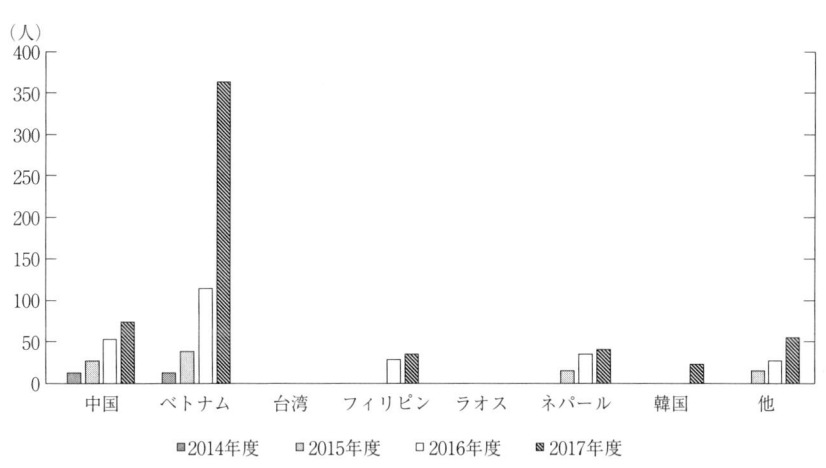

図10.2　出身国別外国人留学生数（2014年度〜2017年度）

出所：公益社団法人日本介護福祉士養成施設協会（2017：13）より筆者作成。

の管理の徹底をしていく必要があると言える。

（2）介護福祉士養成校が抱える問題と課題

　一般財団法人職業教育・キャリア教育財団では，「介護福祉分野専門学校における留学生受け入れ事例集」(2017) で，介護福祉分野専門学校の留学生募集広告，入学者選抜，入学後の学習指導，入学後の生活指導についての実態調査を実施し，まとめているが，主に以下の 4 点が挙げられている。

　①日本語力の不足（授業や教材の理解力，詳細な状況の日本語での表現，母語の影響）

　②介護分野の専門的な語彙や用語の学習の困難さ

　③生活習慣への理解不足（時間の観念）

　④意欲の維持の難しさ

　これら問題点に対しては，「特別授業での対応（日本人との別クラス，補講の実施，テキストへのルビ振り，漢字学習）」と「他施設・機関との連携（実習先施設，日本語教育機関）」にて対応しているとのことである。たとえば三上他 (2012) では，留学生への支援について調査し，留学生への支援の課題を挙げている（表10.2参照）。この調査では校内の支援担当者と留学生の双方への調査を行っており，担当者には支援経験や支援において困難な項目等を，留学生には卒業後の進路，介護福祉を学ぶ動機，現在困っていること，受けたい支援等について尋ねた結果を考察のうえ，「言語」「就職」「日本への思い」「生活」「サポート」にカテゴリー分けしている。さらにサブカテゴリーとして詳細に示している。

　「言語」のサブカテゴリーを見ると，「言葉の壁」や，「理解が難しい」，「コミュニケーション」，そして「漢字」といったところは，前述の一般財団法人職業教育・キャリア教育財団の調査結果でも挙げられた「日本語力不足」に該当している項目と重なる。また，「専門用語」，「歴史・古い言い回し・方言」も，それぞれ「介護分野の専門的な語彙や用語の学習の困難さ」，「生活習慣への理解不足」に相応する。さらに，「記録」が挙げられている。三橋他 (2016)

表10.2　支援職員と留学生が困難と感じる理由と課題

カテゴリー	サブカテゴリー （ ）コード数	コード例
言　語	言葉の壁（9）	自分が言いたいことを日本語にすると，違った意味になる
	理解が難しい（6）	使い方を間違ったりして誤解を起こすことがある
	コミュニケーション（4）	授業内容が外国人留学生に理解できるか
	漢字（3）	同じ漢字でも日本と読み方が違うことがある
	専門用語（5）	専門用語などがたくさんあって，よく意味が分からなくて困っています
	記録（5）	テキストの読みや実習日誌などの記入が大変でした
	実習・高齢者（3）	記録ができないと養成校に於いて，実習がうまくいきません
	歴史・古い言い回し・方言（1）	方言や古い言葉などはあまりわからない
	辞書（3）	日本語の辞書がないので，意味が分からないときがある
	日常会話は特に問題なし（6）	コミュニケーション能力も，学習能力も，人柄も全く問題がなかった
就　職	介護職に就きたい（14）	せっかく日本で勉強したが，就労ビザの許可が下りないため帰るしかない
	制度改正（9）	介護の仕事に意欲があるのに，国籍の問題で働くことができない制度の壁
	介護職に就く（2）	勉強を終えれば，日本で介護福祉士として働けるようです
日本への思い	福祉サービスの充実（2）	日本の介護福祉士の知識が万々成熟しているため
		日本と同じに介護福祉士の施設があったら，とてもよい
	日本の暮らし（4）	日本の暮らしを体験してみたかった
	自国の情勢（3）	戦争が長かったため，身体障害や身寄りのないお年寄りなどがたくさんいます
	学び（5）	利用者様の心理，その方のありのまま介護を研究しその方向に介護を行っていることに驚いた
	近いから（1）	母国から近くて
	曖昧な目的（1）	介護のプロになりたいという目的で入学しましたが，どうだかわからない
生　活	金銭的に苦しい（10）	日本で生き延びるのにはやっとです
	アルバイト（7）	バイトをしなければ日常生活に困ります
	仕送り（2）	家族からの仕送りはありますが，日本での物価が高いため足りない
	補助金・奨学金（2）	少しの支給金があればもっと勉強に励むことができます
	勉強時間の確保（4）	勉強もしなければいけない中，バイトもしなければ困ります
	生活文化（6）	理解はできるが，年配の人とかかわるときに文化の違いを感じる
	くい違い（4）	仕事のやり方や考え方などが，時々食い違った
	生活リズム（5）	食生活のバランスが気になることがある
	慣れた（8）	日本に来てもう2年になった。学校と日常生活はもう慣れた
サポート	先生（8）	授業が終わって，時間を取って先生たちと一緒に補習しています
	クラスメート（3）	わからないときはクラスメートに聞きます
	みんな良い人（3）	質問すると皆わかりやすく説明してくれる
	職員の不足（2）	留学生が多いと支援担当教員が別にいないとクラス担当だけでは無理がある
	コスト（2）	金銭が発生し，かつ学費を免除等しなければならない
	統一した研修（1）	養成校に対する研修などある程度統一した形で行っていく必要がある
	施設の支援（1）	受け入れ施設（福祉施設）の支援の程度と感じました
	ネットワーク（1）	「EPA ネットワーク」を発足し，県内の受け入れ施設養成校と情報交換，研修会等を行っている
	保護者との調整（1）	保護者との連携も強化を目指しているが，留学生の場合は困難なことが多い

出所：三上他（2012：42）。

では同様の調査における結果から，書く作業（日誌・記録）におけるフォローの必要があると述べている。

　以上，介護福祉士養成校に入学した留学生が抱える学習上の問題として，先行研究・調査から，①日本語力不足，②専門用語の理解・習得の困難さ，③記録業務の困難さ，④日本事情の理解不足があげられ，留学生が抱える学習上の問題点として明確になった。これらのほとんどが「ことば」にまつわるものであり，まさに日本語教育担当者の担えるところでもあると考える。そのため，介護の専門教育に入る前に，まずこれらへの補完的（橋渡し的な）日本語教育，つまり，「ブリッジ教育」が必要であるとの結論に至った。

　次章では，介護福祉士養成校へのブリッジ教育という観点から，学習支援内容（シラバス・カリキュラム）を提示し，教材と指導法につき具体例を示す。

2　介護福祉士養成校進学に向けての取り組み

　本節では，学校法人大原学園にて実施した介護福祉士養成校に向けてのブリッジ教育について紹介をする。ここでの「ブリッジ教育」とは，介護福祉士養成校へ進学する前の予備教育を示しいわゆる「橋渡し的な教育」のことを指す。

（1）カリキュラムとシラバス

　大原簿記学校ビジネス日本語（介護福祉士進学コース）における1年制学科内にて，「介護の日本語」教育をブリッジ教育として実施したカリキュラム・シラバスを紹介する。

　カリキュラムは，「外国人介護福祉士」，「専門日本語表現（介護関連語彙）」，「コミュニケーション」，「日本事情・生活知識」，「介護福祉士になるためには」，の5つの領域からなり，専門課程での学習に対応できる力を養う内容とした。また，「総合日本語」として日本語の総合力をあげることを目的とした科目も並行して行っている。

　それぞれの領域の目的については，表10.3の通りである。はじめの「外国人介護福祉士」という領域では外国人介護福祉士の現状についてふれ，最後の「介護福祉士になるためには」という領域では，将来的に受験する国家試験について，それまでの流れとともに内容も簡単に紹介している。

　以下，①専門日本語表現（介護関連語彙），②コミュニケーション，③日本事情・生活知識，の詳細を述べる。

①専門日本語表現（介護関連語彙）

　まずは，介護現場の関係職種，業務時に使用する用具・器具の名称，体の部位等を基礎語彙として取り上げた。次に，介護分野（業務，学習教材，国家試験等）で使用されるものを専門語彙（例：高齢者によくみられる病気・症状，五大介助）として導入し，介護の基礎的な知識ともなるものや使用頻度が高いものについては，専門用語として背景や最低限の知識を短文読解として提出し，その意味解釈とともに最低限の知識を学ぶ。また，服の種類，色については，メジントロ（2014）で外国人にとって難しい表現だと述べられていたため，加えた。さらに，オノマトペ，性格描写の表現については，日常の勤務・生活でよく扱われるものとして取り入れた。オノマトペの学習の取り組みは，神村・三橋（2015）でもEPA候補者に対し実施され，介護の現場ではもとより実生活でも役に立っていることがEPA候補者からのアンケート結果などから実証されている。

②コミュニケーション

　まずは，専門日本語会話，専門日本語聴解を取り入れた。そのなかでも，「声かけ・申し送り・待遇表現」は，申し送りや声かけなどの型を学習内容としてとり入れた。また，これらのなかでは，あいづちもコミュニケーションを円滑に進めるにあたり欠かせないものとしてとりあげている。「型」という視点からコミュニケーションを学ぶ，またあいづちをうつ意義やパターン等は，外国人が専門課程在学中や実習中，さらに就労中に困難を感じたとしても，日本人学生と同教室で行われる介護福祉士養成校のカリキュラムとしてはとりあげられることのない「日本語的指導」の例と言える。

表10.3　介護の日本語教育のカリキュラムとシラバス[注)]

目　的	「介護の日本語」では，介護福祉士コース進学に向けて，日本語，および介護の関連語彙，コミュニケーションの力を養うことを目的とする。

「介護の日本語」の授業は，外国人介護福祉士，専門日本語表現（介護の基礎語彙・専門用語），コミュニケーション，日本事情，介護福祉士になるためにはの5つの領域からなり，専門課程での学習に対応できる力を養う。

授　業	領　域	目　的
介護の日本語	外国人介護福祉士	外国人福祉士の現状についてふれ，状況を知る。
	専門日本語表現（介護関連語彙）	介護の基礎語彙，専門用語から介護現場で使用される日本語独特の表現（オノマトペ）を学ぶ。
	コミュニケーション	介護場面で必要とされる待遇表現，あいづち，ジェスチャーなどを身につける。
	日本事情・生活知識	日本の習慣を知り，ルール，マナーへの理解を深める。また，日本の伝統的な生活背景を年中行事から学ぶ。
	介護福祉士になるためには	介護福祉士になるためのルート，介護福祉士国家試験の領域や内容について理解する。

内容（シラバス）と使用教材

授　業	領　域	内　容	テキスト，および参考文献
介護の日本語	外国人介護福祉士	日本における外国人介護福祉士の現状	生教材 新聞記事・映像（ニュース等）
	専門日本語表現（介護関連語彙）	専門語彙・用語 　・基礎語彙（用具・体の部位等） 　・専門語彙（介護の基本語彙） 　・専門用語（基本的な知識） 　・オノマトペ・副詞 　・性格描写の表現 　・服の種類・色	『はじめて学ぶ介護の日本語基本のことば』 （スリーエーネットワーク） 『外国人のための介護の専門用語』 （オリジナル内部テキスト）
	コミュニケーション	専門日本語会話・専門日本語聴解 　※介護現場で必要となる申し送り・声かけに必要な要素等 　・介護福祉士としての態度・姿勢 　・声かけ・申し送り・待遇表現 　・レクリエーション 介護記録 　※介護現場で必要となる介護記録の書き方など 　・介護現場における記録 　・記録の取り方（構成　文法）	『外国人介護福祉士に必要な日本の生活知識とコミュニケーション』 （オリジナル内部テキスト）
	日本事情・生活知識	日本事情 　・日本の社会と人口 　・日本の習慣　年中行事 　・食べ物（献立）	『外国人介護福祉士に必要な日本の生活知識とコミュニケーション』 （オリジナル内部テキスト）
	介護福祉士になるためには	介護福祉士国家試験について	介護福祉士国家試験対策本など

注：カリキュラム・シラバスの作成にあたっては，丸山・三橋（2013），丸山（2014）で提案された，「外国人介護福祉士」として学習すべき項目を参考にして作成した。

出所：筆者作成。

さらに，前述の調査にて問題としてとりあげられていた介護記録については，記録のとり方（構成や文法項目）を学習内容として取り入れた。これについては，メジントロ（2014）で実体験としての苦労を述べられており，高梨（2014）で細かな情報を的確に，分かりやすく，手短に書く（伝える）指導の必要性について述べられている通り，外国人介護福祉士として，また指導する立場からも学習が必要とされている項目である。

　その他，レクリエーションでは，日本人に馴染みのある遊びや歌（童謡や歌謡曲等），体操等で，日本事情，生活知識にも通じるものを中心に紹介し，学習要素として取り入れた。

③日本事情・生活知識

　介護福祉士として就労するうえでの知識として必要な，日本の社会や人口問題，そして実務において必要となる，日本の習慣や年中行事を取り入れた。年中行事は，日本語の初期教育の過程で「日本事情」として学習している場合もあるが，ここでは「お盆」，「納涼会」や「敬老の日」といった，より介護福祉施設に即した年中行事や祝日を取り上げる。こういった知識は，施設内でのイベント等にも利用者との日々の会話にもいかせるものである。また，施設等で利用者の日々の生活を支えていくなかでは，生活が季節に密着していることを意識させ，「春と言えば，○○，○○，…」，「夏と言えば，○○，○○，…」というイメージを正確に持つことは重要で，介護福祉士養成校のカリキュラムでは取り入れることのない「日本語教育的指導」の一例であるとも言える。同様に，日本の食文化にもふれ，一般的な食事，献立の名称から介護食の食事形態をあらわす語彙や表現を取り入れている。この食事も，利用者の日々の生活に密着したものであり，配膳時に献立の説明をするなど，業務でも重要な理解項目となっている。

（2）１年間のスケジュール

　学習の年間スケジュールは，図10.3の通りである。授業は，週４日「介護の日本語」の学習時間があり，１日２コマ（90分×２），年間約630時間が設け

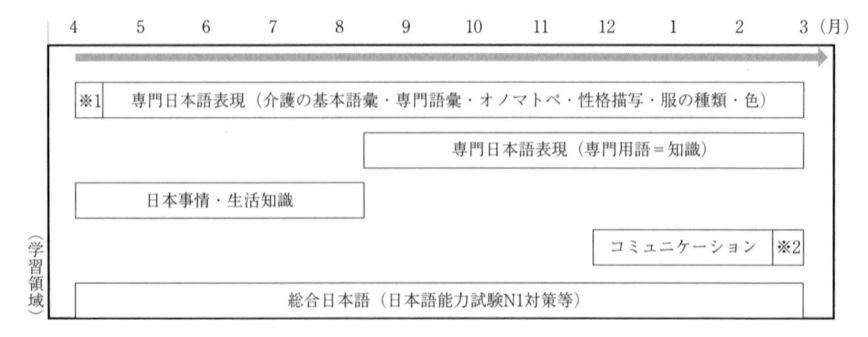

図10.3　「介護の日本語」の年間スケジュール

注：図中の※1に「外国人介護福祉士」，図2に「介護福祉士になるためには」
出所：筆者作成。

られている。

　図10.3では，領域別の学習時期と期間が示されているが，前章でも取り上げた留学生が困難と感じる「言語」のカテゴリーである「専門日本語表現」は，このブリッジ教育内の期間にフォローすべき内容として優先度が高いため，1年を通して入れている。「言語」であげられている留学生の負担は，事前学習でかなり軽減されることが期待できる。

　また，介護におけるコミュニケーション技術を活用する際に必要となる，日本語の独特な表現（あいづち，待遇表現など）の運用，また，将来，現場で申し送り等の聞き取り，それに伴うノートテイキングの練習もある程度できるよう，コミュニケーションの領域についての学習も一定の期間内で設けた。

3　ブリッジ教育の実践例
―─介護の基本的なことばと知識─―

　ここでは，ブリッジ教育でも優先度の高い専門日本語表現の「介護の基本語彙」と「基本的な知識」について取り上げ，実際の指導の一例を示す。

表10.4　専門語彙を覚える難しさと方略法

専門語彙を覚える難しさ	具体的な例		どう教え克服させるか
語彙の専門性	・「吃逆」「褥瘡」「腋窩」など専門性が高すぎる ・漢字が難しい ・意味のイメージがつかない	⇒	・「読み」と「意味確認」を優先する ・イメージしにくい語彙は，イラストや母語を用いて理解を図る
関連する語彙の豊富さ	類義語，対義語，略語が多い	⇒	まとめて提示する
難解な長い漢字語彙	先天性視覚障害，夜間対応型訪問介護，筋萎縮性側索硬化症，など	⇒	最小単位の言葉で切り，意味をしっかりとらえる
文中での使われ方	文意が理解できない		・例文（場面を提示し，文脈で理解を図る）
定着の難しさ	語彙を使うことができない	⇒	・語彙の運用を見据え，共起表現も提示する

出所：筆者作成。

（1）「介護の基本語彙」の実践例

　日常的に使用する生活語彙と違い，学習語彙，とりわけ専門性の高い学習語彙はイメージもしにくく，覚えにくいものである。表10.4は，専門語彙を覚える難しさの要因になっているものとその具体例，また，それをどのように教え，克服させるか（以下，「どう教え克服させるか」）という方略案を示した表である。

　ここでは，表10.4の「どう教え克服させるか」について，拙著『はじめて学ぶ介護の日本語　基本のことば』の特長とそこに関連付けた指導例から提示し説く。

①語彙の専門性：「読み」と「意味確認」を優先する

　『はじめて学ぶ介護の日本語　基本のことば』では，図10.4のような提示で，翻訳（英語，中国語，ベトナム語，インドネシア語）がついている。

　介護分野学習上においてはテキストや教材，そして業務上では介護日誌を始めとする記録物，目を通しておくべき資料，掲示物等の内容を把握する際，まずは「語彙が読めること」が最優先である。読めて，意味がわからなければ，

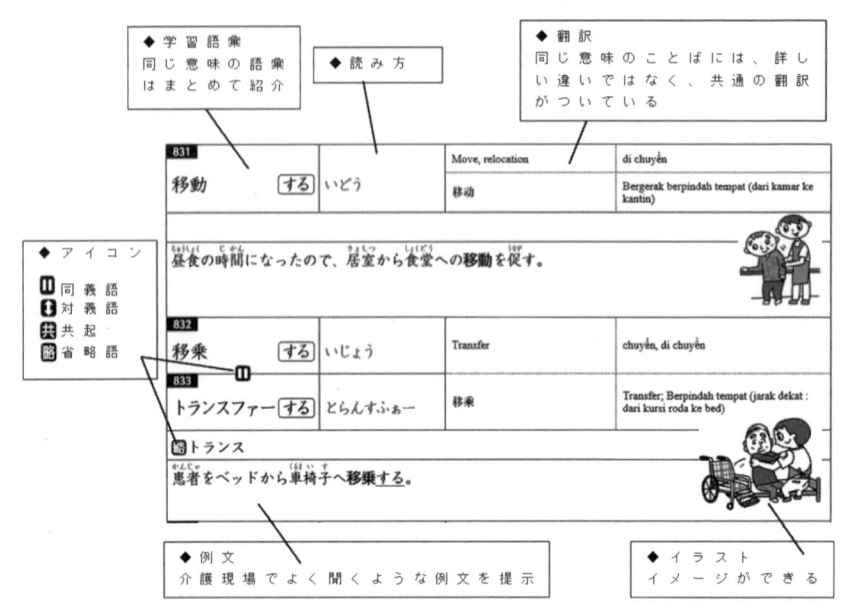

図10.4　『はじめて学ぶ介護の日本語　基本のことば』の特長

出所：三橋他（2017：127）より筆者作成

学習も業務も進めることは難しいからである。また，イメージしにくい語彙は，イラストや母語を用いて理解を図る。これは，抽象的で概念がつかみにくい語彙や，専門用語等に対して有効である。具体的には図10.5のように，オノマトペ，脱健着患，体の部位，胃瘻・経管栄養などがあげられる。

②関連する語彙の豊富さ：まとめて提示する

　『はじめて学ぶ介護の日本語　基本のことば』では，特長として図10.4，図10.6のような提示で，同義語をまとまりで提出している。

　これは，専門語彙を覚える難しさの１つの語彙の豊富さに対応したもので，一般的な表現，専門的な表現，口頭表現の順に提示している。介護福祉士を目指す外国人学習者にとっては，この同義語を場面に応じて使い分けするというのも実に困難な課題でもある。たとえば，「含嗽」を導入する際には，その一般語である「うがい」，口語として場合によって声かけ等で使用する「くちゅ

オノマトペ「はっと」　　　　「脱健着患」　　　　「経管栄養」

図10.5　『はじめて学ぶ介護の日本語　基本のことば』のイラスト使用例
出所：三橋他（2017：152, 186, 198）

くちゅぺー」，「がらがらぺー」も紹介する。一度に複数の語彙を覚える必要は
あるが，さまざまな場面で語彙が出現する都度導入していくよりは学習者への
負担も少ないと考える。また，その際にはそれぞれの使用場面の提示も必ず行
うことが重要である。それは，多くの語彙との接触場面（学習教材，国家試験，
業務上の書類，介護日誌，声かけ等の利用者とのコミュニケーション，申し送り等の職
員間コミュニケーション等）において，同じものを指す語彙が，さまざまな言い
方で使用されていることを理解しておくことで，現場で円滑に作業することも
できるようになるからである。

③語彙の運用法：語彙の運用を見据えた提示（共起表現，例文にて文脈・場面
　提示）

　表10.4での文のなかでの使われ方がわからないことと，定着が難しい一因
としては，語彙の意味だけを捉え，運用までの意識がなされていないことがあ
る。つまり，言葉として理解はできているが，それを実際の場面に当てはめて
適切に使うことができないことが見られる。

　語彙の共起表現もともに学習することは，運用時のよりよい日本語表現につ
ながり，誤用をなくすことにもなる。また，語彙の使用場面を文脈から把握で
きるような例文があると，介護場面での語彙の使用法へのイメージが膨らみ，
語彙をより身近なものとしてとらえることもできる。

　なお，ここでは，一般的な共起より介護現場で使われる共起を優先して提示
している。図10.7はその例である。

1068 うがい　[する]　うがい 1069 🔟 含嗽　[する]　がんそう		Gargling, mouth-rinse	súc miệng, súc họng
1070 🔟 くちゅくちゅぺー　くちゅくちゅぺー 1071 🔟 がらがらぺー　がらがらぺー		漱口	Kumur; Berkumur; Berkumur lalu didikeluarkan

図10.6　『はじめて学ぶ介護の日本語　基本のことば』における同義語の提示例

出所：三橋他（2017：158）。

991 摂生　[する]　せっせい	Paying attention to your health and body	sinh hoạt điều độ
	養生	Memelihara kesehatan diri

共～に努める

糖尿病を患っている人は、医師の注意を守り、**摂生**に努める必要がある。

図10.7　『はじめて学ぶ介護の日本語　基本のことば』における共起の導入例

出所：三橋他（2017：147）。

　「学習語彙＋共起」で，ここでは「摂生」＋「に努める」で，「摂生に努める」を１つの表現として導入し，意味も押さえたうえで，例文を読ませる。例文を読むことで，語彙の使い方を把握し，また介護現場のイメージを膨らませることができるようにしている。

　以上，「介護の基本語彙」の実践例を紹介したが，ブリッジ教育を必要とする留学生たちは，「介護」の概念自体を持たない場合が多く，基本語彙の導入にあたっては，そのイメージもできるよう行っていく必要もあると考える。

（2）「基本的な知識」の実践例

　介護の基本的な知識については，専門領域の内容にふれることになるので，日本語教師としてできることにも限りがある。では，その立場で何ができるかというと，やはり専門知識を本格的に勉強する前の準備段階の学習支援である。

　たとえば，介護現場でよく使用される「褥瘡」という専門用語については以下のように専門書に書かれている。「皮膚の一部が持続的に圧迫されることで

表10.5　専門知識を覚える難しさと方略法

専門語彙を覚える難しさ	具体的な例		どう教え克服させるか
専門用語の難しさ	用語だけでイメージがつかないものがある（ボディメカニクス　など）	⇨	「介護の基本語彙」が学習済みであること
日常生活との乖離	介護現場のイメージがつかない	⇨	イメージをイラストや写真などで提示
専門書の説明文が難しい	・語彙が難しい ・法律・制度が分からない ・文意が理解できない	⇨	・語彙・表現の注釈 ・説明文のリライト ・読解問題でフォロー
知識定着の難しさ	知識について自身で説明ができない	⇨	知識の算出を促すようなタスク等の工夫が必要

出所：筆者作成。

循環障害が発生し，皮膚と皮膚組織が壊死する状態」（『介護職員のための重要用語集』日本医療企画）。

　日常では，ほぼ使用しない語彙の列挙，専門的な説明が続いておりこの一文を理解するのも大変なことである。また，この「褥瘡」の症状や予防法など知識を深く知ろうとすると，さらに難解な専門書を読み進めなければならない。介護を勉強する外国人にとっては大変高いハードルである。このように，表10.5は，専門知識を覚える難しさの要因になっている項目とその具体例，また，それをどのように教え，克服させるかという方略案を示している。

　ここでは，表10.5にみられる「どう教え克服させるか」についての指導法と教材案を一部紹介する。

　表10.6は，「褥瘡」の内容を扱ったリライト教材の一部である。説明文のリライトの他，語彙・表現の注釈，読解問題でのフォローも加えている。そして，知識の定着を図るためのタスクを表10.7のように課している。

　まず，「a.導入」では，本文への導入となる質問や，「介護の基礎語彙」として導入済みである項目などを確認し，復習するものが挙げられている。次に，「b.「褥瘡」に関する内容のリライト文」を提示する。表10.8の通り，専門語彙が並ぶ説明文というのは，一文でもなかなか理解できない。よって，文が解釈できるようリライトする。これは，専門知識を理解しやすくするためのも

表10.6　「褥瘡」のリライト教材

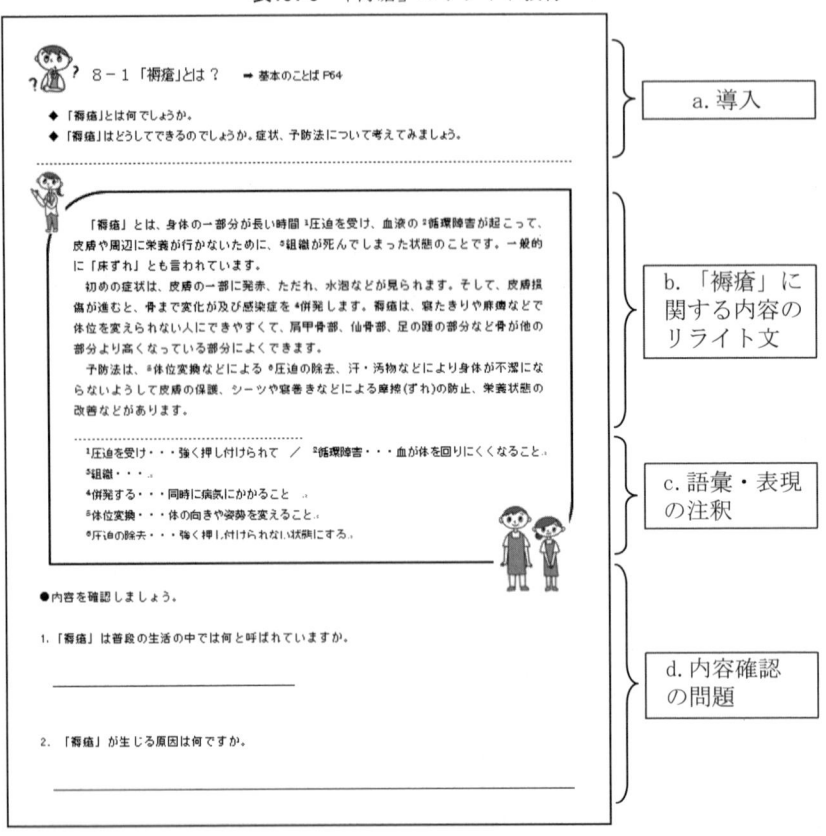

出所：筆者作成。

のであるが，重要な専門語彙については，その後の学習や国家試験における必要性の高さを鑑み，そのまま使用している。さらに，専門家に校閲をしていただいている。次の「c.語彙・表現の注釈」では，本文中にみられる難解であろう語彙・表現に注釈を入れている。そして，「d.内容確認の問題」は，本文を理解しているかを問う問題や，導入済みの介護の基本語彙を問う問題を出題している。ここでの語彙の確認は，繰り返し想起することでの定着も図るものとなっている。

　そして，表10.7のようなタスクシートを活用する。「e.キーワードの確認」

表10.7　「褥瘡」のタスク教材

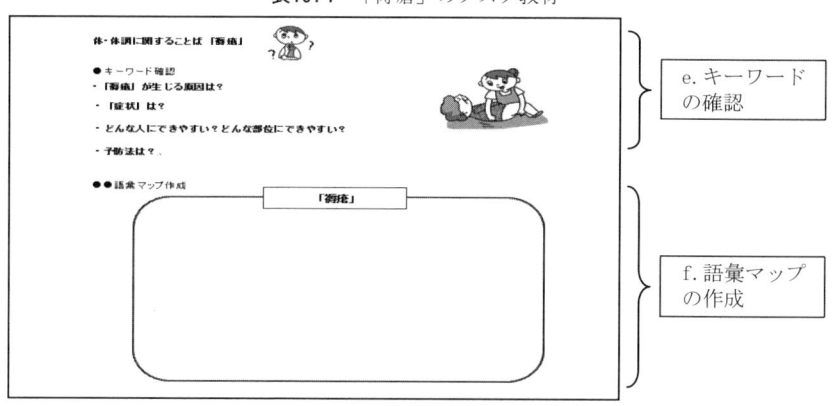

出所：筆者作成。

表10.8　「褥瘡」の専門的説明とリライト文

皮膚の一部が持続的に圧迫されることで循環障害が発生し，皮膚と皮膚組織が壊死する状態。(『介護職員のための重要用語集』日本医療企画)

「褥瘡」とは，身体の一部分が長い時間圧迫を受け，血液の循環障害が起こって，皮膚や周辺に栄養が行かないために，組織が死んでしまった状態のことです。一般的に「床ずれ」とも言われています。

（筆者作成による）

は，本文の知識として大切なキーワードが答えられるか確認をする。さらに「f.語彙マップの作成」では，キーワードでマップを作成して内容整理をしたうえで，それを説明することで産出に繋げ，定着を図っている。

　以上，本節ではブリッジ教育の実践例について紹介した。本ブリッジ教育では，なにより「介護の基本語彙」に重点を置いた。それは，言葉（語彙）が分からなければ，その先の専門知識を読み進めていくにも介護現場においても障壁となると考えるからだ。

　この1年課程の卒業時に学生たちにアンケート調査をしているが，下記のような声が挙げられている（以下，原文のまま）。

　・「語彙の共起はそばに書いてあるから，とても便利だと思います」
　・「ある言葉の実際の意味（自分で見た，調べた意味が違うので）授業で確認してくれて，直してくれて，ありがたいです。」
　・「コミュニケーションの姿勢，方法は役に立つ」

　学生のなかには，自国で看護師免許と実務経験があり専門的な知識も豊富な者もいたが，語彙の意味や使用法には，自国と日本とで乖離する場合もあり，その確認が有益であったと感じたようである。また，コミュニケーションの方法については，日本語教師ができることとして，申し送りや記録等の意義や使用表現，形式（型）の提示に留めているが，そこからの支援がいかに留学生にとっては重要かをこのアンケート調査は示唆している。

　さらに，「介護の基本的な知識」を日本語の説明文で理解するテクニック（キーワードの抽出や語彙マップを通しての要約など）を習得させたことは，進学後の学習に大いに助けになっていると，卒業生たちより声が届いている。

　たしかに，少なからず専門課程での本格的な勉強に入る前に最低限必要な「介護の基本的な知識」にもふれておくことは有効的であると考える。ただ，それには，専門領域ゆえに介護分野の専門家にもリライト文などの校閲などの協力を得，連携を図る必要があることをここに付け加えておきたい。

4　ブリッジ教育の必要性と問題点

　本章では，介護福祉士養成校に向けての日本語教育視点からのブリッジ教育について紹介した。養成校進学後は，授業，実習，就職活動と目まぐるしい生活を送ることになる。また，授業での学習も，数多くの教材からさまざまな箇所を組み合わせてモジュール的に構成され，予習・復習の量も相当なものになる。さらに，留学生には，EPA介護候補者とは違い介護知識の背景がない者が多く，①日本語力不足の他，②専門用語の理解・習得の困難さ，③介護福祉

士としての業務の内，特に「記録」が困難，④日本事情の理解不足が問題としてあげられる。

　「ブリッジ教育」は，上述の問題点である「日本語力」，「語彙」，「文化」の領域を補えるよう，また，専門課程での勉強の負担軽減になるようにと作成したカリキュラムである。「介護とは」「日本で介護の需要が高まった背景」を学んでから，専門語彙（介護の基本語彙），専門用語（介護の基本的な知識），生活知識，コミュニケーションについて進め，最後に介護福祉士養成校での学びや将来について考えることで，「日本の介護」について理解の土台を築き，体系的なイメージをづけることができる。今後，留学生の増加が見込まれるところから，このような「ブリッジ教育」の実践例が増えることを期待したい。それは，この専門領域が安易に教室内のフォローアップ（もしくはキャッチアップ）で済むものでないと考えられるからだ。専門性の高い語彙の指導に加え，対人サービスであるがゆえに，コミュニケーションに配慮した言葉や表現，言語行動という事前指導として入れるべき項目は大きく，専門知識を学びながらの学習は，学生も教育・支援をする日本語教師側も負担が大きい。まずは，ステップとして介護福祉士養成校で学べる程度までの語彙力と，ある程度のコミュニケーション力は，事前にしっかりとした留学生用のカリキュラムのもと養成したいものである。

　ただし，本章で紹介したような1年コースを経てからの2年間の専門課程進学には，学生にとっては負担となる場合もある。今後，日本語初期教育機関でクラスを設置する等の展開もみられる場合は，留学生に対応した介護福祉士養成校の新たな取り組みも必要になってくることは間違いない。

　さらに，そのなかで，介護福祉士養成校の教員等の専門家と日本語教師の連携を図ることで，さらに強いつながりを持つ「ブリッジ教育」となることを期待する。

注

1）留学生が急増したことは，三橋他（2016）による福祉系専門学校へのインタ

ビュー調査においても明らかになっている。

参考文献

「介護福祉分野専門学校における留学生受け入れ事例集」(2017)〈http://www.sgec.or.jp/ryuugakuguide/download/pdf/h28_kaigo_fukushi.pdf〉(2019年10月19日).

神村初美・三橋麻子 (2015)「EPA介護福祉士候補者に対するシラバス作成―『どこから，なにを，どのように』の視点から捉えた成果と課題―」『第17回専門日本語教育学会研究討論会誌』14-15.

公益社団法人日本介護福祉士養成施設協会「外国人留学生受入れに関するガイドライン（留意事項）」(2017)〈http://kaiyokyo.net/member/20180117_news_no.25_documents.pdf〉(2019年10月19日).

三上ゆみ・久保田トミ子・ファハルドニコル (2012)「介護福祉士養成校における外国人留学生の受け入れの現状と課題」『新見公立大学紀要』第33巻，37-42.

丸山真貴子・三橋麻子 (2013)「外国人介護福祉士にとっての次なる課題―アンケート・インタビュー調査結果からの教材作成の試みと学習法―」『日本語教育学会2013春季大会予稿集』257-262.

丸山真貴子 (2014)「日本語教育としてすべきもの―受け入れ施設・合格者の声を受けて―」『日本語教育学会2014春季大会予稿集』78-81.

三橋麻子・丸山真貴子・堀内貴子 (2016)「外国人介護福祉士の需要拡大に向けて―介護系学科への聞き取り調査と教育実践から―」『日本語教育学会2016春季大会予稿集』237-242.

メジントロ・ラゼス (2014)「外国人介護福祉士として働いて」『日本語教育学会2014春季大会予稿集』74-76.

三橋麻子・丸山真貴子・堀内貴子・西己加子 (2017)『はじめて学ぶ介護の日本語　基本のことば』スリーエーネットワーク.

第11章
国家試験合格を目指す EPA 候補者への
ストラテジーを促す日本語教育とは
—— 介護施設での日本語教育の実践を通して ——

三橋麻子・丸山真貴子

1 EPA 介護候補者への学習支援

　筆者らは，EPA 候補者受入れ当初より学習支援にあたっており，外国人への介護分野の日本語教育の確立を目指し，実践と研究を重ねてきた。本章では，まず，介護福祉施設における EPA 候補者への実際の支援体制の紹介をする。そして，EPA 候補者が研修を続けるなかでの問題点・困難点をあげたうえで，その課題に対して，日本語教育の視点より支援できる項目としての EPA 候補者向け学習シラバスを提示し，日本語教育ストラテジーを紹介する。

　ここでは，千葉県袖ヶ浦市の「社会福祉法人さつき会」（以下，さつき会），「介護老人保健施設カトレアンホーム」（以下，カトレアンホーム）で行ってきた第1期インドネシア人 EPA 候補者2名を対象とし行った事例から取り上げる。

　さつき会は，特別養護老人ホーム2施設，老人保健施設1施設を有し，各施設で EPA 候補者を受け入れている。EPA 候補者支援では，「当法人の強味は，担当者[1]以外にもホームヘルパー[2]養成事業や受験対策講座，介護福祉士養成校，看護学校などで講師を務める職員が各施設に少なからず存在している」（剣持 2014）とあるように，十分な支援環境を備えている。

　カトレアンホームでは，2008年度に第1期インドネシア人 EPA 候補者2名を受け入れており，筆者らは受入れ開始時よりその支援に携わっていた。2008年当時はカトレアンホームでの外国人職員の受入れおよび，筆者らも「介護」

を志す外国人への日本語教育が初めての試みであったこともあり，施設との綿密な協議を重ねながら支援を進めていった。まず，学習支援開始（EPA候補者受入れ）から国家試験受験までを4期に位置づけた学習支援の長期計画の概要を紹介する（表11.1）。

　EPA候補者は2009年1月に施設に着任したが，まずは現場業務経験から日本の「介護」についての理解を深めることと，生活のペースを築くことを優先し，約2か月間は学習時間をあえて組み込まず，現場業務に慣れるよう配慮した。

　その後，本格的な学習支援を開始した。表11.1第1期は，「基礎固め」期とし，具体的には，日本語の基礎語彙，表現文型の復習と定着を図った。そして，介護の専門語彙の導入に注力した。その導入の流れは，まず，EPA候補者には該当語彙を予習として日本語，もしくは母語で意味の確認を課し，授業にて日本語での説明をしてもらうことで，理解を図る方法をとった。具体的には，たとえば「清拭」を「体を拭いてきれいにすること」と説明してもらう。次に使用場面をふまえて短文作成を行う過程を組み込み，現場のイメージを促進させるように配慮した。また，その学習教材の読み解きや業務で接する文の理解促進も視野に入れて，読解の基礎力を養った。

　第2期は，「読解力養成」期として，読解テクニックを習得し国家試験問題解答のための日本語の基礎を養うことに重点を置いた。読解文には，介護福祉士国家試験の過去問題を教材として用いた。この過程は，第1期で習得した専門語彙の確認と現場業務での経験と関連付けた振り返りにもなり，学習への意識の向上にもつながった。また，この期から，JICWELSより配布された教材を活用し，国家試験のための知識の導入も行った。

　第3期は，知識の「定着」期として，国家試験の過去問題を解く，国家試験対策講座受講など，本格的な試験対策を開始した。そして試験直前の第4期は，「総まとめ」期として，国家試験模試を実施し，フィードバックを繰り返し行った。そのなかで，学習担当領域を，施設側は「専門知識を必要とする分野・問題」，日本語教師側は「（基本的な知識を持てば正答を導けるが）読解テク

表11.1　カトレアンホーム EPA 介護候補者学習支援長期計画

時　期	区　分	期　間	学習支援の主な内容
第1期	基礎固め	【15か月】 2008年4月〜2009年8月	日本語基礎・専門語彙・表現文型 の習得，および読解
第2期	読解力養成	【12か月】 2009年9月〜2010年8月	読解テクニックの習得（読解教材は 過去問題集など）知識の導入
第3期	定　着	【7か月】 2010年9月〜2011年3月	国家試験対策講座 国家試験過去問題・FB（フィードバック）
第4期	まとめ	【8か月】 2011年4月〜2012年1月	国家試験模擬試験等・FB

出所：筆者作成。

ニックを必要とする分野・問題」と棲み分けをすることに強く留意した。その他には，全期にわたり外部講習（着任当初より JICWELS が行う集合研修に参加），第3期にホームヘルパー講習（現介護職員初任者研修），第4期に法人内受験対策講座，介護技術講習（当時，実技試験免除のため）なども組み込んだ。なお，EPA 候補者は，これらの外部講習受講からホームヘルパー2級を取得し，介護技術講習にも合格している。

　EPA 候補者への長期に渡る支援を第1期から第4期と区切る中で，第1期・第2期は，日本語教師が主体となり，国家試験を解くための基礎力固めや業務へ順応できるように，日本語の観点からのフォローを行い，第3期以降，国家試験へ焦点を絞るにあたっては，上記の通り，施設担当者が主体となって進めることを強く意識した。それは，就労や研修をしながら，国家試験合格を目指すには，両者の密な連携による細かな支援が国家試験の合格につながる成功の鍵であると考えたためである。

　支援の結果，EPA 候補者2名のうち1名は合格をし，介護福祉士として現場でさらなる活躍をすることとなった。

2　EPA 候補者が抱える問題・課題

EPA 候補者たちが，就労・研修を進める過程では，多くの問題や課題に突

きあたる。本節では、筆者が学習支援のなかから得た、EPA候補者たちが抱える問題点や困難点を「生活場面」「学習場面」「就労場面」の観点から分類した。これらには訪日前・訪日後研修などですでに学習した項目も含まれている。それは、施設など着任後に改めて確認する必要があると考えられたことと、着任先施設などのある地域に即した情報を知るための必要性からである。以下、具体的に「生活場面」「学習場面」「就労場面」に分け記す。

（1）生活場面における問題・課題と省察

　日常生活のなかでは、主に文化上、習慣上の項目があげられる（表11.2）。表11.2の「日本の社会について」には、日本での生活上必要な事柄を含む。たとえば、ごみの捨て方（分別方法）や交通機関の利用法、役所や銀行での手続きなどである。「人との関わり方」は、普段の生活で接する人（近所や買い物先）との関わりを指す。「方言」は、訪日後研修後に全国の施設に着任して、そこで初めて方言を聞く場合もあり、馴染むまでに困難を感じるものとしてここにあげる。

　次に、「宗教」に関しては、日本人（受け入れ側）とEPA候補者側双方が理解をしたうえでの適切な対応が必要となる。

　「一般的な知識や情報」では、通常日本人が生まれ育つなかで知る事柄や生活知識を含む。たとえば、高齢化社会の背景、日本の人口、家族構成などの「日本の社会」である。また、生活知識として、生活に深く影響する「日本の季節」、それに伴う「年中行事」は知っておくべき事柄である。そして、年中行事に絡めた特別な食事から、一般的な食事形態（主食・副食、主菜・副菜、一汁三菜など）、季節の食材、料理（調理法）、献立なども紹介しておくといい。そこから就労時に必要な介護食形態への理解へとつなげていく。さらに、日本事情を取り上げたい。たとえば、相撲、野球（プロ野球、甲子園）、折り紙、俳句、歌（演歌・歌謡曲・童謡）などである。

　上記は、生活場面での問題・課題としてあげているが、就労場面においても利用者との会話の足がかりになる項目でもある。

表11.2　生活場面における問題・課題

・日本の社会について（ルール，マナーなど）
・人との関わり方
・方言
・宗教（お祈り，断食，食生活）
・一般的な知識や情報
例）日本の社会（高齢化社会の背景，日本の人口，家族構成など）
日本の季節・年中行事
日本の食事
一般的な知識（相撲，野球，折り紙，俳句，歌（演歌，歌謡曲，童謡）など

出所：筆者作成。

（2）学習場面における問題・課題と省察

　次に，専門書を読み進めたり国家試験に向けての学習を進める際に，以下の困難点があげられる（表11.3）。

　表11.3の「基本的な日本語力」として日本語能力試験公式サイトでは，N3レベルに相当し「日常的な場面で使われる日本語をある程度理解することができる」と示されているが，学習面でもこのレベルは必要だと考えられる。介護の専門領域を学習するにあたっても，基礎力が求められる。「漢字」は，出身国が非漢字圏でもあり，苦手意識を持つ EPA 候補者は多くいる。学習場面としてここにあげてはいるが，就労場面においても，日々目にする漢字と漢字語彙については，早い時期もしくは都度の対応を施すことが重要で，EPA 候補者のモチベーションの維持にも大きな影響をもたらす。

　そして，なにより「介護の専門語彙」の習得を困難だと考える EPA 候補者は多い[3]。確かに国家試験向けの学習参考書などには，数多くの専門語彙が提示されており，そのすべてを学習することが最良である。しかし，業務の合間を縫った効率のいい学習には，必須，かつ厳選された語彙から優先的に学習をすることが良策と言える。たとえば，チュウ太プロジェクトチームは，「介護福祉士国家試験に出る単語（副教材）「kaigo 漢字」」として過去の国家試験16回分の頻出語彙808語を「かいごたん 808」で公開している。野村他（2011）の調査によると，この808語と初級レベル語彙（旧日本語能力試験3級，4級）で国

表11.3　学習場面における問題・課題

・基本的な日本語力
・漢字
・介護の専門語彙
・専門知識
・読解力（速読力）
・文体（口語と文語：です・ます／だ・である）
・日本社会の理解など

出所：筆者作成。

家試験の使用語彙の約90％を占めていると（野村他 2011）されている。また，『はじめて学ぶ介護の日本語　基本のことば』（三橋他 2017）では介護の基礎語彙として居室内の備品や衣類の名称，食器の名称など，一般語彙も多く含めた1500語が取り上げている。

　介護分野における「専門知識」の習得は，その分野が多岐に渡ることや，母国での看護系大学など卒業，看護師経験などの背景があっても，カリキュラムや各国事情の相違もあり，そのまま授業内に移行できるとは限らず，学習項目の多さに困難を伴うこともある。JICWELS が2010年に実施した調査，丸山・三橋（2013）の調査でも，国家試験の多岐にわたる学習項目への苦労を訴えるEPA候補者が多くいた。それから，国家試験は全125問すべてが選択式問題であるが，それを解くためには，読解力とともに，早く正確に読み解く技術である速読力を身に付けなければならない。また，丁寧体と常体の文体の違い，使用場面の理解などに困難を覚える場合も多い。

（3）就労場面における問題・課題と省察

　就労の場面では，以下の項目があげられる（表11.4）。まず，表11.4の「話しことばと書きことば」の使い分けへの戸惑いがあげられる。話しことばとして，「申し送り」では口頭での引き継ぎ内容を聞き取り，使用表現や語彙を瞬時に理解しなければならない。また，同僚や利用者，そして利用者の家族との会話では，待遇表現などにも配慮が必要になる。一方，書きことばについては，

表11.4　就労場面における問題・課題

・話しことば・書きことば 　　話しことば…申し送り／職員・利用者・利用者のご家族との会話 　　書きことば…記録の読み書き／施設内の掲示物／職員とのメール連絡など ・職員・利用者とのコミュニケーション ・国家試験の使用語彙と実際の現場での表現の違い ・方言 ・日常業務で必要なことば（オノマトペ・衣類のことば・色のことばなど） ・日本語の難しさ（発音，待遇表現など）など

出所：筆者作成。

日々の記録を読むことも書くことも困難であると感じているようである。登里・永井（2011）の調査では，EPA 介護候補者にとって「業務日誌」の読み書きは困難であること，丸山・三橋（2013）の調査では，国家試験合格後も「書く」作業には困難を抱えており，具体的には介護記録，ケース記録をつけること，また，申し送りを聞く際のメモとり，略語の記録法などがあげられた。なお，施設側も候補者への指導に苦労を抱えていることも丸山（2014）で述べられている。また，JCWELS が2010年に実施した調査や丸山・三橋（2013）の調査にて，候補者が困難点としてあげた項目に「職員・利用者とのコミュニケーション」として，自身の行った業務内容の報告，利用者の様子や状況，気持ちなどをうまく表現できない，曖昧な日本語が理解できないことなどもあると示されている。そして，「国家試験の使用語彙と実際の現場での表現の違い」がある。介護の専門語彙使用場面により同義語のバリエーションがあることが，候補者を悩ませることもある（例として，「含嗽」＝「うがい」＝「くちゅくちゅペー」「がらがらペー」があるが，この詳細については第10章第3節を参照のこと）。1つの概念に対し，複数の語彙や表現を覚える必要があり，またその使用場面の理解もしながら語彙学習を進めていかなければならないことを負担と感じるのである。さらに「日常業務で必要な言葉」として，オノマトペ（病気の症状，様子や心情の表現など），衣類のことば（種類，機能，季節によるバリエーションなど）と色（種類の多さ，人による表現の違いなどの理解）の必要性をあげたい。

3　シラバスの作成

　第2節にて取り上げた EPA 候補者が抱える問題や困難点は，大きくは，語彙や専門語彙の問題である「介護のことば」，専門知識に関する問題である「専門知識」，日本の社会や習慣への理解に関する問題である「日本の生活知識」，そしてコミュニケーションの取り方や話しことばと書き言葉の使い分けや日本語特有の難しさに関する問題である「コミュニケーション」という4領域に分類されることがわかった（図11.1）。

　そこで，上記4領域と，JICWELS が公開している就労開始から国家試験受験までの「標準的な学習プログラム」などを対照し，学習シラバスを作成した。その支援時期としては，EPA 候補者が施設配属後に，すぐに必要となる項目については配属前の導入が有益であると考え，来日前から国家試験合格後を「導入期（来日前）」，「第1期（来日直後・施設着任時から1年）」，「第2期（施設着任1年から2年半）」，「第3期（施設着任2年半から3年）」「第4期（施設着任から国家試験受験）」そして「第五期（国家試験合格後）」と6段階で分類した（表11.5）。以下，表11.5を説く。

（1）導入期（来日前）

　来日前に導入すべき項目としては，図11.1で示した4分野のなかで重複したものを主に組み入れた。それらがもっとも優先順位が高く，来日後すぐに必要となる項目であろうと考えたためである。

　「介護のことば」では，日常生活や職場での基礎語彙として職場で扱う用具や設備，身体の部位，服の種類や色や食事の語彙を導入する。さらに「うがい＝くちゅくちゅぺー」などの基礎語彙のオノマトペ表現も早期に紹介しておく必要がある。これらは EPA 介護候補者が着任後すぐに耳にする可能性が特に高いためである。また，「専門知識」に盛り込んだ高齢者に多くみられる病気や症状は，現場での利用者の様子，職員間の申し送りや記録などへの理解の促

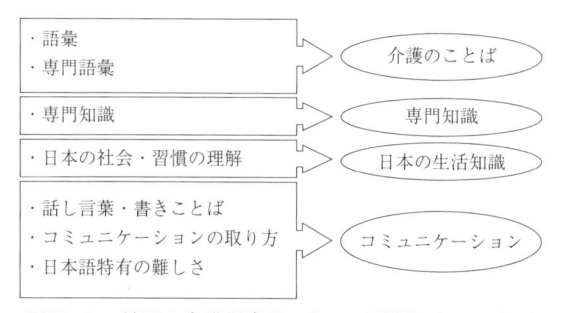

図11.1　外国人介護従事者にとって問題となる日本語
出所：筆者作成。

進のため，取り入れた。

　「日本の生活知識」としては，生活上のルール・マナー，生活上の注意や人
との付き合い方などを取り上げた。日本の生活習慣や文化，マナーなどのコ
ミュニケーション上重要な背景については，来日後に理解不足からくるトラブ
ルが起こる可能性も考慮に入れている。また業務上では利用者との会話のきっ
かけともなるからである。そして，「コミュニケーション」には，挨拶や待遇
表現などの，現場ですぐに活用できる項目から取り入れている。

（2）第1期　基礎固め（来日直後・施設着任時から1年）

　第1期は，実際に施設での業務がスタートする時期として，「基礎固め」に
焦点を置く。「介護のことば」では専門用語を扱い「専門知識」「日本の生活知
識」の内容につなげていく。日本の社会や保険についての制度は，着任後に
EPA 候補者が大きな疑問を持つ項目であり，この時期の導入が効果的だと考
える。一方，国家試験に向けては，国家試験における4領域のうち，もっとも
日常業務に密接している生活支援技術の知識から導入する。また，日常業務・
生活，国家試験総合問題でよく扱われる「オノマトペ・副詞」をさらに取り上
げた。「ぼんやり」「ヒヤリ（とする）」「うろうろ」などは，表現力・語彙力強
化の要素となる。オノマトペの学習の取り組みは，神村・三橋（2015）でも
EPA 候補者に対し実施されていて，日常業務はもとより日常生活においても

表11.5　学習項目（シラバス）

時　期	長期計画	領　域	内　容
来日前		介護のことば	基礎語彙（日常／職場）　用具・設備／体の部位／服の種類／色 食事の語彙（献立）　ほうれん草のおひたし／〜の和え物／〜の煮つけ オノマトペ・副詞　ヒヤリ／うろうろ／ぼんやり／うがい→くちゅくちゅぺー
		専門知識	高齢者に多くみられる病気・症状について 糖尿病／認知症／感染症など
		日本の生活知識	日本の年中行事 日本のルール・マナー　数字／食事／声の大きさ／人との距離感 日本の住宅事情　住宅の賃貸形式／生活上の注意
		コミュニケーション	コミュニケーションの表現 挨拶／利用者・職員との会話／待遇表現／断り／慰め
来日直後・施設着任時から	第1期（基礎固め）	介護のことば	専門用語　介護のことば 専門用語（文語体／口語体）　褥瘡⇔床ずれ／含嗽⇔うがい オノマトペ・副詞　ヒヤリ／うろうろ／ぼんやり／うがい→くちゅくちゅぺー
		専門知識	日本の社会保険，介護保険等の知識 生活支援技術の知識
		日本の生活知識	日本の人口，高齢社会等について 日本での就労　社会／保険／税金／就労形態／給与明細の見方
		コミュニケーション	声かけ，待遇表現 介護の専門職としてのコミュニケーションの取り方 傾聴／共感／質問技法等
施設着任1年〜2年半	第2期（読解力養成・知識の導入）	介護のことば	専門用語 書き言葉，掲示物，記録，手紙
		専門知識	日本の社会保険，介護保険の知識 生活支援技術の知識 こころとからだのしくみの知識
		日本の生活知識	日常のニュース
		コミュニケーション	介護の専門職としてのコミュニケーションの取り方 傾聴／共感／質問技法等 申し送りの必要な型
		読解力養成	読解テクニックを習得（介護教材は過去問題集など）
2年半〜3年	第3期	定　着	国家試験対策講座受講，過去問題・FB（フィードバック）
3年〜受験	第4期	総まとめ	国家試験模擬・FB
国家試験合格後	第5期	発　展	「書く」作業：介護記録／ヒヤリハット／利用者家族への手紙
			「聞く」作業：申し送り／問い合わせへの対応

出所：筆者作成。

役立つことがEPA候補者からのアンケート結果などから実証されているからである。また，専門用語としては前述したように「含嗽」「うがい」「くちゅくちゅぺー」のように，国家試験上，業務上，対利用者，対職員など，場面や状況による使い分けがある語彙を導入した。一方こちらは，その用法を重々理解させたうえでの導入を行わなければ誤解が生じる恐れがあることを特筆しておく。また，こういった同義語の例は，学習者にとってより多くの語彙習得の必要性から負担になるということよりは，むしろ実際の使用場面を見据えた指導として重要である。また，こういった表現は，介護記録だけでなく，申し送りの場面での活用もできる。それから「コミュニケーション」でも，実務に即した声かけや，介護の専門職としてのコミュニケーションの取り方として傾聴，共感，質問の技法などをあげた。丸山（2014）調査で，EPA候補者は日常業務の中で，職員や利用者とコミュニケーションをとることを難しいと感じていることが明らかになっているが，コミュニケーション技法を学習し，活用することで解決につながると考えられる。

（3）第2期　読解力養成・知識導入（施設着任1年〜2年半）

　この期では，より介護現場に即した，「介護のことば」の書き言葉を扱う。丸山（2014）で実施したアンケートによると，受入れ施設では記録や書類業務をEPA候補者が行うのは国家試験合格後からとするところも多く，まずは「見て（読んで）理解する」ことに重きを置いていることが分かる。しかし，ここまでの基本語彙・専門用語の理解から対応ができるとしても，いざ「書く」作業を行うとなると，大きな不安を抱え，負担を感じてしまうこともある。そのため，この段階より「『書く』ことを習慣づける」ことが効果的である。具体的には介護現場や試験問題でよく用いられる表現や文を提示し，1日1，2行程度の日記を書くことから始め，第3期から第4期にかけて記録を書くところまで練習ができるようにした。また，「利用者家族への手紙（報告）」も[4]，書き言葉に慣れておくことで不安の軽減が見込める。

　「日本の生活知識」では，日常のニュースを取り入れ，日本の社会情勢や

日々の話題などにふれ，国家試験対策や利用者との会話のきっかけとするものである。

「コミュニケーション」では，引き続き介護の専門職としてのコミュニケーションの取り方を取り上げ，一方で「申し送り」の基本的・定型的な型の学習と併せて必要な語彙・表現を学習し，日常の仕事に支障がないように意識づけをし，習得と活用を促す。そして，この期ではその後の国家試験問題を見据えて，読解力の強化に努めておく。過去問題集などを活用し，問題文を読み解くテクニックを習得する。

（4）第3期　定着（施設着任2年半から3年），第4期　総まとめ（施設着任3年から受験）

第3期は「定着期」，第4期は「総まとめ期」としているが，詳細は第1節で述べた通りである。

（5）第5期　発展（国家試験合格後）

国家試験に合格したところで，一人前の介護福祉士としての活躍を期待する一方で，日本語の観点からの支援を要することが考え得る2項目をあげた。「書く」作業の具体的には「介護記録」「ヒヤリハット」「利用者家族への手紙」などの記入業務について，国家試験合格後から始める例が多いことは前述したが，第二期から続けてきた「書く」作業により対応が可能となる。そして「聞く」作業である「申し送り」や「外部からの問い合わせ」への対応もここまでの学習内容より対応への負担は軽減されていることと考えるが，より円滑な業務に向け，支援をする場合も考えられる。

以上，各々段階を踏んで学習を進めることとで，全体的な日本語力が向上し，結果としてそれが国家試験合格率の上昇や継続就労にもつながると考えシラバスを作成した。

4　ストラテジーを促す日本語教育と国家試験問題での問題点

　ここまで，筆者が2008年よりEPA介護候補者に対する学習支援を続けるなかで得られた候補者たちの問題点・困難点や学習シラバスを提示した。そのなかでは，基礎語彙の導入から合格後のフォロー項目まであげてきたが，ここでは特に第1期から第3期にわたり行う「専門知識」の習得の困難さに対応すべく開発した「知識の導入から定着」のストラテジーを促す日本語教育を紹介する（表11.6）。

　まず，過程1と過程2で知識の「大枠を確認」をする。過程1「項目の理解①」で語彙の確認とともにテキストを読み理解をして，過程2「項目の整理①」でワークシート教材を使用して知識の整理を行う。このワークシートは教師が作成したもので，知識を整理するもの（図11.2参照）と，文脈から知識を確認する問題（図11.3参照）から構成されている。筆者らはこの2過程を予習として課し，既習語彙，現場での経験を想起しながら，テキストを読み，知識の整理をし，授業に臨むように構成した。これは自律学習の確立を図る目的も多大にあるが，一方で筆者らのように，学習試験時間が週1日と限られた時間のなかでの苦肉の策ともなった。学習時間がある程度確保できる場合には，適宜過程4だけを予習にするなどの対応も考えられる。

　過程3と過程4では「精読・理解」をする。筆者らの場合，授業は過程3「知識の確認」から始めた。まず，口頭にて項目についての問答を行い，理解度を確認する。この問答は，ワークシートをもとにしたものとし，その記入内容も同時に確認する。続けて，教師とともにテキストを精読し，過程4「知識の理解」を行う。この過程までで，知識の導入と理解は済んでいるのだが，定着に向けて，過程5で「産出活動」を取り入れた。ここでは，キーワード抽出作業や語彙マップ作成，要約作業といったタスクを取り入れ，さまざまな角度からの思考整理を試みた（図11.4参照）。

　この5つの過程では，得た知識に対する産出作業の繰り返しで，より強固た

表11.6　専門知識の定着ストラテジー

		過　程	内　容	
第1～2期	1	項目の理解①	語彙確認，テキスト読解	大枠の確認
	2	項目の整理	ワークシート記入	
	3	知識の確認①	口頭説明，ワークシート確認	精読・理解
	4	知識の理解②	教師とともにテキスト精読	
	5	知識の定着		産出活動
第3期	6	知識の確認②読解力養成	問題集で，知識の確認 ①ワークシート型問題集 ②一問一答式問題（○×問題） ③国家試験型問題集（選択肢問題） ④国家試験過去問題	

出所：筆者作成。

る定着へとつなげることができる。

　そして，定着期である第3期は，問題集などを活用し，知識の確認と国家試験への対応力を養う。過程6「知識の確認」では，さまざまな問題を解くことで，知識の再確認と，国家試験問題を読み解く読解力を養っていく。まず，ワークシート型問題集，一問一答式の問題（いわゆる○×問題）を使用して知識の想起を促すが，そこまでの過程を経れば，大きな問題なく進められることが多い。そしていよいよ，国家試験型問題集や国家試験過去問題を解いていくのであるが，この最終段階で躓き，正答率が上がらず点数に結び付かないことが多くあった。ただし，不正解であっても，フィードバックのなかでは十分な知識の定着が確認できるのである。それはなぜなのか。

　そこで，その原因について，練習問題の正答率と誤答について，解答のフィードバック内容より分析をしたところ，①日本語力の側面，②学習知識・職場経験による弊害，③主観的な意見の介入，④知識と文が合致しない例という4つの問題点があがった。

　まず，①「日本語能力の側面」とは，問題文や選択肢文のなかの語彙に躓き，正答が導けない例である。

　労働者本人は，労働者災害補償保険の保険料を支払わないが，雇用保険の保

6) 室内気候について答えなさい。

・室内気候には3つの要素がある。その3つの要素について説明しなさい。

[　　　] ⇒ ＿＿＿＿＿＿＿　　[　　　] ⇒ ＿＿＿＿＿＿＿

[　　　] ⇒ ＿＿＿＿＿＿＿

・冷房と外気温の差は?⇒ ＿＿＿＿＿＿＿＿＿

7) 居室はどんな配慮が必要ですか。4つ答えなさい。

＿＿＿＿＿＿＿＿＿　　　　　＿＿＿＿＿＿＿＿＿

＿＿＿＿＿＿＿＿＿　　　　　＿＿＿＿＿＿＿＿＿

図11.2　知識を整理する問題の例

出所：筆者作成。

安全で心地よい生活の場づくり

障害のある人の居住環境としては，[　　　　　]住宅を考える必要がある。[　　]事故への配慮，[　　　　]・風通し等への配慮，[　　　　]への対応，維持管理の容易さ，[　　][　　　　]を守りかつ他者とのコミュニケーションを図ることができる環境を整える。

居住環境を整備する際，一人ひとりの[　　　　　　]をよく考えることが大切である。これまでの生活習慣の尊重，疾病や障害が生じた場合のADLに適した環境づくり，[　　　　]生活，安全性の考慮，同居している[　　　　]にも配慮した環境をつくることが大切である。

居住（部屋）は，風通しや日当たりがよく，トイレにも近い場所がよい。[　　　　　]がないように，家族の団欒や食事に加わることができる場所がよい。照明は，全体照明と，手元照明，[　　　　]などの局部照明も必要である。暖房器具などの使用による一酸化炭素中毒やカビやダニ，（おむつ，入浴があまりできないなどの理由による）臭いを防ぐためには，[　　　　]が重要である。

図11.3　文脈で知識を確認する問題の例

出所：筆者作成。

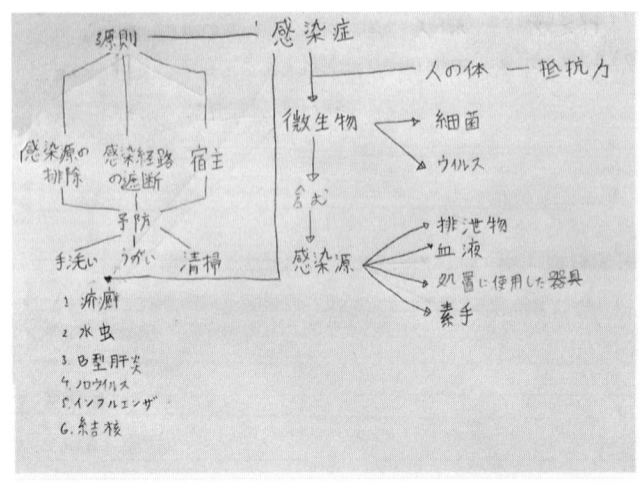

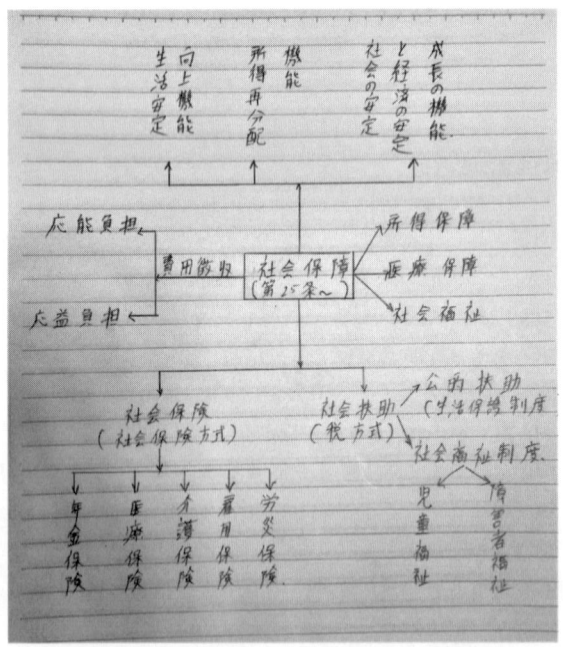

図11.4　「感染症」学習後の語彙マップ例

出所：EPA候補者作成。

険料は労使双方で負担する。

『スピードチェック！介護福祉士　一問一答　問題集　'18年度』成美堂出版

　EPA 候補者がこの問題で正答を選べなかったのは，「労使双方」の意味が理解できず，問題文全体の意味をつかむことができなかったことが理由であった。労働者と雇用主それぞれの，雇用保険の負担額について説明を求めると，「本人と職場で半分ずつ払う」と答えるものの，「労使双方」が「労使＝労働者と雇用主」，「双方＝両方」ということが分からなかったというものである。介護関連の語彙を学習し，専門知識を習得していても，試験問題で見受けられるこのような語彙が原因で不正解であった例が見られた。

　次に，②「学習知識・現場経験による弊害」には，知識が深く定着しているがゆえに，間違いを引き起こす例がある。

　第一号被保険者の保険料徴収は，年金からの天引きが原則となっており，これを「特別徴収」という。

『スピードチェック！介護福祉士　一問一答　問題集　'18年度』成美堂出版

　この問題の軸となる保険料の徴収方法には，「特別徴収」と「普通徴収」があるが，EPA 候補者はこの問題文の内容は正しいことは理解していながらも，「普通徴収について書いていないから，説明が完璧ではないと思った」と説明している。知識の定着段階にあたっては，「保険料の徴収方法は 2 種類あり，普通徴収と特別徴収がある」と繰り返し確認していたこともあり，EPA 候補者たちがこの文の内容を間違っていると考えたことが分かったのである。

　こういった例に対しては，「文章の内容が正しいかどうかで判断をする」という意識を徹底指導した。

　また，現場経験の例としては，日々の業務や特定の利用者に合わせて身に付けた介護技術を，解答に転用してしまう例である。正答を導き出す知識は持っていても，いざ問題を前にすると迷いが生じてしまうようであった。

　そして，③「主観的な意見の介入」は，EPA 候補者たちの介護福祉士とし
ての心得の弊害・共感意識の高さが影響し誤答を選んでしまう例である。

　O さん（78歳男性）は歩けるうちはトイレで排泄したいという希望を持って
いる。現在は自力で排泄しているが，最近はトイレに間に合わずズボンを汚す
ことが多くなってきた。そのためか，「俺はもうだめだ」と落ち込むことが多
い。O さんの介護過程の展開に関する次の記述のうち，適切なものを一つ選
びなさい。

（中略）

　2．排泄動作・状況を把握する。

　3．ダメではありませんよ，と励ます。

　4．その都度ズボンを取り換えれば大丈夫ですよ，と伝える。

『2017年版　U-CAN の介護福祉士　テーマ別過去＆予想問題集』　U-CAN

　この問題は排泄の失敗が起きることに気を落とす利用者への対応を問うもの
だが，正答は「2．排泄動作・状況を把握する」で利用者の現状を把握するこ
とである。しかし，EPA 候補者の一人は「3．ダメではありませんよ，と励
ます」を選び，もう1人は「4．その都度ズボンを取り換えれば大丈夫ですよ，
と伝える」を選んだ。その理由を問うと，「落ち込んでいる利用者を励まして
あげるのが大切だと思った」とのことであった。彼らの持つ職業意識から選ん
だ解答であるのだが，国家試験上の正答とされる解答を導く意識を持つ必要を
感じる例である。

　最後に，④「知識と文が合致しない例」がある。これは，知識があるにも関
わらず，文章のなかで説明されていることで適当な選択肢が選べないという例
である（図11.5）。

　2例とも，2005年（平成17年）の介護保険法の改正についての問題である。
この項目においては「地域包括支援センター」が設置されるようになったこと
がもっとも大きな改正であり，授業では「2005年の介護保険法の改正＝地域包

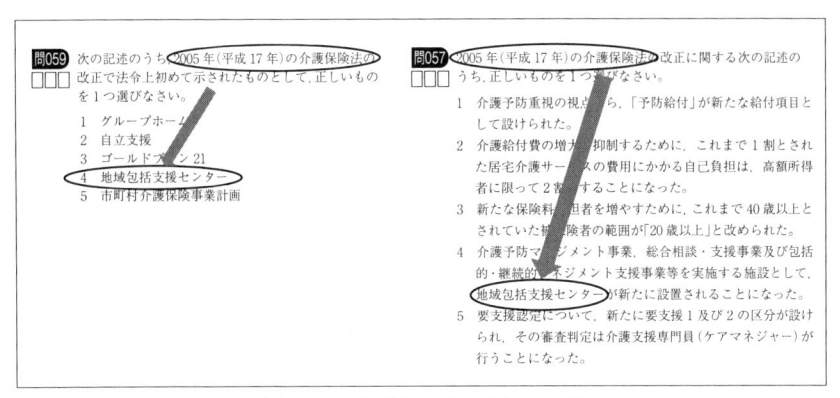

図11.5　知識と文が合致しない例

出所：『本試験型介護福祉士頻出500題徹底演習』新星出版社。

括支援センター」と組み合わせて学習しているため，左の問059については即座に正答を選べている。しかし，問057のように，文章のなかで説明がされると難解な文に惑わされ，正答を選べなくなるのである。

5　ストラテジーを促す日本語教育に 必要な項目と介護業界との協働

　ここまで，筆者らが実際に学習支援に携わるなかで得た経験やEPA候補者，その支援者らの話より，EPA介護候補者に対する日本語教育の視点からの支援について具体例を添えて紹介し，そこに含まれる問題や課題は，「介護のことば」「専門知識」「日本の生活知識」「コミュニケーション」の4領域にあることがわかった。そして，その4つの視点から考慮すると重複する項目が多いことも分かった。4分野にまたがる中心（重複）部分に相当するものは，より充実を図る必要性が高く優先順位の高いものであるととらえ，施設着任前（来日前）からの専門的観点からの学習を本章で提案した。ことEPA候補者にとっては，生活面，学習面，就労面における重要項目と，その導入時期を見極めての支援をつねに念頭に置かなければならない。彼らにとっては，どの部分での躓きも，大きな苦労や負担になるからである。そして，施設着任後（来日

以降）には，介護現場で直面する数々の業務へ対応する支援をする。特に第1期にもっとも重きを置くべきは「介護のことば」である。EPA候補者とその指導者らの両者が困難を感じているところで，第3節であげた就労面における困難点として，話しことばと書きことばの使い分けや場面による語彙の使い分けなど，ことばに関する項目が多くを占めていることからも示される。ことばの壁を越えることがでれば，その後の学習を続けるにも，負担も少なく進めることができる。

　最後に，EPA候補者にとって，指導者や教師は非常に大きな役割を占める存在である。「日本語教育ストラテジー」と言っても，この構築には介護関係者の協力なしには成立しえない。介護の現場でみられるチームアプローチ（多職種連携）と正に合致するもので，介護の専門家と日本語教師がお互いを尊重し協働していくべきである。介護の専門家は就労現場での指導と専門知識面での強化，日本語教師は語学と学習法の確立に向けた支援，といった側面からサポートをしていくことがなにより重要だと考えられる。

　今後，介護業界，日本語教育業界の双方が連携をとり，協働で支援体制を練って，役割分担，棲み分けをしっかりとったうえで，我々日本語教師は「日本語教育の立場で何ができるのか」を模索し，よりよい教育ストラテジーを構築・確立していくことが大切である。

注

1) カトレアンホームでは，EPA候補者に受入れにあたり，主に業務，学習に対し中心となって対応する職員を配置している。業務においては自らもEPA候補者への指導と他の職員との調整を行い，学習面では外部講師との調整や国家試験受験に向けての学習支援も行っている。

2) 現介護職員初任者。2012年度に「ホームヘルパー2級」「ホームヘルパー1級」「介護職員基礎研修」が廃止され，介護福祉士を目指す人が目標を明確にできるよう「介護初任者研修」と「介護職員実務者研修」という2つの資格が生まれた。

3) 小川（2009），上野（2012）では，EPA候補者が困難だと感じる項目について「介護技術の習得」よりも「介護の専門日本語」に関する多くの回答があったとされている。

４）メジントロ（2014）が大きな不安を持ちつつ書いていると述べている。

参考文献

上野美香（2012）「EPA によるインドネシア人介護福祉士候補者の受け入れ現場の現状と求められる日本語教育支援―候補者と日本語教師への支援を目指して―」『広島大学国際協力研究誌』第18巻第 3 号，123-136.

小川玲子（2009）「経済連携協定によるインドネシア人介護福祉士候補者の受け入れについて―介護施設における量的質的調査を中心に―」『都市政策研究』第 8 号，65-77.

神村初美・三橋麻子（2015）「EPA 介護福祉士候補者に対するシラバス作成―『どこから，なにを，どのように』の視点から捉えた成果と課題―」『第17回専門日本語教育学会研究討論会誌』14-15.

剣持敬太（2014）「外国人介護福祉士候補者受け入れ事業について―ベトナム人候補者受け入れ開始の今，再考―」『日本語教育学会2014春季大会予稿集』65-77.

『スピードチェック』介護福祉士　一問一答　問題集　'18年度』成美堂出版.

チュウ太プロジェクトチーム（2011）「介護福祉士国家試験に出る単語（副教材）「kaigo 漢字」ver. 1 〈http://chuta.jp/Archive/808_kaigo_kanji_20110820.pdf〉（2019年10月15日）.

野村愛・川村よし子・斉木美紀・金庭久美子（2011）「単語難易度と出題頻度に配慮した介護福祉士候補生のための語彙リスト作成」『日本語教育方法研究会誌』第18巻第 2 号，12-13.

登里民子・永井涼子（2011）「介護福祉士候補者を対象とする『申し送り』聞き取り授業の実践報告」『国際交流基金日本語教育紀要』第 7 号，85-101.

国際厚生事業団「平成22年度外国人介護福祉士候補者受け入れ施設巡回訪問実施結果について」〈https://jicwels.or.jp/files/E5B9B3E68890EFBC92EFBC92E5B9B4E5BAA6E5A496E59BBDE4_2.pdf〉（2019年10月19日）.

『本試験型介護福祉士頻出500題徹底演習』新星出版社.

丸山真貴子（2014）「日本語教育としてすべきもの―受け入れ施設・合格者の声を受けて―」『日本語教育学会2014春季大会予稿集』78-81.

丸山真貴子・三橋麻子（2013）「外国人介護福祉士にとっての次なる課題―アンケート・インタビュー調査結果からの教材作成の試みと学習法―」『日本語教育学会2013春季大会予稿集』257-262.

メジントロ・ラゼス（2014）「外国人介護福祉士として働いて」『日本語教育学会2014春季大会予稿集』74-76.

ユーキャン介護福祉士試験研究会『2017年版　U-CAN の介護福祉士　テーマ別過去&予想問題集』U-CAN.

第12章
介護施設における日本語教育での日本語教師の役割
―――インドネシア EPA 候補者に対する学習支援を通して―――

斉木美紀

1 EPA 候補者に対する日本語教育の現状

　日本は，EPA を締結したことにより，2008年にインドネシア，また翌2009年にはフィリピンから，EPA 候補者の受入れを実施してきている。また2014年からはベトナムとの協定に基づき，受入れも開始され，この3国からの受入れ候補者数は，2018年8月現在5,600人[1]を超える。

　来日する EPA 介護候補者は，出身国により受入れ要件が異なり，インドネシアとフィリピンはマッチング後に母国で訪日前研修を6か月間受け，入国後さらに6か月間の訪日後研修を受けることになっているのに対し，ベトナムは訪日前に12か月の日本語研修を受け，日本語能力試験 N3を取得後にマッチングが行われ，入国後は2か月半の日本語研修等を受けることになっている（図12.1参照）。

　インドネシア，フィリピン，ベトナムの EPA 介護候補者たちは，それぞれ定められた教育機関において訪日後研修を受けた後，契約施設に赴き，就労しながら3年後の介護福祉士国家試験の準備をすることになっている。

　就労後の学習支援に関しては，EPA 候補者受入れ斡旋機関である JICWELS による通信添削および試験が継続的に行われているが，その他の学習支援に関しては施設の方針にゆだねられている。たとえば東京都や神奈川県などは委託された教育機関等が集合研修を行っており，状況に応じて EPA 候補者たちを通わせている施設もあるが，一方で，地理的に集合研修に参加することが難し

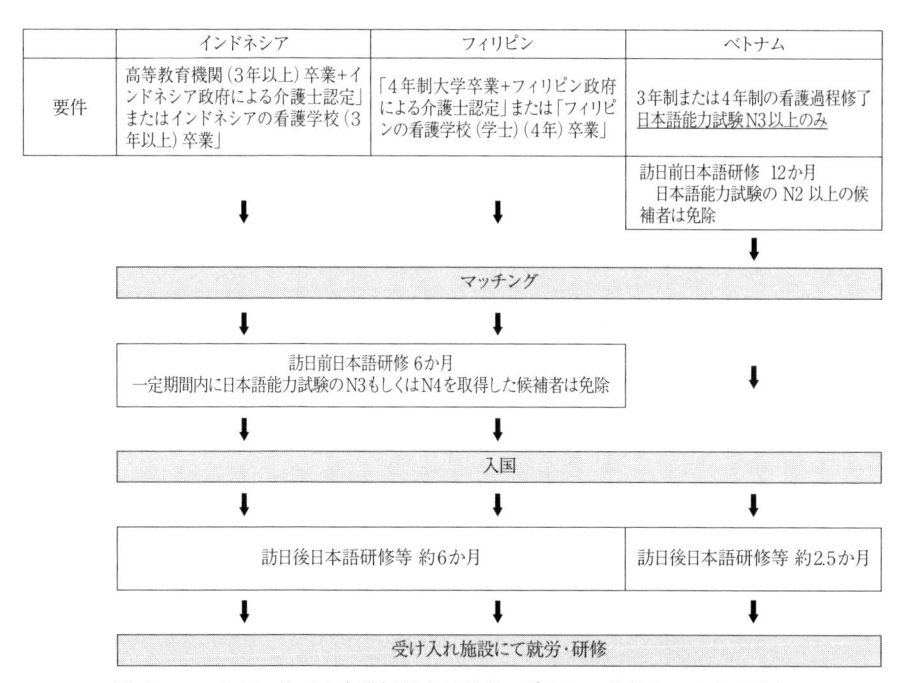

図12.1　EPA に基づく介護福祉士候補者の受入れの枠組み，および流れ
出所：厚生労働省「経済連携協定に基づく受入れの枠組み」〈http://www.mhlw.go.jp/file/04-Houdouhappyou-12
004000-Shakaiengokyoku-Shakai-Fukushikibanka/0000157137.pdf〉（2019年10月19日）より筆者作成。

い場合は，近隣の日本語教師などに日本語支援を依頼している施設もある。本
章における等々力での支援活動もその一部にあたる。

2　受入れ施設における日本語教育支援体制

　本章では，特別養護老人ホーム「等々力の家」（以下，等々力の家）でのイン
ドネシア EPA 介護候補者5名に対して行った日本語支援について報告する。
　等々力の家は，東京都世田谷区にある社会福祉法人「奉優会」の1施設であ
る。社会福祉法人奉優会は，1999年に設立され，東京，横浜，川崎を中心に70
か所以上で特別養護老人ホーム，デイサービス，グループホーム等あらゆる分

野での介護事業を運営している。2013年にこの法人の特別養護老人ホーム「白金の森」がEPA候補者を受入れて以降，都内の各施設でEPA候補者受入れを実施しており，この流れから等々力の家は，2015年12月にインドネシアEPA候補者第8期生のうち5名を受け入れた。翌年には4名，翌々年には5名と3年連続して受入れを行い，現在14名のインドネシア人のEPA候補者が同施設で就労している。

　同施設の日本語支援体制としては，首都大学東京における集合研修に加え，AOTSが自主事業で行っている日本語講師派遣による授業を，2016年より併行し，受講させることになった。筆者はこのAOTSが自主事業で行っている日本語講師派遣による日本語教師という位置づけである。

　本節は，2015年6月に来日し，12月より就労を開始した5名のEPA候補者に対し，筆者が関わった2016年1月から2017年12月までの施設における日本語支援についての報告である。以下で，実践概要を述べる。

（1）受入れ体制

　等々力の家のEPA候補者受入れ担当者は，介護福祉士の資格を持つ男性1名，管理栄養士と日本語教師の資格を持つ女性1名の計2名の施設職員である。日本語支援を開始するにあたり，この2名の担当者，AOTS担当者，日本語教師である筆者の4名で，施設側のニーズをもとに学習支援内容・方針などについて協議した。その後も日本語支援期間を通し，必要に応じて意見交換を重ねた。

（2）対象者

　本報告の日本語支援の対象者は，2015年に来日したインドネシア人EPA候補者5名（表12.1）である。来日後，6か月間の訪日後研修を修了後，受入れ施設である等々力の家に着任した。EPA候補者は全員，看護大学を卒業し，病院勤務の経験を持っている。

　生活日本語は，概ね日本語能力試験のN3レベル相当であるが，5名の日本

表12.1　2016年1月時点の候補者情報

		研修開始時点の 日本語レベル	JLPT
候補者A	男	N3下位相当レベル	N3合格
候補者B	女	N3上位相当レベル	
候補者C	男	N3相当レベル	
候補者D	女	N3下位相当レベル	
候補者E	女	N3下位相当レベル	

出所：著者作成。

語能力には顕著な差があり，また1人ずつの「読む」「書く」「聞く」「話す」4技能にも，かなりのばらつきが見られた。たとえば，開始当初の口頭能力チェックにおいて，暗記している定型文は発話できても質問によっては単語での回答になってしまうレベル，「家族について」「趣味について」「インドネシアの町の説明」など十八番の話題については流暢に話せても話題が変わると発話力が落ちてしまうレベル，抽象的な話題について自分の意見をまとめて話すことができるレベルなどのレベル差が見られた。そのため，2016年1月開始当初は，上位クラス2名と下位クラス3名の2グループに分けて同時間帯に授業を行ったが，その後はEPA候補者の日本語能力と業務上のシフトに応じ，随時クラス替えを行った。

（3）シラバスと授業の方法

　学習支援開始時の施設側のニーズは，日本人職員，および利用者との意思疎通がとれるようになることであったため，生活日本語および専門日本語においてコミュニケーション能力を伸ばすことを最優先とし，シラバスを作成した。

　学習支援のために使用した教材は，専門日本語を学習するために『場面から学ぶ介護の日本語』『やさしい日本語とイラストでわかる介護のしごと』などの市販教材と，施設の生教材（食札，個別ケアマニュアル，アセスメントシート），JICWELSからの配本（テキスト）を使用した。施設の生教材については，施設のEPA担当者に依頼し，利用者が特定されないよう個人情報に配慮した教材

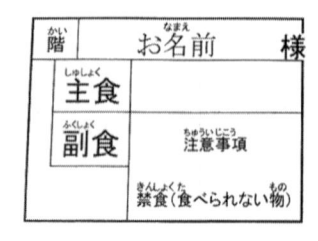

食札の読み方　　　　　　　　　　　　　2015.12.30〜

主食は4種類　・常食 ＝ お米のご飯
　　　　　　　・やわらかご飯（常食よりやわらかいご飯）
　　　　　　　・かゆ（お粥）
　　　　　　　・粥ミキサー（お粥のミキサー食）
　　　　　　　※他におにぎりとパンがあります

副食は5種類　・常菜＝そのままの大きさ
　　　　　　　・一口大＝一口で食べられる大きさ
　　　　　　　・きざみ
　　　　　　　・極刻み（小さめのきざみ）
　　　　　　　・ミキサー
　　※他に、粗刻み（大きめのきざみ）とソフトがあります

図12.2　食札（左）と食札のついての説明（右）

出所：等々力の家。

が作成された（図12.2参照）。

　また，生活日本語を学習するためには，市販の読解教材や音声教材を使用した。これらについては，地域社会で生活するうえで EPA 候補者たちが知っておくべき情報，日本文化や習慣が学習できるよう，季節に合わせたテーマを取り上げ，EPA 候補者たちが興味を持って学習できるよう配慮しながら筆者が作成した。これらの教材を組み合わせ，クラスのレベルに対応させながらディスカッションや発表などの活動も取り入れ学習支援を進めた。

　EPA 候補者たちは，これまでインドネシア語の辞書を使用していたが，インドネシア語の指す意味がまれに日本語の正しい意味とは異なることがあったため，『チャレンジ小学国語辞典　カラー版　コンパクト版』（Benesse, 2017）を購入してもらった。この辞典は，介護の専門語彙は含まれていないが35,100語が収録されており，日本語の説明には全文にルビが振られていることから，言葉の意味を日本語で理解する練習には，ふりがなのない電子辞書より役に立

つと思われた。また，カラー写真や絵が掲載されているため，たとえば施設の献立表にある「インゲン」がどのような野菜なのかを容易に知ることができ，自律学習にも役立つと思われたからである。

　また，授業外の課題として，「毎日の発見」という書く練習を課した。これは自分の行動や考えを書きとめる日記とは異なり，毎日の生活で気づいたことを書く課題である。目的は，書く練習に加え，日常生活のなかでの小さな発見を意識することで，介護場面における利用者の小さな変化にも気づけるようにすることである。生活場面においても就労場面においても周囲の「変化」に気づけるようになれば，利用者や日本人職員との話題が増え，コミュニケーション能力の一助にもなると考えたからである。

　総合的な日本語能力評価については，毎週，既習漢字語彙の読みテストを行い，ひらがな表記が正確に覚えられているかを測った。等々力の家での介護記録はパソコンを使用するため，漢字を書く必要はないものの，ひらがな入力が正しくできなければ正確な変換ができないからである。また一定期間ごとに口頭能力チェックを行った。

3　受入れ施設における日本語教育支援に見られる問題点

　本節では，日本語の学習支援の実践とその時期のEPA介護候補者の学習姿勢，および問題点についてふれる。また日本語教師の視点だけではなくEPA候補者たちのコメントも合わせ報告する。なお，報告を第1期から第5期に分けているが，クラス替えの時期を基準にしているため報告期間が均一にはなっていない。

（1）学習支援経過
①第1期（就労0年1か月から0年4か月）
　5名のEPA候補者たちは，訪日後研修を受けた中部地方を離れ，東京での生活を開始した。そこで，新たに移り住んだ地域についての情報と同時に季節

の話題である節分やひな祭りなどの行事，花粉症などの病気についても知識を深めてもらった。また，就労直後の介護業務で求められる食札の語彙や個別ケアマニュアルの内容を取り上げた。筆者が目にしたことがない介護分野の専門用語に関しては，施設のEPA候補者担当者に確認しながら進める必要があった。当時のEPA候補者たちからは「頑張っている。働いていて気持ちがいい」，「社会人生活をし始めて緊張していた」と就労への期待が感じられる一方で「（介護の仕事が初めてで）自信がないから気持ちがさがった」という声もあり，さまざまな思いを抱いていたようである。実際の介護場面では日本人介護職員が使用している「つぶつぶ」「どろどろ」「ごくん」「くちゅくちゅぺ」などのオノマトペの聴き取りはできていたが，その場で日本人介護職員に意味を尋ねることができず，メモしておいたことを授業中に質問する場面が見られた。

　この期間の学習支援では，6か月の訪日後研修で学んだ介護現場での声かけの復習をしながら，施設で使用される専門用語を覚えてもらった。またこの時期の節分やひな祭りといった行事を理解するため，日本文化に関する読解文を読み進めた。

②第2期（就労0年5か月から1年1か月）

　法人の新人研修終了後，業務上のシフトの都合によりクラス替えを行った。介護業務については夜勤を担当するようになったり，リーダーを任されたりなど新業務が加わったことで，業務の流れがより明確に把握でき，日本人職員からの申し送りも徐々に理解できるようになってきてはいた。一方，業務上の間違いを大声で注意されて落ち込んだり，相談したくても誰に相談すればいいか分からず悩んだりする様子が見られた。施設内には認知症の利用者が多く，訪日後研修でせっかく覚えた声かけを使う機会がないことを残念に思う声も聞かれた。またJICWELSの試験やJLPTが気になりつつも，帰宅後は疲労で身体が動かないと焦燥感を訴えてくることもあった。

　そこで，EPA候補者たちの気持ちを汲み取り，シラバスにはなかったJLPTを授業で扱うことにした。その結果，身近な学習目標ができたことで学習意欲に変化が見られた。3年先の介護福祉士国家試験に合格することが最終

目標であるが，手前に達成可能な小目標を設けることが刺激になったと思われる。

　学習開始時はコミュニケーション能力を重視した先行シラバスでスタートした学習支援であったが，コース途中からは業務内容や，EPA候補者のニーズの変化に合わせた後行シラバスへと変更することにした。

　後行シラバスには，EPA介護候補者たちの学習意欲に合わせた内容が決められるというメリットがあると考えたからである。

　この期間の学習支援は，テキストを使用した声かけ練習よりも，実際に行っている申し送りの再現や書かれている記録を話し言葉に直す練習を中心に行った。またEPA候補者のニーズからJLPTの問題にも取り組んだ結果，この間の2回のJLPTで，2名のEPA候補者がJLPT N2に合格した。

　就労しながら自分でJLPTの勉強をすることは身体的にも精神的にも容易ではなかったと思われるが，N2に合格したことで自信が持てたのか，業務にも学習にも積極的に取り組む姿が見られるようになった。

③第3期（就労1年2か月から1年4か月）

　就労2年目に入り，施設の介護記録の読み書き，および申し送りは業務に差し支えない程度にできるようになり，ケース記録や個別ケアマニュアルの書き言葉と，声かけや申し送りの話し言葉との使い分けができるようになった。また，介護の専門書への導入として『やさしい日本語とイラストでわかる介護のしごと』を読み始めた。介護知識が初級レベルの日本語で説明されており，「つまずく」「湯冷め」「のぼせる」「しゃがむ」など日常生活で使われる語彙を学ぶよい機会となった。さらに介護に関わるニュースや一般的な記事を取り上げ，知識を学ぶことに加え自分の意見を述べる練習を行った。その結果，個人差はあるものの，ニュースなど抽象的なことについて自分の意見がまとめられるようになった。

　この期間の学習支援では，介護場面での日本語運用に加え，介護の専門知識を習得するための足がかりを築くことができた。引き続きJLPTの問題にも取り組んだ。

④第4期（就労1年5か月から1年6か月）

　就労開始以降，定期的に JICWELS の学習支援を受けているが，EPA 候補者たちから「テキストの内容が難しい」「自分で勉強しても分からない」「試験結果が悪くてつらい」という声があがった。施設における学習支援の当初の主な目標は，コミュニケーション能力をつけることであり，国家試験対策関連の学習は含まれていなかったが，EPA 候補者たちの学習意欲を失わせないために筆者の日本語支援の授業で国家試験対策の学習も扱うことにした。

　この期間の学習支援は，国家試験に頻出する介護の専門用語を学習することを目標に据え，JICWELS のテキストの内容を自分の言葉で言い換えることを繰り返しながら進めた。

⑤第5期（就労1年7か月から2年）

　この時期までに日本語能力レベルの差が顕著にあらわれてきていたこと，国家試験対策のための専門日本語の学習が加わったことにより，再度レベル別のクラス替えを行った。この時期に入り JLPT の N2合格者，および相当レベルの EPA 候補者には国家試験に対する意識に変化があらわれてきた。インドネシア語を併記しテキストの内容を確認しながら読み進める者，問題を繰り返し解くことで理解を深める者などがでてきたことである。それぞれ自分に合った学習方法を身につけ，自律学習が定着していたのである。一方，前年度に体調不良で長期欠勤をした EPA 候補者は，授業にも欠席することが多く日本語力が低迷し，学習意欲にも大きく影響した。そのため，この EPA 候補者に対しては初級文法の復習を行いながら自律学習を定着させる支援を行った。この期間の学習支援では，引き続き自律学習の定着を視野に入れ，介護の専門知識を深めることに加え日常生活におけるニュースを取り上げ，「読む力」「聞く力」を高めるだけでなくニュースについて自分の意見を述べるという「話す力」を伸ばすことも目指した。

（2）学習支援における問題の所在

　学習支援経過から分かるように，施設における学習支援は，教育機関におけ

る集団研修とは異なり，日本語を教えることに加え，EPA 候補者たちの学習意欲をいかに維持し続けられるかが大きな課題になった。1 日の業務を終了した後，帰宅してから日本語の自律学習を 3 年間継続するためには，EPA 候補者たちの学習意欲を下げないことが不可欠である。そこで，毎日の生活実態と学習意欲の関係を調べるため，筆者は，2017年12月（就労 2 年時点）に，EPA 候補者 5 名全員にアンケート調査を行い，日常の日本語学習についての自由記述の質問に加え，時間経過に沿って過去 2 年間の個人的なできごと，仕事関連のできごと，日本語学習への取り組み，その際の感情曲線を描いてもらった。そこから，2 年間の学習態度，および感情曲線から読みとれる EPA 候補者の学習意欲を左右するものとして，身体的要因と心理的要因の 2 大要因が見えてきた。

①学習意欲に関わる身体的要因

就労直後の 2 月，3 月は冬の気候に順応できず，つらく感じていたり，業務に伴う体調不良によりストレスを増長させたりしていると，EPA 候補者たちが授業中話していたが，それがアンケートにもあらわれていた。夜勤明けや遅番で疲れているときなどは学習に取り組むことができず，生活のリズムを整えることで 1 日が過ぎてしまうとも書かれていた。また，体調を崩し，入院治療とリハビリで仕事に完全復帰できるまで 4 か月以上かかった EPA 候補者は，この時期は仕事ができない不安が募り，学習意欲がなくなったと記述している。これらの記述から身体的要因が，就労だけではなく学習にも大きな影響を与えていたことが見て取れる。一方，疾病やけがによる体調不良以外の日常業務による疲れなどが，学習意欲に及ぼす影響はあまり見られなかった。EPA 候補者たちは勤務体制に徐々に慣れるにつれ，体調に合わせ学習量や学習内容を自分自身で調整して対応したり，座学ができない場合でもテレビを欠かさず見るようにして日本語の聴き取り練習をしたりするなどの工夫を行っていたことが分かった。これは EPA 候補者たちが日本語学習において自分が学習に費やせる時間，習得すべき内容や課題が見極められてきているため，自分に合った学習方法，学習リソースが自己選択できるようになったためであると考えられる。

②学習意欲に関わる心理的要因

　心理的要因の主なものとしては，家族の問題や職場での人間関係の問題などがあることが分かった。

　詳しくは母国に居る家族の介護ができない状態にありながら，日本で介護の仕事をする意義が感じられなくなった例，ほかの施設に就労している同期の候補者が帰国したことを聞きホームシックに陥ってしまった例などがあげられた。このことは，授業中に集中力が激減したことや発言をしなくなったこと，課題を提出しないことなどにあらわれていた。

　また，業務に関わる人間関係も，帰宅後の学習意欲を左右する要因になっていたことが分かった。たとえば，日本人職員に業務上の注意をうけたり，間違いを指摘されたりすることなどが，意欲の低下につながっていた。また逆に小さなことでもリーダーに褒められると意欲が増すなど，学習意欲の変化の要因となっていた。EPA 候補者はミスについて反省しつつも，注意される際の日本語の使い方や語気にストレスを感じたとアンケートに記述している。また，日本人の発話意図を尋ねたくとも，日本語力が足りないために，我慢することで終わらせる，嫌なことを忘れる努力をするなどの解決法を選択している様子も記していた。

　このような心理的要因については，EPA 候補者と話し合う時間を取らない限り表面化されるものではないため，学習意欲の低下が見られた際にはその原因をゆっくり聞き出すことが必要であり，対応にも気をつける必要がある。

　以上のことから，EPA 候補者は身体的・心理的要因により学習意欲が左右されやすいと分かった。このことから学習意欲を維持させながら支援を行うことはもっとも重要な課題であると言える。

4　就労後の学習支援における日本語教師の役割

　本節では，この 2 年間の日本語支援を通して見えてきた就労後の日本語支援における日本語教師の役割について述べる。

（1）日本語教師の役割

　これまで述べてきたことから，施設就労後のEPA候補者への学習支援をする際に日本語教師には3つの役割があると考える。

　第1に，根本的なことであるが日本語を教えるという学習支援をすること，第2に，3年後の国家試験の受験まで学習意欲および就労意欲を維持すること，第3に，EPA候補者を取り巻く学習環境と就労環境を整えられるよう多職種と連携をとることである。

①日本語学習支援

　施設に就労してからの日本語支援は，訪日後研修とはまったく異なることを十分理解する必要がある。まず，前者の訪日後研修におけるEPA候補者の第一義的目標は日本語学習である。日本語教師は，クラスに在籍するさまざまな施設に就労予定の多数のEPA候補者に対して，総合的な日本語力をつけることを考えなければならない。ここではクラス内の標準的なレベルに合わせ，コースデザイン，シラバス，教材などを確定する必要がある。

　一方，施設就労後のEPA候補者の第一義的目標は介護業務である。日本語能力に関係なく，日本人職員と対等の業務をすることが求められる。したがって，日本語レベルを問わず，業務が達成できるか否かが重要視されるため，業務達成できるような日本語支援を考えなければならない。日本語教師には，すべてのEPA候補者が「今，ここ」で何ができ，何ができないのか，業務を達成するには何が足りないのかを見極め，それぞれの対処法や改善策を考えることが求められる。日本語能力に差があってもゴールは1つであるため，どのように溝を埋めればよいのかを見極めることが不可欠となるのである。このような状況下での日本語支援は，先行シラバスよりも後行シラバスを用い，日本語教師はEPA候補者一人ひとりに合わせた学習方法を選択し，必要に応じあらゆるリソースを利用しながら柔軟に対応する姿勢が求められると考える。

②学習意欲の維持

　前述のように，施設就労後の第一義的目標は介護業務の達成であるが，日本語学習も継続しなければ国家試験への準備はできない。日本語教師は日本語を

教えることだけではなく，授業を通して EPA 候補者たちを取り巻く環境を把握し学習意欲を維持させることが大切である。日本語教師は EPA 候補者の日本語学習が進まない場合，原因がどこにあるのかを注意深く観察し，また必要があれば EPA 候補者に尋ねるなど，改善策を一緒に考えて行く必要がある。学習が手につかない原因を明確に見極めることは容易ではないが，就労意欲を失くしている場合には，日本語学習では介護から離れた話題に切り替えるなどの配慮が必要だと思われる。また，自分の悩みについても「やる気が出ない」「モチベーションが下がった」「勉強が難しすぎて分からない」といった単文レベルの表現にとどまり，詳細説明にまで至らず事情が伝わりにくいことが多い。日本語教師は，候補者の内面的な問題をカウンセラーのように処理する必要はないが，EPA 候補者が自分の気持ちや意見を日本語で的確に表出できるよう発話を促し，学習意欲の維持に努めることが求められる。

③多職種との連携

　介護場面における日本語学習では，生活日本語に加え介護の専門用語の学習が必須であるが，日本語教師は必ずしも専門日本語である介護分野の知識に習熟しているわけではない。そのため折にふれ施設内の見学や介護用語の使い方等について教示を仰ぐ必要がある。また，業務に携わる際，候補者たちの現場での日本語能力について情報を得ることも不可欠である。

　筆者が関わった等々力の家においては，EPA 候補者担当者と可能な限り対面での情報交換を行ってきた。それにより授業からでは判断しにくい EPA 候補者たちの日本語の適性が見えてくることもあった。また介護記録で使用される語彙や表現など，理解しにくい現場特有の日本語表現についても確認できたことは非常に有益であった。

　このように施設における学習支援では，他業種の日本人職員と連携し，そこから得られる情報を最大限に利用することが，EPA 候補者の日本語力を伸ばすために有効に作用すると言える。

（2）今後の課題

　これまで述べてきたように，就労後の EPA 候補者に対する日本語支援の在り方は，訪日前研修や訪日後研修のような集団研修とは性質を異にしている。日本語習得を第一義的目標においている教室環境での日本語教師の役割は，多数の EPA 候補者に対し日本語を教えることであるが，就労しながら国家試験を目指す学習支援における役割は，日本語力に違いのある候補者を国家試験という同じ 1 つのゴールに到達できるようにすることである。単に日本語を教えることだけにとどまらず，学習意欲の維持も重要な課題である。そのためには職場の職員と連携を図ることも必要だと言える。

　今回の報告は，日本語支援の側面からの実践報告であり，介護分野の側面からの支援についての報告は含まれていない。最終ゴールである介護福祉士国家試験合格のために，日本語分野と介護の専門分野がどのように連携すれば，効率的な学習支援が行われるかを考えることが今後の課題と言えよう。

　EPA 候補者に対する日本語授業に関して，日本語教師から「介護はしたことがないから教えられない」「専門用語が難しくて理解できない」といった声がよく聞かれる。今後，EPA 候補者たちへの日本語支援という新たな職域を考えるとき，介護職の経験の有無を問題視する前に，これまで述べてきたような日本語教師の役割を理解し，1 人ひとりの候補者に向き合うことが求められると考える。

注

1 ）厚生労働省「インドネシア，フィリピン及びベトナムからの外国人看護士・介護福祉士候補者の受入れについて」〈http://www.mhlw.go.jp/stf/seisakunitsuite/bunya/koyou_roudou/koyou/gaikokujin/other22/index.html〉（2019年10月19日），「インドネシア人看護師・介護福祉士候補者の受入れについて」〈http://www.mhlw.go.jp/stf/seisakunitsuite/bunya/0000025091.html〉（2019 年 10 月 19 日），「フィリピン人看護師・介護福祉士候補者の受入れについて」〈http://www.mhlw.go.jp/stf/seisakunitsuite/bunya/0000025247.html〉（2019年10月19日）。

参考文献

財団法人海外技術者研修協会（編）（2010）『場面から学ぶ介護の日本語』凡人社.

堀永乃（編）（2015）『やさしい日本語とイラストでわかる介護のしごと』日本医療企画.

財団法人海外技術者研修協会（編著）（2000）『新日本語の中級』スリーエーネットワーク.

小林明子・福田倫子・向山洋子・鈴木信子（2018）『日本語教育に役立つ心理学入門』くろしお出版.

田中望（1998）『日本語教育の方法—コース・デザインの実際—』大修館書店.

野村愛・川村よし子・斉木美紀・金庭久美子（2011）「単語難易度と出題頻度に配慮した介護福祉士候補生のための語彙リスト作成」『日本語教育方法研究会誌』第18巻第1号, 12-13.

野村愛（2014）「就労開始2年目のEPA介護福祉士候補者を対象とした学習支援の事例」『専門日本語教育研究』第16巻, 79-84.

野村愛（2015）「就労3年目のフィリピン人介護福祉士候補者に対する学習支援—介護福祉士国家試験合格までの過程—」『東京外大東南アジア学』第20巻, 10-27.

第13章
介護施設での介護の専門家による日本語教育
——介護現場を中心とした日本語指導とその成果——

植村康生

2017年度から介護業界における海外人材の動向が非常に大きく変化している。9月には前年に改正された入管法により「介護」が在留資格として施行。そして11月には介護業務で技能実習生が来日できるようになった。EPA 介護候補者（以下，EPA 候補者）の受入れが始まった2008年から数えて10年後の2018年にEPA の第1期候補者が永住権を獲得できることになったのである。このような外国人介護人材に関する社会情勢はさらに動きが大きいものとなっていくだろう。

介護現場における海外人材受入れの嚆矢となった EPA 候補者制度自体もこの10年で大きく変化してきた。2008年度の受入れ国はインドネシア1国のみだったが，2009年度よりフィリピン，2014年度よりベトナムが加わり，毎年多くの EPA 候補者が全国の高齢者，障害者を中心とした介護施設などに配属されている。

最初は不安視されていた日本での介護福祉士国家試験合格に関しても徐々に結果を出し始め，2017年度（第30回）の国家試験では EPA 全体の合格率は50.7％と，日本人受験者に迫る合格率となってきている。さらに介護支援専門員に合格し，兼任ながら介護支援業務についている者や，フロアリーダーなど管理職になる者まで出てきている。

実際に筆者が所属し，EPA 候補者の教育をしてきた施設では途中帰国を除いた5名全員が合格し，4名が現在も介護職として働いている（2019年6月現在）。このような成功事例が全国的に増えていった結果，昨年4月には EPA 介護士の，訪問介護事業の就労が解禁となった。以降活動の場所を広げていくの

は想像に難くない。EPA 介護士は介護現場において徐々に地位を築いていくと言えるだろう。

　一方で，外国人が介護現場に入ることに対して日本人職員や利用者，その家族の拒否感がいまだに根強いことも否定はできない。「出稼ぎの外国人」というイメージからくる偏見もあるのだろうが，それ以上に大きな理由の 1 つとなっているものが，日本語でのコミュニケーションは難しいのではないかという疑念である。

　介護は製造業，農業などと違って人を相手にする職種である。また，シフト勤務で働く以上，申し送りなどの際に日本語が原因でミスコミュニケーションからトラブルに発展する可能性がある。日本語に心配がある外国人を介護職として受入れるということは，利用者やともに働く介護職員にとってメリットよりもデメリットの方が大きいのではないかというものである。

　このような考え方は一定の説得力があり，実際に介護の技能実習生に関しては入国前に日本語検定 N4の取得，入国後 1 年以内に N3の取得がハードルとして設置されていることも，この疑念を払しょくするために考えられた措置であると思われる。

　実際に EPA 候補者の教育に携わる前は筆者もそのように考えていたし，日本語が上手に話せるに越したことはないという考え方は今も変わってはいない。だが，EPA 候補者や介護で来日する技能実習生は日本語だけを勉強しに日本にきたわけではない。介護を学びにきているのであり，あくまで日本語は介護を学ぶためのツールである。いくら日本語が大事だからといって日本語の学習に偏りすぎることはあまりよくないのではないかと考える。それよりも介護の仕事，学習を行いながら日本語を学習できるような形を模索するべきではないかと思うのである。

　今回筆者が介護施設において実践した日本語教育はそのような考えのもとで行われ，周囲の協力や EPA 候補者たちの努力の甲斐もあって，一定の成果を出すことができた。もちろんすべての介護現場における外国人教育においてあてはめることではできない。しかし，筆者の経験が介護現場における外国人医

療福祉人材教育で苦労をしておられる方々の一助となればと思い以下に記す。

1　特別養護老人ホームにおける外国人介護・看護従事者の受入れとは

　筆者が勤めていたC施設は，特別養護老人ホームで，いわゆる高齢者介護施設である。特別養護老人ホームとは，主に要介護度3以上のために常時介護を要する在宅での生活が困難な65歳以上の高齢者が入所し，介護福祉士，看護師，栄養士などが協力して生活の支援をする施設のことである。Cは1997年に設立し，特別養護老人ホームとして100人以上の利用者のケアを行うほか，デイサービスやショートステイ，ホームヘルプサービスなどを持つ複合施設としてその地域の高齢者介護の拠点ともなっている。

　以前より，法人の理事長が外国人の介護人材の受入れに積極的だったこともあり，EPA介護士制度の話があがっていた2007年頃から施設での受入れを明言し，施設長をフィリピンに視察に行かせるなど（当時はインドネシアよりフィリピンが先に受入れ開始になると思われていた）して，準備を始めていた。

　とはいっても法人の歴史のなかで，外国籍で日本語を母語としない人を職員とするのは初めてのことであり，利用者よりもまず職員の同意が得られないであろうと考えられた。そのため，EPA候補者を受入れるより前にまずはフィリピン人をインターンとして受入れ，日中は日本語学校で学習してもらい，夕方は施設内で働いてもらう形を取り，どれくらい介護という仕事に適性があるか試行することになった。

　そうして採用されたフィリピン人の女性2名は，ともに看護師の資格を持っていた。しかし，まだ冬だったにも関わらずTシャツ姿で来日してしまうほど，日本に関しての情報を持っていなかった（同時に，それくらいは分かっているだろうと考えていた筆者らの見通しも甘かったことが分かった）。そのため我々は1年間の留学生活のなかで，学習面ではN3を取得すること，仕事の面ではデイサービスや特養のフロアにおける配膳，下膳や掃除，見守りなど介護業務の

補助ができるようになることを目標とし，現場の介護職員に対して，極力彼女たちのフォローをするように伝えた。

　最初はどうなることかと思っていたが，彼女たちは我々の想像以上にスムーズに介護の仕事を覚え，介護現場の環境にもすぐに慣れていった。

　筆者らが1番驚いたことは，日本語がおぼつかないにもかかわらず，利用者の方々と信頼関係を築くことができた点である。週5回日本語学校に通っていたので，ある程度日本語が上達できたことはもちろんあるが，それよりも彼女たちの，利用者と積極的にコミュニケーションを取ろうという姿勢が非常に優れていたのである。彼女たちは日本語が不自由な分，非言語的コミュニケーションを駆使していた。必ず目線を合わせ，どんなときでも笑顔で利用者に接し続けた。特筆すべきは車いすの利用者に対してそばに座り，自分から自然に目線を合わせていくことができたのである。これは介護教育において必ず教える事柄で，日本人でも最初のうちは意識しなければなかなかできないことだが，彼女たちは教えるより前に自分からそれを行うことができていたのである。最終的に彼女たちは求められた業務を最後までやりきり，N3を取得した後，帰国している。

　コミュニケーションは介護業務においてもっとも重要な支援のうちの1つだが，それを日本語のおぼつかないフィリピン人が実践できたということはEPA候補者が施設内で機能するかという大きな問題に対してかなり有効なエビデンスとなり，これにより法人でEPA候補者を受入れていくことが決定された。

　ただ，現場レベルでは依然として，受入れに反対する日本人職員が大半であった。そのため，法人では説明会を開き，受入れの意義を伝え，理解を求めたが，いくら今回のフィリピン人たちの受入れが上手くいったとしても，あくまで補助業務の範囲内に過ぎず，実際に利用者に排泄や入浴，食事などの直接介護をするとなると，その利用者の細かい情報，たとえばその利用者がどのような疾病を持っているか，身体のどの部位に麻痺などの障害があるのかを理解していなくてはいけない。それらの情報を理解したうえで臨機応変に対応がで

表13.1　2011年度までにC施設で受入れたEPA候補者一覧

名前（性別）	入国年度	国籍	技能
マリア(女性)	2008	尼	日本語研修免除者　看護師
イラ(女性)	2009	尼	日本語研修免除者　看護師
ペネロペ(女性)	2009	比	日本語の学習経験なし　介護業務経験なし
ルイーズ(女性)	2011	比	日本語の学習経験あり　介護業務経験なし

出所：筆者作成。

きるのか，事故発生時や緊急対応時に報告ができるのか，そもそも誰が教える
のか，といった想定されるさまざまな問題に対して納得できるような話をする
ことができなかった。C における EPA 候補者の受入れは敢行されていたため，
現場職員の不信感が募るなかでの受入れという形となってしまった。

　その後，2008年にインドネシア人 EPA 候補者のマリアさん（仮名）が入職
をする。この時点では住居などの生活支援に力を注ぐ事が精一杯で，学習環境
は整っていなかったが，幸いにもマリアさんは日本に留学経験があるうえにす
でに N2を持っていたということもあり，現場の職員は大きな苦労をせずにマ
リアさんに介護業務を伝えることができた。そのため，マリアさんも半年後に
は最低限の介護業務はこなすことができるようになっていった。

　しかし，2009年度にインドネシア人 EPA 候補者のイラさん（仮名）とフィ
リピン人 EPA 候補者のペネロペさん（仮名），2011年度フィリピン人 EPA 候
補者のルイーズさん（仮名）が次々と施設にくることになり（表13.1参照），施
設としても現場まかせではなく，組織的に EPA 候補者の学習支援に取り組む
ことになった。現在の体制を築きあげながら指導をしていたこの5名が，
EPA 候補者だった頃に行った日本語などの学習支援を中心に話を進めていき
たい。

2　学習と仕事のシナジー効果を通して介護福祉士を目指す

（1）現場での悪戦苦闘

　マリアさんの入職当時，施設ではEPA候補者の生活支援を，企画調査室という部署で行っていたが，この部署で学習支援もすることになり，それまで介護福祉士として特別養護老人ホームで介護業務をしていた筆者が，教育担当として配属されることになった。筆者が選ばれた理由は主に3点で，留学経験があり，EPA候補者と英語でのコミュニケーションが期待できる点，介護専任教員として介護福祉士養成校で教鞭をとった経験がある点，そして筆者自身が希望した点である。

　とはいえ，慢性的な人手不足の職場のため，話は決まってもなかなか企画調査室に異動することができず，マリアさんが就労を始めて1年が過ぎ，次の2009年度のEPA候補者であるイラさんが入職してきてしまった。彼女はマリアさんのようにN2を持っているわけではなかったが，一定のレベル以上日本語ができるということで，マリアさん同様，ほとんど語学面のフォローがない状態でフロアに入るという形となってしまった。

　しかし，さらに次に入ってきたペネロペさんはEPA候補者になる以前に日本語の学習経験も介護の仕事をした経験もなく，また施設にとっては初めてのフィリピン人のため，先に就労しているマリアさん，イラさんからの母語によるフォローができないということもあり，ペネロペさんへの対策を新たに考えることになった。

　主だった対策が2つ検討され，実施に移された。1点目はペネロペさんを筆者が所属しているフロアに入れることである。筆者が現場から離れることができないのであれば，現場で直接指導をしていこうという考えである。2点目は事前に，ある程度日本語ができる在日フィリピン人を事前に介護職員として雇用・育成することで，ペネロペさんに対しての母語によるフォローができる環境を作るという考えで，ペネロペさんが配属される予定のフロア，つまり筆者

も所属するフロアで，ペネロペさんが就労を開始する半年前より，日本人男性と結婚して，日本での滞在経験も10年以上あるフィリピン人のアリさん（仮名・女性）に施設で介護職として働いていただくことになった。

　EPA候補者教育担当の筆者の最初の仕事はアリさん，さらにペネロペさんが仕事を覚えるためのマニュアルの作成であった。特別養護老人ホームにおけるマニュアルは主に2種類，排泄や入浴，食事などの介助の手順を記した介護業務マニュアルと，早番，日勤，遅番，夜勤など業務帯別に行う業務を記した業務マニュアルがある。そのほかにも感染症対策や事故再発防止などのマニュアルもあるが，最低限必要なこの2種類のマニュアルの改正を2人のために行うこととした。

　そのときアリさんについて筆者が法人側から受けていた説明では，「コミュニケーションは問題ない。でも読み書きが難しい」ということだけだった。それを聞いた筆者は，難しいといっても多少の読み書きは問題ないのであれば，漢字や専門用語を読むことが難しいのだろうから，漢字すべてにふりがなを振り，専門用語を分かりやすい言葉に（褥瘡→床ずれ，離床→起きるなど）変更したマニュアルを作成し，実際に使ってもらいながらその都度修正しようと考えていた。

　そして実際にアリさんが入職してきたので，改訂したマニュアルを見せてどれくらい分かるか尋ねると，ほとんど分からないという。「ふりがながふってあれば分かるが，文章になると難しい」とのことであった。そこで初めて詳しく今までどのくらい勉強をしてきたか尋ねると，「必要な言葉は日々の生活のなかで覚えてきた。体系だった学習はほとんどしてきていない。漢字もほとんど書くことができないし，ひらがな，カタカナも読むことはできるが書くことは自信がない」と話した。

　そのような事情で，結局マニュアルは使用できずに，ほとんどの業務を口頭で教えることになった。口頭伝達自体は日本人職員とあまり変わらない部分であるが，マニュアルという文字情報で業務の理解を確認することができなくなったので，一般の職員よりもかなり細かく教えなくてはならなかった。だが，

細かく言えば言うほど，言葉が難しく複雑になってしまってアリさんがついていけなくなってしまい，平易な言葉で言いなおすことになった。この「平易な言葉」と言うものはさらに難しく，こちらが平易だと思って使っていてもアリさんにとって平易でない場合もあり，なかなか伝わらない場合もあった。たとえば先ほどマニュアルのところで「褥瘡」を「床ずれ」に直したが，それでもアリさんには伝わらなかった。我々日本人にとって平易な言葉とは，やさしい漢字やひらがなで言い直した言葉だが，アリさんにとって平易な言葉とは日常で使い慣れている言葉のことで，いくら字がやさしくても，アリさんが日常的に接していない言葉であればそれは難しい語彙ということになってしまう。結局アリさんには排泄介助の際に実際に褥瘡を見てもらうことでしか理解してもらうことはできなかった。

　だがこれは逆に言えば，介護業務で使用する言葉を日常的に接するレベルに持っていくことができれば理解できるようになるということだと確信できた。業務が始まる前などに介護記録などを読んで聞かせるなどして，理解して欲しい言葉は少しずつ教えていくことにし，語彙の定着を図るようにした。

　このように業務を覚えてもらうことに関しては独特の苦労があったものの，徐々に業務を覚えていったアリさんは，先ほど紹介したフィリピン留学生たちほど積極的ではないにしろ，すすんで利用者とコミュニケーションをとったり，仕事をするうえで最低限必要な介護記録などは読めるようになったりと効果が見え始めた。それに連れて介護業務の範囲も少しずつ広げていくことができるようになった。

（2）失敗を通して得た気づき

　この時点で，日本語が不得手なペネロペさんに業務を介し，アリさんが教えると言う目標はある程度達したと判断し，次は書くことについて学習を進めることとした。これができるようになれば，自ら情報を発信できるようになり，さらに業務の範囲を広げることができる。何よりアリさんが学習に対して非常に乗り気だった。日本語が理解できるようになったことが，自分の職場での価

値を高めたという自信を深めたのであろう。そこでまずはひらがな，カタカナ
をしっかり覚えてもらわなくてはいけないので，宿題として書き取りの練習を
しようということになった。業務外の学習になってしまったが，この学習方法
を受入れてくれ，非常によい雰囲気で次の学習をスタートすることができた。

　だが，この学習法が続いたのは最初の2，3回だけだった。アリさんは，す
ぐに宿題を提出しないようになってしまった。理由を聞くと「家ではやらなく
てはいけない家事も多いので，宿題は難しい」とのことで，それを契機に日本
語学習に非常に消極的になってしまった。

　うまくいかなかった原因はさまざまあるだろうが，大きな要因として，アリ
さんのなかに仕事と学習することとの間にかなり距離があったのではないかと
推測した。話す，聞く，読むといった業務は現在の仕事に直接的な影響があり，
すぐに結果として出やすいものである。しかし，ひらがなを書くことすらおぼ
つかないアリさんにとっては，書く学習が業務に直接的な影響を与えるレベル
まで到達するには相当な時間がかかると考えた。彼女にとってそのレベルに達
するために宿題や時間外の学習をしていくことはおそらく苦痛だったのではな
いだろうか。その後，アリさんはペネロペさんがフロアにはいった際はプリセ
プター（新人介護士につき，業務の指導などを行う役目）として業務を教えること
としてもらった。アリさんへの教育そのものは成功したと言えるわけだが，同
時にいくつかの失敗は2つのことを気づかせてくれるきっかけとなった。1つ
は学習と業務をひもづけて相互作用を生み出せば，日本語力は大きく伸びるこ
と。そしてもう1つは，どのように学習のモチベーションを維持させていくか
を考えるべきだということである。これらの経験をもとにして，筆者のEPA
候補者への指導は本格的に開始することになった。

3　EPA候補者が日本語を学びながら仕事をする
　　取り組みとその課題

　筆者がこれから紹介するEPA候補者の学習方法はあくまで，全体的なフ

レームに過ぎない。EPA候補者は国籍，年齢や介護職の経験，日本語能力もすべて異なるため，学習に関する計画，実施した学習などの取り組みはそれぞれ個別に対応した点が多々ある。また，彼女たちの最終的な学習目標は日本語力の向上ではなく，介護福祉士国家試験の合格である。その為，一般的な日本語能力の向上を目標とした学習とは異なる部分もあると思う。そのため，その辺りを特筆すべき部分として説明していきたい。

（1）学習の形態について

　基本的には週に1日8時間の学習日を設け，そのなかで，日本語や介護の知識を勉強するという形をとっていた。8時間集中して学習することは教える方も学ぶ方も負担が大きいので，毎日1時間のみの学習とするといった案や午前と午後で就労の時間と学習の時間を分けるといった案もあった。しかし，EPA候補者たちはすでに現場の戦力として計算されており，1日の仕事のなかで抜けたり入ったりされるのは困るといった現場サイドの意見が強く，結果このような形となった。実際に初めてみると，週に1回しかない学習の時間を貴重に使いたいという意識が双方に生まれ，あまりなかだるみすることなく学習を行うことができた。そのため，この形が定着することになった。

（2）入職初期の学習について

　EPA候補者の就労開始から約1年間は現場で働くための日本語学習に力を入れることになった。目標は早番，日勤，遅番の勤務帯に行われるすべての介護業務が問題なく行えることである。この時期のEPA候補者の特徴として，日本語能力と食事介助，入浴介助，排泄介助などといった生活支援技術の習得度がほぼ比例する傾向がみられたため，初級レベルのEPA候補者にはこの時期に少なくとも話す，聞くの能力はしっかり上級者のレベルに追いついてもらうという課題，上級者には記録の読み書きを上達できるような課題を設定することとした（図13.1参照）。

入職初期(就労開始から1年間)	
日本語初級者（ペネロペ）	日本語上級者（マリア・イラ・ルイーズ）
・就労時に学んだ語彙や理解できなかった事柄に対して，週に1回の学習時にフォロー	・交換日記 ・利用者へのインタビュー

入職中期～後期(就労開始から2年目～)
学習のレベルを3段階に分け，EPA候補者の理解度に合わせた国家試験学習を行う。

図13.1　日本語能力に合わせたEPA候補者の学習スケジュール

出所：筆者作成。

①上級者の学習方法について

　まずは上級者の学習について，マリアさんに行った学習を紹介する形で説明していきたい。マリアさんはインドネシア人で，日本での留学経験があり，すでにN2を所持し，しかも留学時代に介護施設でアルバイトをしていた経験がある。また非常に優秀な経歴を持っており，EPA枠内で日本語研修免除者として施設に入職してきた。話す，聴くなどの介護をするうえでのコミュニケーションはすでにほとんど問題ない状態であった。そのため，すぐに施設の介護業務に入り仕事をすることになっていた。一方で「読む・書く」が非常に苦手で，ひらがな，カタカナ，小学生レベルの簡単な漢字程度は読めるものの，自分で書くとなった場合は，助詞の使いまわしなどで苦労し，意味が伝わるレベルの文を書くことがなかなかできなかった。

　そこで，読む力，書く力を向上させるため，交換日記を行うことになった。マリアさんが日記を書き，その内容を企画調査室長が添削し，感想を書くといったもので，毎日2行から3行レベルの簡単なものだった。自分の心情や日々の業務を振り返って文章にすることで，少しずつ言葉を覚えていくことはできた。また，EPA候補者との人間関係を向上させることにも非常に有効で，就労が始まるとなかなかコミュニケーションが取れなくなってしまったこともあり，そういった意味でも交換日記は有意義であった。この手法は同じく日本語研修免除者であったイラさんにも取られることになった。

　ある程度文章が書けるようになったら，次は施設の利用者に直接インタビューをしたり，利用者の介護記録を読んで，どのような人かまとめて書いてもらったりする練習をした。これは4技能すべての学習をするだけでなく，アセスメントといって計画を立てて介護を行う（介護過程）には欠かせない技術を学んでもらうことに通じた。介護業務や国家試験の学習につなげることも目標に入れた。最初は，利用者の話す言葉の聞き取りや介護記録の読み取りが難しかったようだが，横で筆者が語彙のフォローや言葉の言いかえをすることにより，少しずつ理解ができるようになっていった。また，介護記録に関しても何が大事な情報か，どこを書かなくてはいけないかを伝えることで，自分なりに利用者の概要についてまとめることができるようになった。

　このトレーニングはこの2年後にEPA候補者が受講することになる介護技術講習会（介護福祉士に必要な介護過程や生活支援技術について学習する講習会で，この講習会を終了すると，国家試験の実技免除となる）で実施された介護過程の作成でいかされることになり，参加したEPA候補者は日本人受講者に勝るとも劣らない介護過程を作成し，修了することができている。

②初級者の学習方法について

　初級レベルのEPA候補者に対しては業務に入りながら日本語を学習するOJT方式を採用した。就労時に学んだ語彙や理解できなかった事柄に対して，週に1回の学習時にフォローをしていく形をとった。2009年度に入職したフィリピン人EPA候補者であるペネロペさんにはこの方式が採用された。日本語に関しては就労前の研修以外に学習経験がないペネロペさんはやはりアリさん同様にマニュアルを読むことがほとんどできず，筆者を中心とした介護職員が指導することになったが，業務をしながら語彙の理解をすることは時間的な制約もあり限界があった。そのため，理解しきれない部分は学習の日に教えることとなった。学習の時間であれば，理解できるまでゆっくり指導ができるし，ある程度業務中で経験したことなので，定着も早かったからである。また，学習のときに学んだ語彙や介護知識を業務にいかすことができるようになった。この手法はEPA候補者たちの介護福祉士国家試験の試験対策でも活用される

ことになった。業務のなかで知った知識や技術を学習の時間に解説することで，EPA 候補者たちはそれらを自分のものとすることができた。また，業務のなかで学んだ言葉や知識がそのまま試験で活用できるように試験問題などの解説を通して指導する方法も行った。このように現場と教育をつなぎながら，相乗効果を出すことで，学力を高めていくという形で EPA 候補者たちは自分たちの日本語力，ひいては介護福祉士としての知識と技術を高めていった。

（3）中期から後期の学習について

　訪日 2 年目以降は日本語学習から EPA 候補者たちの日本語習得状況に合わせて，少しずつ介護福祉士国家試験対策に移行することになる。今でこそ国家試験合格のために JICWELS からさまざまな教材が用意されているが，筆者が EPA 教育担当として指導を開始したころは JICWELS より刊行されている『介護の言葉と漢字ワークブック』『看護・介護の言葉ワークブック』くらいしか EPA 候補者に適したテキストはなかった。このワークブックは主に介護現場や国家試験で使用する語彙の習得を目的とするもので，ほかに頼るものもない以上，そのワークブックを中心に学習をせざるを得なかったが，これはあくまで国家試験学習を行うための準備に過ぎず，マリアさんのようにある程度の日本語力があり，ここから介護福祉士国家試験を学習するための力をつけることを求めている EPA 候補者には物足りない内容であった。しかも介護福祉士のカリキュラムが大きく変わった時期で，マリアさんが受験をする2011年度から新カリキュラムを使った試験が初めて実施されることになっており，過去問のような問題が出るのか，それともまったく違うものが出るのかが分からず，どのような学習を提供すべきか試行錯誤を重ねなくてはいけなかった。

　最初に行ったことは実際に介護福祉士養成校などで使用している新カリキュラム対応のテキストで学習をすすめることである。当時は新カリキュラムに対応した受験参考書などは出回っていなかったため，試験範囲を確実に抑えるためには授業用のテキストを使うしかなかった。そのために介護福祉国家試験対策のテキストをすべてそろえ，1 から学習を始めたが，一般の日本人ですら読

み慣れない語彙や書き言葉は，マリアさんにとってこのうえなく読みにくいものであり，辞書を調べながら学習を進めても1日10ページも進まないような状況が続くことになった。

　これでは非常に学習効率が悪いと判断し，次に考えたことはテキストを要約した補助教材を作成することであった。テキストに書いてある文章の大事な部分と思われるところを抽出して分かりやすい語彙に代えたものを学習に使おうと考え，ためしに数ページ作ってみた。すると，かなり手ごたえが感じられたため本格的に開始することにした。だが，テキストを精読し，何が重要で何が重要でないかを精査し，そのうえで内容を平易な文章，語彙に作り直すといった作業は非常に時間のかかるものであり，今度はその補助教材を作るために非常に多くの時間を使うことになってしまった。

　これらの失敗を通して分かったことは，学習する側のEPA候補者の視点では，いくらN2レベルの日本語能力があっても日本人とまったく同じ学習をすることは無理がある点，教える支援者側の視点では要約したものであれば理解させることは可能であるが，準備に非常に時間がかかるという点であった。それらをふまえたうえで，いかに学習する側，教える側にとって負担の少ない教材を作成するか，ということが大きな課題となった。

　どのような教材が望まれるか。新カリキュラムに対応したテキストがほとんどない状況で，参考になるものはほとんどなかった。しかしそのなかで，『見て覚える！　介護福祉士国試ナビ』は大変参考になった。長い文章はほとんどなく，項目ごとにビジュアルで理解するような作りだったので，マリアさんにとっては非常に分かりやすいものであった。テキスト1冊に国家試験の範囲がすべて収まっているので，要約を作成することも比較的容易に進められ，作成を開始して半年後には，国家試験のすべてを網羅した教材を完成することができた。

　この教材の特徴として，レベルを3段階に分けたことがある。以前テキストを最初から教えていた時期に細かいところまでしっかり教えようとしたが，EPA候補者にはほとんど分かってもらえなかった。これはEPA候補者たち

に学習能力がないわけではなく，一般的な日本人ならばある程度共有している日本人としての常識を持っていないために，何回伝えても理解できなかったのである。

　たとえば生活保護法のことを教えるのであれば，日本国憲法第25条の生存権の話をしなくてはいけない。義務教育を受けている日本人だったら理解まではいかないまでも，どんな内容のものかは大体合点がいくものなので比較的容易に理解してもらえるが，EPA候補者にとっては外国の憲法であり，文化的な背景がつかめずほとんど聞いたこともないため，まずはそこから理解してもらわなくてはいけなくなるのである。

　この背景や使われていることばをふまえ，まずは国家試験の大まかな輪郭部分を学習するレベル1，レベル1の学習をふまえて細かい部分を説明するレベル2，さらに細かいところまで解説したレベル3の計3部を作成し，理解度に合わせて学習をしていくことにした。最終的には90枚を超えるボリュームとなったうえ，何度もくりかえし教えることになってしまうので手間が増えたが，マリアさんにとっては非常に理解しやすかったようで，国家試験学習の最後までこの教材を活用することになった。

　この教材はその次年度のEPA候補者たちにも利用され，年度ごとに更新を続けながらJICWELSの教材とともに施設でのにメイン教材となっている。

4　介護現場で求められる日本語教育

　上記のようなさまざまな地道な取り組みの結果，筆者の勤めている施設は就労してきたEPA候補者から合格者を出すことができた。そしてその大半が現在も施設で就労を継続できており，施設内の委員会への参加や居室の担当を持つことができるほどに成長をしてきている。長期計画として，日本で就労するために家族を呼び寄せている者もめずらしくなく，非常に理想的な環境を作り出すことができた。これはEPA候補者の努力もさることながら，周囲の介護職員などの理解も非常に大きかったように思える。現在の施設ではEPA候補

者が所属できるフロアに必ず EPA 介護士を設置できるほど人員は充実しているが，EPA 候補者が最初に就労した際は，ある程度日本語ができていても，普通の日本人の職員のように教えてもなかなか理解してもらえず，できて当たり前，分かって当たり前のことも一から教えなくてはいけなかった。これをある時は身振り手振りで，ある時は丁寧に時間をかけながら我慢強く教え続けたフロアの日本人介護職員には本当に感謝をしてもしきれないくらいである。

　ここで重要な点は，現場の介護職員であった筆者は日本語教育に対して何ら知識があるわけでもなければ，EPA 候補者の言語や英語にたけているというわけではないにもかかわらず，EPA 候補者への現場における日本語教育（少なくとも一職員として勤務をする最低限度の語学力の習得）を成し遂げることができたという点である。これらの要因としては以下の 2 点が考えられる。

　1 つは机上学習と実践での学習との相乗効果を生み出すことができた点である。初期は業務で学んだ一般語彙や，介護現場ならではの専門用語の習得であり，このやり方は非常に力を発揮することができたと考える。介護現場においてはそこでしか使用しない多くの語彙が飛び交うなかで仕事をする。また，現場で働いているのは介護職だけではなく，看護師や介護支援専門員，生活相談員などその分野での専門職が連携して利用者の生活を支援する。そのように考えると仕事をするために覚えなくてはいけない言葉の量は膨大であり，そのうえに就労している地域の方言や言語障害などを持つ利用者独特の発音などにも対応しなくてはいけない。これらを教えるのには，現場目線でとなる。しかし，もちろんその現場だけで覚えきれるものではない。そしてその言葉を忙しい現場のなかで間違えずに覚え切れているかどうかはなかなか確認できない。それを学習の時間でしっかりとした知識として教え，最低限聞き取ることができ，自分が使えるレベルまで引き上げる。そして就労時に学習で覚えた語彙を使って定着化を図るのである。また，仮に間違えて覚えたとしても，学習の時間で修正ができる。実際にあった例で言えば，現場で食事の献立を確認する際に EPA 候補者が「ゴボウとはなんですか」と尋ねたところ職員が「黒っぽくて細長いやつ」と答えたが，実際に EPA 候補者が頭に浮かべて「ゴボウ」とし

て理解していたものが昆布だったということが学習時に確認されたことがある。このような現場で教える際にどうしても出てきてしまう，教えても確認がしきれないという問題を学習現場でフォローすることで，より精度の高い日本語学習を構築することができた。

　中期から後期は介護福祉士国家試験の学習が中心となったが，同様の学習法を行った。介護保険制度に関係した用語，福祉用具の名称，病名，症状の対応の仕方，すべて現場にあるものである。就労の場は 1 番の教材で，働きながら経験したこと，学んだことを学習の場で確認し，そして知識の肉づけをしていくことで，学習は効果的に進めることができる。実際に行った学習の例として利用者のケースファイルを一緒に読むということがある。ケースファイルはその利用者の身体状況や疾病，要介護度，介護記録などの情報がまとまった，支援をするためには非常に重要なものだが，常日ごろ支援をしている利用者の情報を読み込むことで，病名や利用している福祉用具，支援方法などを頭に整理して記憶していくことができた。また，ケースファイルを読むことによってその利用者のことを深く知ることができ，業務の幅も広げることができるなど，ここでも相乗効果を生んでいたのである。これらは学習と実践の場が非常に近い介護現場だからこそできたのである。もし学習支援で悩んでいる方がいたらぜひ活用していただきたい。

　もう 1 つは介護という仕事がコミュニケーション技術を駆使する仕事であるため，介護職の人たちが外国人に対してもその技術を発揮することができたという点である。

　前述したように介護施設の入所者は言語障害などを持っている場合が珍しくない。脳梗塞などによる麻痺などのためにしっかりとした発語ができない人や，認知症などの症状により，自分の意思を表現できない人，老人性難聴の人もいる。介護職はそのような人たちから，あるときは言葉を引き出し，あるときは気持ちを表情や仕草から読み取り，その人のニーズを吸いあげて支援につなげていく。いわばコミュニケーションのプロなのである。実際に介護福祉士国家試験にも「コミュニケーション技術」「人間関係とコミュニケーション」と

いった科目があり，それらを修得した介護福祉士は相手の意思を組み，相手に意思を伝えるといったことを非常に意識した仕事をしている。そのような業種にとって外国人とのコミュニケーションは非常に相性がよいものであった。現場の介護職は我々がいうまでもなく，言語的コミュニケーションだけでなく非言語的コミュニケーションを利用して，異国から慣れない仕事を必死にしながら国家試験の合格に向かう EPA 候補者に共感的理解をもって仕事の指導を行い，筆者らが期待する以上にスムーズな連携を取れるようになった。また利用者とのコミュニケーションも同様で，ほとんど大きな問題もなく，利用者とのコミュニケーションをする術を介護職員から EPA 候補者は学ぶことができた。つまり介護福祉士の職員が現場での教育を通した確実な指導ができるようになったからであろう。まさに学習と現場による相乗効果を生む学習がうまくいったことも，そういった意味で本当に現場に助けられた部分が大きかったと言える。

　今後も多くの外国人が日本に介護の仕事を求めてやってくる。最初に書いたようにそれは避けられない流れとなっていくだろう。その日のために現場で意識して準備するべきことは，まず介護職がコミュニケーション技術をしっかり向上させていくことだと考える。相手の気持ちを理解し，自分の意思を伝えることの重要性は利用者に対しても外国人に対しても変わらない。介護福祉士は外国人教育に関してすでに大きな武器を持っている。利用者に活用していた技術を外国人にも生かして，ぜひ理想的な介護現場を築きあげて欲しいと心から望む次第である。

参考文献

「平成28年入管法改正について」〈http://www.immi-moj.go.jp/hourei/h28_kaisei.html〉（2019年10月19日）．

いとう総研資格取得センター（編）（2017）『見て覚える！　介護福祉士国試ナビ』中央法規出版．

一般社団法人　国際交流＆日本語支援 Y（編著）（2017）『介護の言葉ワークブック』一般社団法人　国際交流＆日本語支援 Y．

一般社団法人　国際交流＆日本語支援 Y（編著）（2017）『看護・介護の言葉ワークブック』一般社団法人　国際交流＆日本語支援 Y．

─ ■コラム2■ ─

外国人介護従事者の受入れに寄せて

──確かな日本語教育・より良い環境づくり，共生・友愛の理念を掲げて──

村川浩一

1　介護ニーズ増大への対応

　日本の高齢化状況は，65歳以上の高齢者が3,588万人（2019年9月現在，高齢化率28.4%），要介護・要支援に認定された人々が約660万人に達しており，2025年には認知症に罹患する人が700万人規模に達するとの推計もある。

　こうした状況のなかで，2000年に開始された介護保険制度は20年が経過するなか，居宅サービス・施設サービス・地域密着型サービス等，各種サービスの拡充は不可避の局面にある。しかし，最大のネックは介護人材の確保であり，過疎地域はもとより，地方都市から大都市に至るまで人材確保の困難が鋭く指摘されているところである。2008年度より EPA（経済連携協定）に基づく介護福祉士・看護師候補者がインドネシア・フィリピン・ベトナムの3国から来日し，国家試験合格者も誕生しているが，介護人材の量的充足の視点から必ずしも十分とはいえない状況にある。

2　外国人技能実習生制度のスタート等

　関係法令の改正により2017年11月から外国人技能実習生制度が介護分野に拡大・適用されるところとなった。従前の EPA 制度と比較した場合，専門的技術の習得は必ずしも十分とは判断されないが，しっかりとした日本語教育を確保し，日本の文化・生活習慣等への理解を涵養するなかで，高齢者等とのコミュニケイションをはじめ，高齢者支援の基本や介護の基礎的手技を習得することを通じて，介護福祉分野の人材として役割発揮されていく大きな可能性を有していると考えられる。さらに改正出入国管理法が成立し，2019年度から特定技能実習生制度（介護等の分野を含む）が実施され，近い将来数十万人の外国人労働者が来日する見通しである。

　ある法人では，EPA 制度に基づく介護福祉士を核としつつ新たな技能実習生を受け入れ，外国人介護人材の確保・定着を目指している。他方「潤沢とは言えない」介護報酬水準の下で，外国人介護人材の導入のベースを最低賃金制度に置こうとしてい

る法人も少なくないと聞く。いずれにせよ日本と関係各国の物価水準の差異があることは明らかであり，とりわけ高い住宅賃料に対する手当の支給または職員寮の確保など福利厚生面の対応は必要経費として計上されるべき事項であろう。

3　中長期の視点——2025～2040年代に向かって

　筆者の所属する大学では，ベトナム・ミャンマー・ネパール等からの留学生が多数在籍しており，卒業後必ずしも全員ではないが日本の法人での就職（福祉施設・企業等）を期待している人材は少なくない。

　今後，海外からの介護人材の確保・定着を図るために，無差別平等の基本的態度（人権・処遇）を貫くとともに，以下の諸点が留意されるべきであろう。

　第1に，体系的かつキメ細やかな日本語教育システムを確保し，言語を軸に職域・地域における支持的環境づくりを推進することである。

　第2に，職場だけの対応だけでなく，生活者として地域社会での「居心地の良い」受容的な環境づくりである（例えば小規模施設・事業所の場合，当該人材の孤立防止を最大限心がけるべきである）。

　第3に，宗教上の配慮等に加えて，将来，在留期間の延長措置等に応じて必要な家族支援の視点（配偶者を含む生活支援，ならびに子どもの教育支援等）の確立である。

　最後になるが，「働いて良かった」日本！，「滞在して良かった」日本！，そして「嫌われない」日本！を各法人・施設等，および地方自治体・地域市民が真剣に受けとめて環境を整備していくこと，日本の社会福祉・介護福祉の未来はアジア諸国民との共生に懸かっており，新思考として友愛・社会連帯が切望されているのである。

第Ⅲ部

外国人看護従事者のための日本語教育実践

第14章

EPA 看護師への国家試験合格のための橋渡し
——日本語教師による新たな試みと役割——

池田敦史

　筆者は2008年から始まった EPA 看護候補者（以下，EPA 候補者）の受入れを
きっかけに，EPA 候補者に対する日本語教育や国家試験学習のサポートを担
当しており，現在は医療法人の専属として勤めているが，これは日本語教師を
始めた20数年前には想像すらしなかった業務である。日本語教師としてのキャ
リアはあったものの，「看護師国家試験に合格するための日本語指導」という
課題は筆者にとって未知であり，それは目を凝らしてもとても見えない到達点
に向かって歩いているようであった。

　この新しい動きは当初，関心が高く報道の記者や研究者，大学院生から多く
の質問をインタビューや調査協力で受けた。「外国人看護師を病院に受け入れ
た際，どんな準備をしたのですか」「受入れ側の職員はどのように国家試験の
指導をしたのですか」「EPA による受入れは失敗したと見聞きしますが，理由
は何だと思いますか」「合格できないのは日本語が原因でしょうか，知識不足
でしょうか」「外国人看護師の苦手な科目は何でしょうか」などである。

　そこで，これらの質問の答えになるよう，筆者が現場で体験した試行錯誤を
重ね合わせながら，そこから導き出された試案を述べる。

1　外国人看護師を取り巻く環境

　受入れノウハウを蓄積し，合格者を複数，連続して輩出している受入れ病院
もあれば，看護助手として戦力になる程度に過ぎないなど，期待した成果を出
せないところもあり，受入れ病院は合格率に関して二極化している。受入れに

あたって病院側は生活上の諸準備と配慮，日本語学習と国家試験対策，就労上の指導が必要となる。受入れを繰り返している病院であれば，先輩が後輩の生活の面倒を見られるし，合格者がいれば学習のサポートもできる。

　異文化への理解については受入れ当初心配されたが，EPA 候補者自身の我慢および「郷に入れば郷に従え」精神と，日本人側も含めた双方の寛容さによって歩み寄りがあった。EPA 候補者の就労前に職員対象の研修会を数回試みたが，受入れを繰り返すなかで，その必要性を感じなくなった。それは，あまり大げさに異文化の違いを紹介すると，かえって差異を際立たせてしまうからである。また宗教上の理由だからといってすべてをタブー視せず，イスラム教の看護師には「スカーフは仕事中もしないとだめなの？」と率直に話し合った。

　彼らが来日したのはやはり出身国と日本の給与が大きく違うから，という理由が大きい。日本語の授業で書かせる作文で垣間見る彼らの本音は，「両親は苦労して私を育ててくれたから早く楽をさせたい」「弟や妹を進学させてやりたい」などである。普段は日本の若者と変わらず，暇さえあればスマホから目を離さない。そんな彼らが心の奥底では家族のことばかりを考えている。難解な日本語や専門用語，数えきれない漢字を必死で覚えながら，けなげに努力を続ける彼らの姿に受入れ病院の職員も感化され，今も異文化の相互理解が進んでいることは間違いない。

2　EPA 候補者受入れが失敗とみなされる理由

　失敗したことが事実だという前提で「どうして失敗したのですか」と質問されることがある。理由は「国家試験の合格率が低いこと」と「合格しても帰国してしまう」からである。はたしてそれは事実なのか考えてみたい。

（1）「国家試験の合格率が日本人に比べて低いこと」について

　EPA 介護福祉士については EPA ベトナム介護福祉士が第30回国家試験を

初めて受験し，合格率が93.7％と発表されたことからも（日本人を含む全体合格率は70.8％）介護福祉士については失敗しているとは言えない。（数値はいずれも厚生労働省ホームページ発表）。つまり合格率が極端に低いのは看護師についてだけである。

　看護師に関して国家試験の合格率はここ10年間で，88.5％から91.8％，平均で89.9％である。合格基準は厚生労働省が合格者数の90％前後になるよう合格得点率を調整し，ボーダーラインを定めている。EPA候補者が初めて挑戦した第98回国家試験は病院への配属が1月で受験が翌2月であったから，学習する時間が全くなかったため，当然のごとくひとりも合格せず，翌年の第99回に初めての合格者を出した。しかしあまりの合格率の低さに，国側も対策を講じ，第100回から「難解な用語や表現は言い換える」「難解と判断される漢字にふりがなを振る」「疾病名には英語を併記する」などの特別措置がとられたが，合格率向上につながっていない。さらに第102回からは，EPA候補者の試験時間を一般受験者の1.3倍に延長し，すべての漢字にルビをふったものと一般受験生と同じ冊子の2冊を配布し，どちらも選べるという措置が行われたが，合格率は下がった。合格率の変動はわずか数％なのでその原因について有意な結論は出せないが，現場でEPA候補者と接していた視点からの感想を述べたい。

　第1陣のEPA候補者は看護師国家試験がどういうものかほとんど知らなかった。病院配属後，実物の国家試験を見て，参考書などを初めて手に取り，難しさのあまり愕然とし，とても合格できるわけがないという絶望や諦観すら見られた。しかし，第99回で初めての合格者が同期のEPA候補者から出て，明らかに彼らの気持ちは変わった。「やればできる」と。

　それぞれの配属病院やボランティアグループなどのサポートもあり，第100回では2桁，15名の合格者を出した。睡眠時間を削って勉強に費やし，会うたびにやつれていく様子が見られた。EPA候補者たちは悲壮感すら漂う努力を重ね，合格を勝ち取っていた。最終的に第一陣の合格者は受験者総数100人中23人であったが，結局，どうすれば合格できるのかは「努力」，「手厚いサポート」といった抽象的な要因以外，具体的な理由は分かっていない。合格までの

サポートがあまりに負担だと感じ1回きりで受入れを辞めた配属病院も多く，ノウハウが蓄積されていないからである。本章第3節ではわずかながら明らかになった成功に至るヒントを検討する。

（2）「ベトナム看護師候補者の受入れ」という大きな変化

　EPA による看護師の受入れは国家試験合格を目指すことが前提で「特定活動」の在留資格が発給されている。であるから，合格率はこの事業においてもっとも重要な成否の指標であるが，惨憺たる結果であり，失敗だと言わざるを得ない。そんな状況でありながらインドネシア，フィリピンに加え，ベトナムからも EPA 候補者が来ることになった。ベトナム EPA 候補者が参加して3回目にあたる第106回では EPA 史上，最高の合格率となった。表14.1の合格得点率の通り，この年は過去10年で最低，日本人にとってもかなり難しい問題だったにもかかわらず，である。ベトナム EPA 候補者の合格率は3年間で58.8%，すでに30人のベトナム人 EPA 看護師が誕生している。EPA 全体では過去，合格者総数266人，合格率29.3%であるのと比べると驚異的だ（数値は平成29年度第106回看護師国家試験合格発表後時点）。第1陣のベトナム EPA 候補者に限れば，3年目の現在76.2%が合格しており，日本人を含めた全体の合格率にはおよばないが，成功と言ってよい。

（3）「合格しても帰国してしまう」ことについて

　介護福祉士にも同様の問題はあり本章では扱わないが，問題の本質は看護師と同根だろう。そもそもこの EPA 制度による外国人看護師の受入れは，看護師人材を「移民」として受入れるものではない。2017年11月20日の衆議院本会議にて，民進党（当時）・玉木雄一郎氏の質問に対して安倍首相が「安倍政権として，いわゆる移民政策をとる考えはありません」との答弁をしている通り，現在政府は一貫して移民の受入れを認めていない。

　受入れあっせん団体の JICWELS は「この受入れは日本とインドネシア，フィリピン，ベトナム各国との経済連携の強化のために行うものであり，この

表14.1　看護師の合格率の推移

	全体の合格率	ベトナム候補者	合格得点率	
2009年第98回	0.0%	—	64.4%	2008年入国のインドネシア候補者が初めて受験
2010年第99回	1.2%	—	60.4%	初の合格者　インドネシア2名，フィリピン1名
2011年第100回	4.0%	—	65.2%	特別措置が実施される
2012年第101回	11.3%	—	64.0%	
2013年第102回	9.8%	—	64.0%	漢字に総ルビ，1.3倍の時間延長が行われる
2014年第103回	10.6%	—	66.8%	
2015年第104回	7.3%	5.0%	63.6%	ベトナム候補者初の受験で初めての合格者
2016年第105回	11.0%	41.2%	61.1%	
2017年第106回	14.5%	40.5%	57.3%	過去10年で最低で全体の合格率が88.5%

出所：『厚生労働省』別紙2　経済連携協定（EPA）に基づく外国人看護師候補者の看護師国家試験の結果（過去10年間）〈https://www.mhlw.go.jp/file/04-Houdouhappyou-10805000-Iseikyoku-Kangoka/0000157982.pdf〉（2019年10月19日）で発表された情報により筆者作成。

受入れ枠組みにおいて，1人でも多くの看護師・介護福祉士候補者が看護師・介護福祉士の国家試験に合格し，その後，継続して日本に滞在することが期待されています」とパンフレットで紹介している。移民受入れを認めない政府側の立場と，合格後，できる限り日本で働き続けてほしい受入れ病院側の立場の両面に配慮したよく分からない説明である。つまり合格者が帰国してしまうことと，その事実をもって失敗だと断じることはできない。

3　国家試験に合格するには

（1）合格できる EPA 候補者とできない EPA 候補者の差

　EPA による看護師受入れが始まった当初，国家試験対策は病院に丸投げであった。多くの病院では看護部を中心にサポートチームを編成し，分担して国家試験の指導を行い，外部からボランティアや非常勤の日本語教師を招聘するという体制をとった。筆者の場合は常勤の日本語教師として病院内のサポートチームの一員となったが，その後，指導の年数を重ねていくうちに，日本語および国家試験に関しても兼任して教える担当となった。受入れが成功すれば，病院側としては継続するが，継続しているからこそ成功しやすいとも言える。

　日本語の問題以外，EPA 候補者が看護師として持っているもともとの知識や経験の種類もまた足りないのではないか，という指摘がある。

　日本語習得が速く日本語能力が十分で，かつ経験が長く，看護知識が豊富なイロさんは合格にもっとも近く，トチさんは難しい（表14.2）。今までの経験上，ハニさんとホヘさんを比べると，ハニさんの方がより可能性が高い。ハニさんに対しては，「どんな基本的なことでもいいから，恥ずかしがらず質問してください」というアプローチで対応すると日本語で自分の分からないことが質問できるようになり，分かりやすい日本語で説明すれば，きちんと理解が進む。その結果，不足していた知識が身についていく。ホヘさんは授業において日本語でなされる説明についていけず，日本語で自分の分からないことを質問することすらできない。そのうえ，自分の知識や経験のみで判断してしまいテスト成績に結果が表れにくい傾向にある。また教える側からみれば，日本語が伝わらないというだけでは EPA 候補者がホヘさんのタイプかトチさんのタイプか鑑別しかねるのである。

　学習の進捗は日本語能力次第であり，それが如実に結果として表れた。ベトナム EPA 候補者の場合，初めての受験機会である病院配属後の半年の1回目の受験から合格し，また配属の時点で N3 を持っているインドネシア EPA 候

表14.2　EPA介護候補者の日本語力と看護の知識や経験のイメージ（仮名）

	日本語能力	看護の知識や経験
イロさん	○	○
ハニさん	○	×
ホヘさん	×	○
トチさん	×	×

出所：筆者作成。

補者の合格率も高確率である。N3を持っていれば，すぐに国家試験の漢字を読むことを苦にしなくなる。N3がないと国家試験の学習に臨む際の語彙力，漢字力が圧倒的に違う。国家試験合格までの学習をイメージとして図14.1に示す。

「ホールド」と呼ばれる壁に固定された突起物を手でつかんだり，足の置き場にしたりしてよじ登り，目標地点まで達するボルダリングというスポーツだが，左と右のイラストでは一目瞭然で右側の選手の方が登りやすいことが分かる。左の選手は横には移動できるが，上には登れない。ホールドが多ければ多いほど登りやすい。EPA候補者の国家試験の学習において，このホールドは漢字であり，漢字語彙を含む語彙力である。

国家試験の際に配布される総ルビ付きの問題冊子だが，合格を狙うようなレベルのEPA候補者は使用しない。学習を進める段階でルビのついた参考書があれば役立つだろうが，本番の国家試験ではすでに漢字が「読める，読めない」の段階ではないからである。

（2）どの科目に力を入れ指導すれば合格点についてたどり着くのか

介護保険をはじめとする日本の社会制度や超高齢社会を反映した老年看護学や在宅看護論についての知識は当然ながら，EPA候補者にはない。それ以外にはそのEPA候補者が病院の何科で働いていたのかに拠る。国によっての差異より，個人によって差異が大きい。母語による看護知識テストなどを実施して，全員の傾向を調べることはできても，一人ひとりにあわせた授業を行うこ

図14.1　N3未取得者と取得者の学習のイメージ

出典：筆者作成。

とは不可能である。結局は全員に対してすべての分野の知識をひと通り指導する必要がある。

　筆者が担当したEPA候補者から協力者を集い，第105回，第106回看護師国家試験終了後に，彼らの全解答と参考書業者が集計した日本人の正答率を比較した。合格したEPA候補者は，外国人が苦手だとされる分野においても過去問題で頻出の知識であれば，日本人と同様に正答できた。出題傾向が変わり，問題文が長くなり，また5つの選択肢から2つ選ぶ問題が第106回で増えたが，それも合格したEPA候補者と日本人の正答率は同じ傾向を示していた。

　大手予備校の発表によると，国家試験は全体の平均点と合格ボーダーラインの点数差は30点程度であるが，EPA候補者が平均点をとるのは難しい。もっとも得点したEPA候補者が平均点ぐらいで，あとはかろうじてボーダーラインまでの得点である。合格者との振り返りにおいて，問題文や選択肢の日本語の意味を取り違えているケースで10点ぐらい損をしている。たとえば誤嚥予防のために「ペースト状」のものを摂取するという文を発音が似ているというだけで「パスタ」と読み違えたなどである。

4　合格に辿り着くための橋

（1）国家試験合格までのイメージと道程

　合格までの道程を図14.2にイメージで示す。左側はEPAのプログラムに参加した候補者であり，右側は合格というゴールに辿り着いた看護師であるが，その間には大きな溝がある。合格するためにはこの溝を渡る「橋」が必要だ。

　Aの段階を担当するのはいわゆる有資格者の日本語教師であり，医療や看護に関する専門知識は必要なく，一般的な日本語教科書を教えられればよい。この段階では医療や看護の専門家ができることはない。Eの段階は国家試験に合格するノウハウであるが，多数出版されている国試対策参考書，問題集や国家試験予備校が詳しい。Aの能力しかないEPA候補者では直接，参考書を読めず，予備校の授業にもついていけない。

　Bの段階はさらなる日本語力をつける段階だが，EPA候補者のなかにまれにN2まで取得している者もおり，彼らの場合，Eの段階に直接，自分でアクセスすることができる。またインドネシアやフィリピンに比べてベトナムEPA看護師の合格率が高いことも，来日前にN3合格という日本語のレベルが担保されていることによるだろう。Aのレベルだけでは日本での生活や就労がなんとかできたとしても，国家試験の学習はできず，いくら国家試験の問題に取り組んでもまったく成果が出ない。

　Dの段階は外国人に分かりやすく説明することである。EPA候補者は異文化の習慣で育ち外国の病院で働き，日本人とは違う看護教育を受けてきたため，特別な説明の方法が要る。EPA候補者を連続で受入れている病院であれば，Dレベルのサポートができるノウハウを持っているはずだ。

　たとえBやDの段階が準備されていても，その2つをつなぐのは個人次第であることは否めない。Bの部分が大きければ大きいほど，Dが小さくても橋は架かる。Bがもともと小さければ，本人が病院に配属されてからどれだけがんばるか，つまりCの部分である「本人のやる気」次第となる。Aの位置に

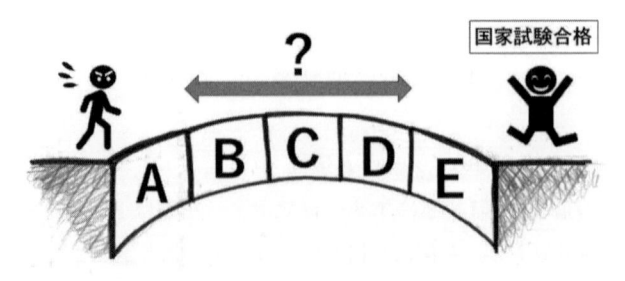

A：集合研修で全員が一律に習得する基礎的な日本語力
B：国家試験学習のための漢字，語彙，読解力
C：合格を目指す志，本人の努力，やる気
D：必要な専門用語，知識をわかりやすく指導する能力
E：国家試験のための学習，参考書，予備校

図14.2　国家試験合格までの道程（イメージ）
出所：筆者作成。

立って，「対岸の合格」を臨めばそれは遥か遠く，やる気がなくなるが，Bの部分が大きければ，その端からDやEに手が届き，やる気が増すのである。

（2）日本語教師の新しい役割とは何か

　日本社会へのさまざまな外国人受入れが進行すれば，日本語教師が教える対象も多様化することは必然なのだが，教師養成の体制は追いついていない。現在，留学生の受入れが増大し多くの日本語学校が新設され，圧倒的に日本語教師が不足している。そこでさらなる新しい役割を期待されても担い切れない。

　筆者の場合，所属先ではB，およびDのレベルを担当しているが，それができたのは2008年から一貫してこのプログラムと関わる雇用の機会があったからにほかならない。短期間の雇用で，担当者がよく変わるような環境ではノウハウは決して蓄積されない。また日本語教師自身も新しい挑戦のチャンスを得たととらえ，課せられた責任に対して成果を出す努力を惜しんではならない。社会の多様性により求めることに対して日本語教師として成果を出すことが，専門性の証明となる。

　今後も看護や介護に限らず，さまざまな分野で外国人に対する日本語教育が

必要でなるであろう。挑戦のチャンスを得た日本語教師は果敢に取り組んで新たな道を切り開き，新しい橋を架けてもらいたい。

参考文献

有路智恵・関健介・金子哲也（2014）「インドネシア人看護師候補者の国家試験における困難に関する研究」『民族衛生』第80巻第3号，144-150.

五十嵐博美・樋口博一・深谷計子・Fernandes, Yared Febrian・Agustina, Ria（2011）「インドネシア人看護師候補者の国家試験合格への道―三之町病院の取り組み―」『聖路加看護大学紀要』第37号，19-24.

池田敦史（2011）「EPAインドネシア看護師候補生に対する国家試験対策授業の漢字指導―非漢字圏学習者の用いたストラテジーを生かして―」『JSL漢字学習研究会誌』第3号，34-42.

池田敦史・尾形直子・石川陽子（2016）「看護師国家試験がわかる日本語」（非売品）公立大学法人首都大学東京編集発行.

池田敦史・深谷計子・堀場裕紀江（2011）「インドネシア人看護師候補者への日本語指導―ある病院での実践から―」『聖路加看護大学紀要』第37号，15-18.

池田敦史・深谷計子・堀場裕紀江・菱田治子（2010）「経済連携協定に基づき来日した看護師候補生の現状と問題点」『聖路加看護大学紀要』第36号，86-90.

尾形直子（2011）「外国人看護師候補の国家試験学習支援」『看護教育』第52巻第11号，960-964.

布尾勝一郎（2015）「EPA看護師・介護福祉士候補者への「配慮の諸相」」義永美央子・山下仁（編）『ことばの「やさしさ」とは何か』第2章，三元社，56-64.

国際厚生事業団（JICWELS）「2019年度受入れ版　EPAに基づく外国人看護師・介護福祉士候補者受入れパンフレット」〈https://jicwels.or.jp/files/EPA_2019_pamph_r.pdf〉（2019年10月19日）.

第15章

外国人看護要員育成のための日本語教育支援の一例

——業務内容に応じた日本語能力の評価と病棟との連携の試み——

奥田尚甲

1　学習者の背景

　筆者が千葉県にあるS病院で日本語の支援を行うようになって4年が経とうとしている。病院の職員として勤務しながら，職務の一環として日本語や就労・生活に関わる支援を行っている。これまでの対象者としては，EPAの枠組みで来日したEPA看護師候補者（以下，EPA候補者）や看護補助者（介護業務を行う看護要員）として働く定住者で，国籍はベトナムとタイである。彼らの学習目的もそれぞれで，看護師国家試験を目指す者，夜間高校へ通いながら看護学校（准看護師）を目指す者，より責任のある仕事がしたいからと日本語を学習する者などさまざまであった。

　本章では，そのなかでも定住者として日本に在留し，看護補助者として介護業務を担当する外国籍職員に関わる取り組みを取り上げる。

（1）学習者である外国籍職員はどのような職場で働いているのか

　現在支援を受けている外国人看護人材（本章においては看護要員の意味。以下外国人看護人材，または学習者）の働く病院ではEPA候補者やベトナム人看護師養成支援事業（複数病院からなる組合による留学形態での看護師養成事業）による1990年代後半からのベトナム人看護師受入れにはじまり，ベトナム人研修医や定住外国人など，積極的に外国人医療福祉人材を受入れている。

　執筆時点で，在籍している外国人看護人材（帰化者を含めない）は8名で，な

表15.1　実践の学習者一覧

学習者	ランさん（仮名）	ティさん（仮名）	フーさん（仮名）	ドンさん（仮名）
国籍	ベトナム	タイ	ベトナム	ベトナム
職種（資格）	看護候補者	看護補助者	准看護師	看護補助者
性別	女性	女性	女性	男性
来日後	10年以上	10年以上	1年8ヶ月	8ヶ月
在留資格 （補足）	定住者 （永住権有）	定住者 （永住権有）	特定活動 （越国EPA第3陣）	特定活動 （越国EPA第4陣）

かでも EPA 候補者を含む4名（表15.1参照）は現段階でも日本語等の支援を受けており，それ以外は入職時から支援の必要がなかったか，支援を終えた者である。

　その内，本章の対象となる2名は，定住者であるランさん（仮名：タイ人40代女性），とティさん（仮名：ベトナム人30代女性）で，筆者の支援担当前から両名とも精神科の急性期病棟で常勤の看護補助者（介護職）として勤務していた。

（2）学習者の背景と学習目的

　支援を受けているランさんは来日して約10年，母国で看護師としての経歴を持ち，結婚を機に来日した。日本語の学習は来日前に半年ほどの個人授業と，娘が小学校へ入学するころから2年ほど，地元のボランティアによる日本語教室に週1回通っていた程度であった。入職の経緯は，同じ日本語教室にすでに病院で働いていたティさんがいたことと，母国で病院に勤めていた経験から，当時の日本語教師が病院に声をかけ，入職の交渉をしてくれたことであった。

　ランさんの日本語の学習目的は，病棟で独り立ちしてほかの日本人職員と共同で職務を行えることと，将来的には准看護師や看護師の資格取得を考えられるようにすることである。

　一方，ティさんも来日して約10年であるが，母国で高校を卒業後，来日前に半年ほど母国の大学で実施された日本語教室に通い，来日して結婚，数年経ってから地元のボランティアの日本語教室に週1回，1年ほど通っていた。入職のきっかけは，親類が当時，当該病院でベトナム人看護師（ベトナム人看護師支

援養成事業の枠組みでの看護師）として勤務していたことから，その親類が紹介してくれたことであった。

　ティさんの日本語の学習目的は，日本人職員とほぼ同様に病棟で業務ができるようになることであり，将来的には介護福祉士を目指したいという希望を持っていた。

（3）学習者はどのように職場で支援を受けているのか

　ランさんとティさんの2名は，筆者の支援開始時にはすでに当該病院に在籍していた。ランさんは筆者の支援開始と同時期に支援を受け始め，ティさんはその2年ほど前から週1回ずつ半日，外部講師と院内の看護師から支援を受けていた。

　ランさんは，2013年夏前に入職し，入職後も2014年3月までは，地元のボランティアの日本語教室で週1回の勉強を続けていた。しかし，外部講師が支援を終了し，筆者が支援を始めるのを機に，ランさんが院内での日本語学習支援を希望し，所属病棟もランさんの日本語能力の向上を願っていたことから，ランさんの日本語学習開始が実現した。

　この時期のランさんは主にシーツ交換や物品補充等の間接業務を担当し，直接患者と接する業務にも携わりたいと希望しており，ティさんはプリセプターと呼ばれる指導者について，少しずつ食事介助や入浴介助などの直接業務に携わり始めていた。

　支援開始当時は筆者とティさん・ランさんは同じ看護部のなかの異なる病棟に所属していた。しかし，2年ほど前から筆者は看護部とは異なる多文化支援部という外国人医療福祉人材支援担当部署からの応援という形となった。しかし，いずれにしても筆者は普段の業務ではティさん・ランさんの職務状態が分からないという状況には変わりはなかった。

2　病院で日本語を教えるなかで

　筆者が両名に対し，日本語支援を開始した頃，彼らは週2回，午後の時間に業務として日本語学習を行っていた（現在は週1回ずつ）。しかし，およそ2年が経過した頃から，病院内部の状況や両名の日本語能力が徐々に向上したなどの変化のなかで，次のようないくつかの課題が浮き彫りになってきた。

　①いつまで支援を続けるのか，②何を基準に支援をするのか，③日本語の学習評価と職務の評価をどのように結びつけるのか，④病棟（職場）との連携・情報共有をどのようにするのか。そこで，担当部署においてこれらの課題に対する議論が行われた。

（1）いつまで支援を続けるのか

　筆者が支援をして2年以上が経ち，看護学校入学や看護師国家試験の合格など，学習開始当初の目標が達成され，病院内での日本語学習を終える外国人看護人材（学習者）が出始めた。病院内での学習は勤務時間に行われ，給与も支払われているため，この時点でいまだ日本語学習を終えていない外国人看護人材（学習者）にいつまでも支援を続けていくことには無理があるという理由であった。

　そこで，年単位の期限を設けて支援を行うという案も浮上したが，ひとり立ちして仕事ができるようにという学習目的があるなかで，十分に仕事ができない状況で学習を終えなければならなくなる可能性もあり，決められた期限内での支援よりも，1職員として仕事をするために必要なレベルに達したときに終了するという方向となった。

（2）何を基準に支援をするのか

　期限ではなく，職務上必要なレベルに達することが支援終了の基準にする，ということになりはしたものの，職務上どのような対応ができれば一職員とし

て大体の仕事を任せられるのか，そのために必要な日本語能力の有無をどのように評価するのかという課題に直面した。

　議論の当初はN3やN2という案もあったが，JLPTは日本語の4技能のうち「話す」と「書く」技能は評価の対象となっていない。そのため，必ずしも職場で必要な日本語能力を総合的に判断するには適切だと言い切れない部分があった。そのことから仕事の内容と日本語能力の評価を4技能の観点から病院独自に評価基準を次項の課題も含めて作成しようという方向になった（評価基準作成の経緯，および評価基準については次節で述べる）。

（3）　日本語の学習評価と職務の評価をどのように結びつけるのか

　日本語を勉強することで，「以前より意思疎通が取りやすくなってきた」「書類の内容に関わる質問が減った」などの漠然とした変化はみられるものの，「実際どんなことができるようになっていて，どんな仕事をまかせられるようになっているのか分からない」，授業に行っても「どこでどんなことをしているのか分からない」，そんな職場からの疑問の声に対応することも課題としてあがった。

　これに関しては，学習者の日本語能力がどのような職務を遂行できるレベルであるのかを，それぞれの職務に必要な言語活動のレベルと学習者の日本語能力のレベルを比べて評価できる方法を考えようという方向になった。

（4）病棟（職場）との連携・情報共有をどのようにするのか

　職務が遂行できるように日本語を勉強しても，同じ部署のまわりの職員がそのことを理解していなければ，その外国人看護人材（学習者）のレベルに合った指導や仕事の指示は難しく，また，職業人として「次は何ができるように」という，今後の道筋も描きにくいという状況であった。

　そのため，授業の進捗状況を職場側に理解してもらい，職場での仕事の状況をどのように筆者側が理解できるようにするのかという課題も議論のなかで生まれてきた。

そこで，定期的に職場の管理者と筆者の間での面談と，限られた時間で面談を済ませられる，そして情報共有の媒体が必要だという方向となった。

3　評価基準の作成を通した日本語支援者と　業務管理者との連携

前節で述べた4つの課題を解決すべく，職務レベルとそのもととなる日本語能力の評価基準に加え簡便な情報共有のための媒体の作成を我々は始めた。

（1）評価基準作成の流れ

評価基準作成において，看護部の看護補助者を管理する責任者から職務レベルとそれに沿って要求される言語活動を提示してもらい，そのレベルごとに「聞く」「話す」「読む」「書く」の評価項目と基準を作成するという方法を採った。

看護師の教育は大きく基礎教育と現任教育に分かれる。基礎教育は看護師国家試験までの各種学校での教育であり，現任教育は国家試験合格後の教育の1つで，就労機関・施設が主体となって勤務する職員に対して実施する教育である。

当該病院では看護師の能力開発・評価のシステムの1つであるクリニカルラダー（公益社団法人日本看護協会：http://www.nurse.or.jp）を採用し，職務上の能力を評価している。また，看護師のみならず，介護福祉士を含む看護補助者に対しても近年，看護補助者用のラダーを病院で独自に作成しこれを職員教育にあてている。

一方，日本語教育では，主として年少者のために学校における第二言語としての日本語能力の評価を目的とした JSL バンドスケールという評価方法があり，それを参考に EPA 候補者むけ簡易版バンドスケールが開発されていたことから，それらを参考に当病院内で独自に評価基準を作成した[1]。

（2）評価基準

　まず，看護部から提示された業務レベルを担当部署でも検討した結果，次の5段階でそれぞれ評価基準を設定することとなった。

　第1段階：業務見習い（主に指導者とのコミュニケーションが取れるレベル）
　⇒間接業務（シーツ交換や物品補充など患者への介助を行わない業務）が教えられる。
　第2段階：通常業務のなかの簡単な業務を任せられる（チームのなかで職員および患者・ご家族と簡単なコミュニケーションが取れ，依頼されたことが実施できるレベル）
　⇒指示に応じて間接業務が行え，見守りや誘導などができる。
　第3段階：日本人の協力があれば通常業務がこなせる（日常的な業務はひと通りでき，ほかの職員と協力し業務を進められるレベル）
　⇒直接業務（介助や患者の簡単な質問や訴えなどへの対応）も行え，自分にできないことや分からないことは協力や判断を仰ぐことがでる。
　第4段階：夜勤等，1人での対応が生じる時間帯に業務ができる（日常的な業務のほか，突発的な業務にもある程度対応可能なレベル）
　⇒業務に関わる全般的な知識をもち適切な判断と相談・報告が支障なくできる。
　第5段階：リーダー業務ができる（日常業務の指導や業務の状況に応じ指示が出せるレベル）
　⇒他職種の業務や動きもある程度理解でき，同僚への業務の説明に加え，他職種の職員との業務の調整・変更などの交渉ができる。

　各段階にあてはめたレベルを，日本語教育関係者に分かりやすく便宜的に日本語能力試験のレベルに例えると，第1段階はN4相当（初級修了レベル）第2段階がN3相当（初中級修了レベル），第3段階がN2相当（中級修了レベル）第4段階・第5段階がN2を越えるレベル（中上級から上級修了レベル）としている。

表15.2　業務段階に沿った日本語能力評価基準（第3段階）

第3段階：日本人の協力があれば通常業務がこなせるレベル	
業務上の指標	日本語教育
第3段階【聴く】	
・普通のスピードで患者，ご家族の伝えたいことが分かる。 ・普通のスピードで業務の指示が分かる。 ・訛りでも概ね理解できる。 ・普通のスピードで数名での雑談の内容が概ね理解できる。 ・ナースコールに出て，緊急かどうか考えられ，他の職員に伝えられる。 ・電話に出て，簡単であれば伝言ができる。 ・申し送りの内容が概ね分かる。若しくは聞き返せば分かる。	【レベル：例】テレビのニュースの内容やドラマの台詞の多くを理解でき，駅の乗り換え案内やお店の売り場の案内（放送）などが大体理解できる。簡単な冗談なども大体理解できる。 （感情・体調を表す言葉を含む日常的な語彙と日常業務に関わる語彙が聞いて大体分かる） ・知らない言葉は知っている言葉で言い換えてもらうことで理解できる。 ・類似した複数の表現が理解できることが増えてきている状態にある。（「（学生）としては〜だ，（学生）からすると〜だ，（学生）にしたら〜だ」等） ・簡単な比喩が大体分かる（直喩）。 ・病棟でよく使う専門的な言葉が聞いて大体分かる。 ・一連の複数の文を聞いて統合して理解ができる。 ・聞きながら数回で一般的な会話や公共の場での放送をひらがなで書きとめることができる。
第3段階【話す】	
・通常の日常生活で必要な会話が，普通のスピードでできる。 ・分からなかった内容は聞き返すことで，その場で理解できる。 ・専門用語を含めて職場で必要な日本語を使って業務上必要なことを報告できる。 ・ナースコールに出て，緊急かどうか考えられ，他の職員に伝えられる。 ・電話に出て，簡単であれば伝言ができる。 ・聞きづらくない発音で話せる。 ・TPO に合わせた語彙やフレーズが増えていく。 ・数名での雑談のなかに加わることができる。 ・支援を受ければ申し送りができる。	【レベル：例】前日の出来事や自分の予定などをお互いのやり取りのなかで相手に分かるように伝えることが大体でき，道具の目的やその使い方の簡単な説明ができる。 ・単語の区切りや意味のまとまりを考えて話すことができる。（特に語中で声門閉鎖音を使用しない等） ・アクセントやイントネーションにも配慮できる。 ・感情・体調を表す言葉を含む日常的な語彙と業務に関わる語彙がある程度使える。簡単な比喩表現がある程度使える。 ・病棟でよく使う専門的な言葉がある程度使える。 ・専門的な言葉と日常的な言葉をある程度区別して話せる。（上顎・うわあご等） ・音読の後，一般的な会話や公共の場の案内放送などのシャドーイング（1拍〈1語程度〉遅れで聞いている文章と同じ文章を聞きながら声に出して言うこと）が長くないものであればできる。 ・身の回り物など知っている物事を言葉で説明できる。 ・順序立てて複数の文で説明できる。

第 3 段階【読む】	
・病棟で使われる漢字を含めて概ね読める。 ・各種会議の議事録やお知らせなどの文章が読める。もしくは分からない部分を聞くまたは調べることができる。	【レベル：例】料理本の作り方や家電製品等の取り扱い説明を読んで大体理解でき、昔話やテーマに沿ったまとまった文章（500〜800字程度）を分からない言葉を推測しながらその多くが理解できる（テーマに関する知識のない文は理解できなくても仕方がない）。 ・小学校 5・6 年生レベルの漢字が大体読める。 ・日常的によく使われる常用漢字の多くが読める（読み方を間違えることはある）。 ・病棟でよく使う専門的な漢字を見てある程度分かる。 ・読めない字を確認すれば健康診断や予防接種などの職員向けの案内が大体分かり、適切に行動できる。 ・分からない単語をどのように調べたらよいか知っている。 ・聞いて分かる文法は読んでも分かる。
第 3 段階【書く】	
・病棟で使われる言葉を使って、業務連絡、観察等の記録を書ける。 ・簡単なアンケートは書ける。	【レベル：例】簡単な近況報告などをメールでやり取りすることかでき、読んだ文章や体験談等について、時系列や原因・結果などに沿って200字程度のある程度のまとまった文章を書ける（説明等）。また400字程度の文章構成が考えられ、校正を重ねれば書くことができる。 ・数回聞きながら一般的な会話や公共の場での放送をひらがなで書き留めることができる。 ・聞きながら書いた平仮名をある程度漢字仮名文に書き直せる。 ・分からない漢字をカタカナまたはひらがなで代用し漢字仮名混じりで簡単な複文なら書ける。 ・小学校 3・4 年生レベルの漢字が大体書ける ・小学校 5・6 年生レベルの漢字の多くが書ける。 ・日常的良く使う常用漢字がある程度書ける。 ・目安箱（意見箱の一種）など、職場で必要とされる書類を書式がわかれば、ほほ自分で書ける。 ・複文が書ける。

出典：筆者作成。

　実際には、本章執筆段階のティさん・ランさん両名は第 3 段階での課程を学習中であるが、すでに日本語能力試験 N2 以上に合格している。

　また、日本語のレベルを実際に第 3 段階に当てはめたものが表15.2である。

　紙面の都合上、本章では第 3 段階しか提示できないが、5 つの段階ごとに 4

技能一つひとつの技能について，要求項目が看護部から提示され，それぞれに日本語能力のレベルを筆者があてはめていくという作業を行い作成したものである。この表15.2で漢字に関しては小学校の学年や常用漢字という表現でレベルを設定しているが，評価基準を共有する相手が日本語教育関係者ではないこと，日本で学校教育を受けている日本人のなかで働くこと，学習者の子弟が小学生であることから，国語教育のレベルをよりどころとした。表中，「大体書ける」などの表現があるが，「ほとんど」が９割程度，「大体」が７から８割，「多く」が６割程度，「ある程度」が４割程度，「少し」が２から３割の感覚である。

（3）評価方法と情報共有

（1）で示したように評価基準の作成は行ったが，実際にどのように職場（病棟）の担当責任者や学習者とのやり取りを行い，情報共有と円滑な相互理解をなるべく短時間で行う評価票としての，いわゆる通信簿を作成することとなった（表15.3参照）。

通信簿の構成は「聞く」「話す」「読む」の各技能が５項目，「書く」が４項目からなっている。年４回（３か月に１回）の評価を１回目から４回目まで一覧できるようにしており，実物はA4サイズの用紙の裏表に収まるようになっている。

各項目の評価段階はAからFまで６段階で，AからCが第３段階日本語能力レベル（達成済み（A：80/100以上，B：70/100以上，C：60/100以上）），D（60/100未満），E（40/100未満）が第３段階日本語能力レベル未達成，Fが評価未実施という段階分けである。また，評価段階の右にコメント欄があり，最後（最下段から２番目）に総評を記入できるようにしてある。

4　業務の遂行に必要な日本語能力の育成を目指して

業務遂行に必要な日本語能力の評価基準の作成と，職場（病棟）や本人との

表15.3　第3段階用通信簿

通信簿　第3段階　　　　　　　　　　　　　　　　　　　　　　　　　　　　　　　　　　　　年度

所属		氏名		評価者		作成日			
評価		A:優(とても良い)　B:良(大丈夫)　C:可(もう少し)　D:不可1(頑張る)　E:不可2(もっと頑張る)　F:未実施							
		月	コメント	月	コメント	月	コメント	月	コメント
【聴く】									
日本語の音を聞いて音の区別ができる									
日常に必要な一般的な言葉が分かる									
設定された一般的な状況を聞いて大体わかる									
業務に必要な専門的な言葉が分かる									
申し送りや業務説明が分かる									
【話す】									
相手に分かる音で話せる。									
意味のまとまりを考えて話せる（1文）									
自分のことを順序立てて話せる（数文）									
日常業務の出来事を1度話して理解してもらえる									
聞いて分かる専門用語の簡単な説明ができる									
【読む】									
小学校高学年レベルの漢字が読める									
よく使われる常用漢字の多くが読める									
伝達・説明の文章(200字程度)が読める									
テーマや時系列に沿った文章（600字程度）が分かる									
業務に必要な表現・専門用語が読んで分かる									
【書く】									
小学校中学年レベルの漢字が書ける									
単純な出来事や伝言が1～2分で書ける（2文程度）									
物事の要点や出来事の経緯を200字程度で書ける									
テーマや時系列に沿って文章（400字程度）が書ける									
【総評】自己学習方法・習慣，性格，環境，モチベーション等									
【注釈】									

出典：筆者作成。

情報共有のための媒体（通信簿）の作成を2016年度上半期に終え，2016年度下半期より実際の運用に入った。

（1）評価基準に沿った情報共有媒体（通信簿）の運用

　実際の運用において，学習進捗状況の評価を共有するのは基本的に外国人看護人材（学習者）・筆者，そして学習者の所属部署である病棟の副看護師長の3者で行うこととなった。

　授業中の学習状況やテストでAからFで評価し，6・9・12・3月に通信簿を持って病棟副看護師長に学習の進捗状況や本人たちの学習上の希望を報告，副看護師長からは病棟での業務状況や学習者の職務上の課題等が提示され，その場において両名で議論し今後の方向性を共有し，その内容を学習者に伝えるということを始めた。また，これらの内容を担当部署の会議の際，担当部署長への報告事項の1つとしている。

　具体的な授業中の活動やテストの例としては，主に「読む」「聞く」のテストではN2対策問題集や模擬試験等の利用もしているが，「話す」「書く」については聴解教材のディクテーション，音読，リピーティング，シャドーイングを行ったり，レベルに合った短編の物語を読みその内容を口頭で説明してもらったりしている。また，別室から内線電話をして伝達事項のメモをとってもらったり，内線での会話を後で話してもらったりもしている。そのほか，作文や漢字の練習・テスト，発音練習等も行っている。専門用語については，病棟から看護補助者にも知っておいて欲しい言葉をリストアップしてもらい，それらの読み方や簡単な説明を読んだり話したりできるように練習することもしている。

（2）現在の状況とこれからの展望

　本章執筆時点で評価基準と情報共有媒体を運用し始めて1年数か月が経つ。これまでのところ，運用そのものは副看護師長・筆者・学習者の間で概ね順調に推移している。

　病棟から「今どんなことを授業していて，どんなことができるのかが分かるようになったので，次にしてもらう業務を考えやすくなった」という意見が出たり，「次はこんな業務をしてもらおうと思っているのだけれども，大丈夫でしょうかね」などという相談を受けたりすることも出てきた。情報共有にかかる時間も30分以内で収まり，忙しい業務のなかでも何とか継続していける程度の負担で済んでいる。

　外国人看護人材（学習者）も副看護師長や業務の指導者と，職務レベルや今後の業務のことについて話す機会が増え，自分の得意・不得意を視覚的に提示されることで，不得意なことの学習・練習の必要性を感じ始めているようである。

　今後の運用の課題としては，これまでの評価から，3か月に1回の評価は多いように思えたことである。お盆や正月，子どもの学校行事，ほかの職員の病欠等，授業の中止を余儀なくされることがあり，学習の進展度合いに評価の回数が合っていないと感じるようになったことから，次年度以降は年3回が妥当ではないかということになった。

　また，学習内容や進展度合いが明確になったことで，支援の終了も見えてくるようになった。現在，執筆時点において支援中の2名のうち1名は当該年度で支援を終了する方向で筆者と病棟副看護師長との間で一致している。資格取得など特別な場合になった時は別途考えるにしても，ひと通りの業務ができるような基本的な日本語の下地はできたという判断の結果でもある。残る1名も次年度中には支援が終了できるのではないかという目途が立つようになってきた。

　当該病院での外国人看護人材支援は院内での支援という少々特殊な状況下にある。しかし，施設・病院で働く外国人の日本語に難があるので日本語ができるようにしてほしい等の依頼で外部から日本語の支援に入る場合に，評価という観点から本章が何らかの参考となる判断材料を提供する方策の1つになればと願う。

注

1 ）なお，病院内での当該評価表作成時には EPA 介護福祉士候補者むけ簡易版バンドスケールであったものが，現在は『外国人介護職への日本語教育法 ワセダバンドスケール（介護版）を用いた教え方』（2017）として改訂版が出版されている。

参考文献

大橋優美子・吉野肇一・相川直樹・菅原スミ・森浩（監修）（2011）『看護学学習辞典 第3版』学習研究社.

宮崎里司・中野玲子・早川直子・奥村恵子（2017）『外国人介護職への日本語教育法 ワセダバンドスケール（介護版）を用いた教え方』日経メディカル開発.

和田攻・南裕子・小峰光博（総編集）（2010）『看護大辞典』（第2版）医学書院.

川上郁雄研究室「JSL バンドスケール」日本看護協会「看護職の役割拡大の推進と人材育成」〈http://www.gsjal.jp/kawakami/jslbandscale.html〉（2019年10月19日）.

日本看護協会「看護職の役割拡大の推進と人材育成」〈http://www.nurse.or.jp/nursing/jissen/kaihatsu/index.html〉（2019年10月19日）.

第16章
外国人看護師候補者に対する
看護師国家試験対策指導とテキスト作成の試み
——多職種協働による広島での集合研修から——

小原寿美

1 広島県下における EPA 看護候補者に対する集合研修

　本章は，広島でかつて行われていた EPA 看護候補者（以下，EPA 候補者）に対する看護師国家試験対策のための集合研修を対象として，その成果と課題を明示するとともに，集合研修が果たした役割について，日本語教育およびキャリアの視点から論じるものである。

　本事例の取り組みの始まりは，2009年にさかのぼる。当時，広島県下のある病院で，EPA 候補者の看護師国家試験対策を，筆者が担当したところから始まった。病院に初めて訪問し，EPA 候補者たちと面会したときのことは今でもはっきりと覚えている。初回面談時，アイスブレイクがてら，筆者の経歴や子育てのことなどを話しながら，EPA 候補者のこれまでの学習に関するレディネスやニーズをヒアリングした。EPA 候補者たちは，笑顔で少しはにかみながら，日本にきてからの現状，病院に配属されてからの実状を語った。そして，教育を受けられることに感謝を述べながらも，「先生，きてくれてありがとう。でも私たちは，まだ日本語が分かりません。だから，勉強は難しい。国家試験の勉強も，分かりません。（これまで教えてくれた）先生は優しいです。とてもよいです。でも，（教えてくれる内容は）分かりません」と異口同音に述べた。筆者がきたことに，喜んでいる様子は見せるものの，「気持ちは嬉しいが現状は変わらないだろう」と，さほど期待はしていない様子が見てとれた。筆者も，支援を開始することになったものの，それまで同様，「先生は優しい

です。でも分かりません」という帰結となってしまったらどうしよう，そうならないためにはどうしたらよいのだろうかと，やや背中に冷たい汗が流れるのを感じながら，帰途についた。

　周知の通り，EPA による外国人看護介護人材の受入れプログラムは2008年より開始された。受入れは人材不足を補うためではなく，ヒトの流れ等を目的としたものであるという名目であったが，制度開始当初から本プログラムのスキーム自体の不備は指摘されていた。現在ではやや改善がみられるものの，当初は新聞報道などで，受入れた病院や施設側の苦労，特にどのように教育を行えばよいか分からない，支援がうまくいっていないという声が多く聞かれていた[1]。次節では広島県下での支援について述べる前にまず，集合研修を開催するようになるまでのプロセスを示す。

（1）ある病院における看護師国家試験対策支援

　筆者は看護師資格を持ち，看護師として約10年の臨床経験を持つ。結婚退職後，専業主婦時代に日本語教師という仕事を知り，ボランティアとして日本語教育に携わるようになったものの，思うように教えることができない経験を経たことをきっかけとして大学院に入学し，修士を取得した。その頃から本格的に日本語教育に携わるようになった。2004年から，夫の転勤に伴う転居で広島に住むことになったが，当時，子育てとやや遠方に住む両親の介護が必要な状態にあり，いわゆるダブル・ケア[2]が常態的であった。しかし，社会と何らかの形で直接関わりたいという思いがあり，非常勤職として日本語教育に携わる日々を送っていた。このような状況のなか，2008年，EPA による外国人看護人材の受入れが始まった。筆者が日本語教師になって約10年が経った頃であった。

　ダブル・ケアの最中ではあったが，時折聞こえてくる「EPA 受入れ施設の苦悩」や EPA 候補者の「もっと教育を」というメッセージに，当初は見て見ぬふりをしていた。なぜなら，子育てだけでも大変な負担のなか，親の介護も行わなければならない状態が続いており，これ以上何かを担うことは物理的に

不可能とあきらめていたからである。このような状況が続くなか，日常の雑事に忙殺されてしばらくはこの1件を忘れていたものの，子育てと親の介護の状態が少し落ち着き，日常を取り戻しかけた頃，新聞記事上である記事を目にした。そこには，県下のEPA候補者事例が取り上げられており，EPA候補者，および受入れ施設も，どのように学習を進めていけばよいか困っているという状況が記されていた。そこで，関係者に連絡をとりEPA候補者受入れ病院を訪問した。病院関係者，およびEPA候補者と面談し，現状をヒアリングし，筆者にできることや支援の方策についての考えを具体的に示した。その後，支援開始が決定し，週2日，1回2時間の看護師国家試験対策が始まった。院内で，1病院が受入れている2名のEPA候補者を指導する形態であった。

　第1回目の2時間のやり取りが終わったところで，EPA候補者は「今日のところは，分かりました。でも，これだけあります。どうしたらよいですか」と，広辞苑並みの厚みの看護師国家試験対策テキストを示しながら，涙目になっていた。筆者自身が国家試験を受けたときのことを思い起こすと，涙目になる要因の一部は容易に想像できる。ましてや，異文化のなかで，よく理解できない日本語で書かれた分厚いテキストを前にして，途方に暮れるEPA候補者たちの気持ちは察するに余りあった。

　幸い，授業を重ねるにつれEPA候補者のコメントに変化がみられるようになった。当初，「すみません。私は分かりません。日本語が分かりませんから」「（日本の看護現場の状況を説明した後に）でも，インドネシアではこうです」と，どちらかというと後ろ向きだったコメントが，「どうしてそう考えますか」「日本では，こうするんですね」「インドネシアの看護を思い出しました」「インドネシアと同じですね」とやや前向きに変化し，笑顔も増え，ポジティブな方向への心境の変化が見てとれた。発言や表情の変化に加えて，行動面でも変化が見られるようになった。少しずつではあるが，指導した内容は理解ができるようになり，自習も可能になった。前の週に学んだことは復習しており，学習した範囲の復習テストではほぼ満点がとれるようになってきた。このように，EPA候補者が少し筆者の教え方や学習スタイルに慣れ，やる気になり，分か

るようになったという手ごたえを感じ始めた頃，EPA 候補者から，「先生，私の友達も困っています。(どう勉強を進めたらよいか) 分からないです。一緒に勉強できませんか」と相談を受けた。そこから，近隣の EPA 候補者受入れ病院にメールや書面で呼びかけ，集合研修で看護師国家試験対策を行うという形式へと発展することとなった。

（2）広島における集合研修の概要

　集合研修は2010年10月から2013年 1 月まで開催された。開催当初，3 名だった参加者は，2011年10月には第 3 期の EPA 候補者も迎え，広島・山口両県の 3 病院からの計 5 名（男性 2 名，女性 3 名）となった。出身は全員インドネシアであった。月 2 回のペースで週末を利用して開催し，1 回につき午前と午後の合計 4 時間程度の学習時間を設けた（小原・岩田 2012）。集合研修にしたのは，EPA 候補者の勤務する病院が散在しており，日本語教師がすべて訪問することは物理的に困難なためである。また，異文化適応を促進するという観点，および不適応を抑制する観点から，同郷（同国出身）の EPA 候補者同士で集まり，情報交換を行うことや精神的にサポートし合う状況を作ること，他愛ないおしゃべりをして息抜きをすることなどが有益だと考えたためである。午前と午後の授業の合間である昼休みは1.5時間と長めに設け，お祈りの時間や EPA 候補者同士が息抜きがてらゆっくりできる時間にあてた。研修場所は広島駅から徒歩圏内に設け，集合研修後，参加 EPA 看護候補者が近隣で買い物をしたりできる場所を確保するなど配慮した。

　教師側は，集合研修企画時に筆者が同じ広島市内の大学に勤務する岩田一成氏に声をかけ，岩田氏が運営している研究会メンバーに呼びかけを行った。筆者は当時，日本語教師養成講座の講師をしていたことから，保健師資格を持つ教え子ら，本分野の支援に興味を持っていた元受講者たちに声をかけ，有志が手をあげた。こうして，大学教員や専門学校教員を含む日本語教師，保健師・看護師資格保有者による即席混成教師チームが誕生し，支援が開始されることになった。

（3）研修内容と EPA 候補者の様子

　研修の主目的は「看護師国家試験合格」とした。参加者のニーズも，EPA 候補者の受入れ病院のニーズも，もっとも高いものが「国家試験に合格すること」であったためである。国家試験の問題が解けるようになることを目指して研修計画を立てた。EPA 候補者たちの施設着任時の日本語能力は N3 レベルであった。日常会話はなんとか行えるものの，非漢字圏出身の EPA 候補者たちにとって，読み書きは困難も多かった。特に，級外語彙や，見慣れぬ漢字が多く並んでいる看護師国家試験対策本に書かれた内容の読解には，苦労していた。このような状況のなか，非漢字圏の日本語学習者である彼ら彼女ら一人ひとりのレディネスを確認しながら，手探りで研修を進めていった。研修方法としては，日本語教師 3 名から 4 名，看護師・保健師資格保持者 1 名から 2 名，見学者 1 名から 2 名がスタッフとして関わり，毎回午前と午後の担当者を決めて，授業を進めていった。筆者以外は全員 EPA 候補者の支援は初めてであり，各人が担当回以外にも他者の授業の様子や EPA 候補者の反応などを観察したり，患者役として授業に関わったりしながら足りない知識を補い合い，研修の回を重ねていった。具体的な研修内容について，概要を表16. 1 に示す。

　表16. 1 の通り，漢字理解の方針としては，主に専門漢字の意味と読みが分かることを優先した。たとえば，研修初期には，「膵炎[3]」などを扱い，以下のように授業を展開させた。N3 レベルまでの日本語学習ではまず見ることのない漢字であっても，炎症の「炎」の字は国家試験や解説本に頻出するものであり，この字の意味と臓器名の漢字が分かると，どこに炎症があるか，患者はどのような状態なのかが漢字からある程度判別できることから，このような汎用性のある「炎」「症」などの接尾辞とともに，組み合わせて使えるような臓器に関する漢字などを導入した。毎回の研修の朝 1 番の活動としては，簡単な医療問題ゲーム（例：日本語教師が『お酒をたくさん飲むとこうなります』と EPA 候補者たちに問いかけ，EPA 候補者が「肝」と「炎」というカードを手に取れれば正解）など，眠気覚ましを兼ねた活動を行った。臓器に関する漢字については，それはどこなのか指し示してもらうなど，頭だけでなく体を動かしながら行う

表16.1　集合研修クラス概要

実施期間	2010年10 月～2013年 1 月	
内　　容	午前（10:30-12:30）	午後（14：00-16:00）
	＜漢字理解確認＞：意味優先 読みもわかればよい。書けることは要求していない。	＜漢字理解確認＞：意味優先 読みもわかればよい。書けることは要求していない。
	＜前回分テスト＞12問程度の前回分問題理解テスト。全問正解～10問正解程度まで（1 名の候補者は，毎回全員正解）	＜前回分テスト＞12問程度の前回分問題理解テスト。全問正解～10問正解程度まで（1 名の候補者は，毎回全員正解）
	＜必修問題＞担当：日本語教師（看護師資格なし） ※ただし，毎回看護師有資格者が同席している	＜一般・状況設定問題＞担当：日本語教師（看護師資格あり）
授業例	＜必修問題トピック＞ ・悪性新生物 ・感染 ・院内感染防止策	＜一般・状況設定問題トピック＞ ・悪性新生物の要因 　（食事・生活習慣等） ・スタンダードブリコーション

出所：小原・岩田（2012）より筆者作成。

活動を多く組み込んだ。また，Q&A を通じて，復習やレディネスの確認を兼ねた。その後，テスト形式で前回の復習ミニテストや定着の確認をし，当日のメイントピックとして新たな分野の必修問題を導入していった。午後はその必修問題のトピックに関連した一般問題などを扱い，1 日の授業を易から難へと配置し，研修を進めた。交通機関の乱れなどで遅刻をする EPA 候補者はいたものの，毎回研修には全員が参加し，授業にも主体的に取り組んでいた。質問も多く，インドネシアで学んだ知識やこれまで重ねてきた経験，日本の受入れ病院で日々行う業務のなかから感じられる疑問なども，関連する問題のなかで質問を行い，言語化しながら確認をし，一つひとつ積み上げて，知識を自分のものとしていく様子が見てとれた。

2　多職種協働による集合研修の運営

筆者はこの集合研修の立ち上げに携わり，共同代表者とともに企画運営実行

担当という立ち位置にいた。つまり，中心となって研修を動かし，すべての責任を負う立場であった。求められていた役割としては，①EPA候補者・病院関係者との連絡・調整，②教室の予約・管理，③看護面の教育・教材作成，④日本語教師への看護面の日本語教育アドバイス，⑤外部との連絡調整，⑥これらを包括した全体マネジメントである。文字にして確認してみてもいかに無謀な取り組みであったか，今更ながらに感じるのであるが，当時はまだ筆者も若く，何かしたいという思いが先走っていた。とにかく何とか研修を動かさなければ，という思いと，非常勤職のかけもちであった身軽さから，何とか日々の時間をやりくりし運営する日々であった。

　当初目の前にあったのは，複数のEPA候補者の困った顔であった。何とか国家試験に合格したい。でも自分たちの力ではどうしようもないと途方に暮れた顔。彼らを前にしながら，笑顔で参加してもらえる「楽しくてためになる」研修会を目指して，多くのメンバーの力を借りながら，月2回のペースで研修は進んでいった。次節では，今後，地域で支援活動を立ち上げようと考える方々に向けて，当時の状況を振り返り，支援組織運営という視点で情報を整理していく。

3　集合研修運営上の課題と教材作成の試み

（1）運営上の克服すべき課題

　振り返ってみると，研修会を開催するにあたり，多くの課題があった。研修会に必要な要素を経営資源として分析的に見た場合，「ヒト，モノ，カネ，情報」のすべてが，運営上の克服すべき課題として指摘できる。

　各資源について具体的に見ていくと，「ヒト」に関しては，十分とは言えないものの，第1節で述べた通り，岩田氏と筆者の人脈で何とかまかなえた。人と人とのつながりが，この研修会を何とか成立させていたといっても過言ではない。逆に言うと，「ヒト」依存度の高い研修会であったともいえる。国内の労働力人口が減少し，日本語教師の需要も高まっている状況にあって，今後仮

に同様の状況で研修会を開催する場合，この研修会と同レベルの支援者を集められる可能性は高くないと考えられる。かつての日本語教師余りの時代と異なり，近年では地方都市広島と言えども，即戦力となる日本語教師はすでに日本語学校等で職に就いており，「ヒト」不足のためである。この点を考えると，今後看護分野の外国人支援に関する人材を育成する教師研修が必要であり，本分野のニーズも高まってくるであろう。

　「モノ」に関しては，いくつかの課題があったが，以下の通り，クリアすることができた。まず，会場の確保であるが，地方都市とはいえ，広島駅からそう遠くない場所を借りるとすると，通常それなりに経費がかかる。しかし，任意のボランティア団体が外国人支援という名目で運営する講座であったため，交渉の結果，公的な施設内の教室を無償で借りることができ，教室内のホワイトボードや机，昼食会場となる調理室なども利用できることになった。そのため，「モノ」に関する課題は何とか克服することができた。

　「カネ」の部分については，基本的には EPA 候補者の所属する病院からの研修費を講師費用にあてる形でやりくりし，手弁当での運営を行った。営利組織でないため，利益をあげる必要はないものの，支援者に支払う講師料はごくわずかとなった。支援者の善意によって成り立つ形のボランティア活動に近い形態での運営であった。

　今後同様の研修会を，持続性をもって開催する場合，資金については再度検討する必要があると思われる。受入れ病院からの研修費に加え，自治体や企業との交渉など，資金確保の手段を複数持ち，安定的な運営を目指す必要があるであろう。筆者も含め，日本語教師は「カネ」集めを得意としない場合が多く，また日本的な文化として「カネ」にこだわることをよしとしない風潮も時として見られるが，支援者確保のためにも，また，研修会の安定運営や質の向上のためにも，財源は必要である。

（2）教材作成のコンセプト

　上記のようなさまざまな課題を抱えながらも，細々と継続していた研修会で

あったが，筆者が研修開始当初から感じた最大の課題は「情報」に関するものであった。それは，「日本語能力がそれほど高くない EPA 候補者が使える看護師国家試験対策本がない」という点である。これは言い換えると，「日本語教育と看護教育のそれぞれの専門家をつなぐ教材がない」ということでもある。EPA 候補者支援において，最大かつもっとも根源的な課題と言っても過言ではないだろうか。

　通常，専門分野の学習を行おうとする際には，専門分野の学習に至る前に，求められる日本語レベルまで日本語能力を高めた後に，専門分野の学習を開始する場合が多い。本分野に当てはめて述べるとすると，現在の主流としては，N2程度は必要であろうとされる[4]。また，EPA によらない外国人看護人材の場合，看護師国家試験受験資格としての日本語レベルは N1と規定されており，看護の専門学習・就労を前提として求められる日本語能力は一般的に高い。しかし，第1節でも述べた通り，来日した EPA 候補者たちの病院派遣時の日本語能力は N3レベルだった。派遣時の日本語能力がどうであれ，3年以内に国家試験に合格するという目標を立て，学ばなければならないことを考えると，道は険しい。本来なら看護を学ぶ前に求められる日本語レベルと，現状の乖離が甚だしい状況である。しかし，すでに来日し病院に派遣されている EPA 候補者を目前にして，看護の学習はひとまず置いておいて，まずじっくり N2レベルまで日本語能力を高めてから専門分野の学習を始めるスタイルをとるのは難しかった。また，受入れ制度に無理があることを評論家のように唱えるばかりでは，現実的な対応とはいえない。これでは，来日した EPA 候補者も救われないだろう。そこで，教材がないなら作ろうと，日本語教師が扱えそうな看護師国家試験対策用教材作成を試みた[5]。

　看護師国家試験の試験問題構成は，年度によって変化はあるが，たとえば集合研修開催当時の2011年2月に行われた第100回試験では，必修問題50問，一般問題130問，状況設定問題60問の合計240問を，午前午後の合計5時間20分で解答する。問題形式としては，必修問題はもっとも基礎的，基本的な短問短答形式の問題が多い。一般問題ではやや長い文や複雑な問いが見られ，状況設定

問題では多くが長文読解問題とそれを解くための問いや選択肢を文で読む形式となる。状況設定問題は，問題形式だけでなく，分野をまたいだ複合的な問題となるため，内容もより複雑になる。本研修会では，まず必修問題を取り上げ，関連する分野の問題をまとめ，学習項目を選定し，研修を進めていった（小原・岩田 2011）。また，教材作成においても，必修問題重点主義をとった。これは，以下の理由による。

石川（2009）でも必修問題の重要性が指摘されているように，看護師国家試験において必修問題は，全問題の内8割の正答率を超えなければ即国家試験不合格となってしまうという高いハードルの設定がなされている。そのため，繰り返し学習し，たとえ出題形式が異なる問題であっても，確実に8割以上得点できるようにトレーニングを行うことが必要となる。また，問題形式は短問短答形式のため，シンプルかつ短いキーワードや文章で書かれた問題が多く，問題の量的観点から見ても EPA 候補者の認知的負担は重くない。すでに母国で看護を学んでいて知識としても持っており，かつ日本語の語彙としても理解ができている場合，正答しやすい問題が少なくないことから，勉強する気が起こる問題群でもある。また，必修問題で扱われている語彙は，一般・状況設定問題と比較すると少なく，汎用性がある[6]。必修問題が終わった後，一般問題や状況設定問題を解くことを考えても，準備段階として必修問題を扱うのは理にかなっていると思われた。そのため，まずは「基礎的」かつ「効果的」で「勉強する気が起こる」問題群として，必修問題を重点的に扱うことにした。

また，もう1つの観点として，アルバート・バンデューラの自己効力感（Bandura, A: 1977）にふれたい。自己効力感とは，あることが「自分にはきっとできる」「できそうだ」と感じる感覚を指し，「できそう」という感覚と「きっとこうなる」という結果予期の組み合わせで，人の行動が決まるとされる。自己効力感が高い場合，自信を持ち積極的に行動し，失敗をおそれずチャレンジするとされる。先に述べた通り，必修問題は看護師国家試験問題のなかでは，正答に至りやすい問題も多い。必修問題対策を行いながら知識を積み重ね，問題に正しく答え，それ以降の国家試験対策において，「自分にはきっと

できる（解ける）」「できそうだ（解けそうだ）」という自己効力感を持つことは，学習継続のために重要な意味を持つと考えられる。自己効力感を高めるためにもっとも効果的であるのが，自分自身で課題を遂行し，成功体験を積むことである[7]ことだと考えるからである。そこで，次節で見るように，教室活動では解くためのヒントを十分に授業に盛り込むことで，実際に「分かる・できる」という感覚を持てるようになり，正答へとたどりつくことができるような教材（小原・岩田他：2013）の開発と研修の授業編成を目指した。

（3）教材の内容と教室活動の実際

本研修会で候補者支援を行うなかで用いた教室活動のアイディアは，以下のようなものである[8]。図16. 1で示すが，一例を示すと，高齢者の特徴を扱った問題を解く際には，過去に出された類似問題をまとめて提示し，Ｑ＆Ａ方式で理解を深めていった。教材にはルビを振り，必要と思われる専門用語には英訳を付し，やさしい日本語に置き換えるなどである（図13. 1参照）。

これらのような本研修会で用いたアイデア，活用していた訳語などを整理し，まとめ，モニター版冊子を作成した。看護師，日本語教師の視点だけでなく，医師の監修も経ている。この冊子は研修会の共同代表であった岩田氏によって，後に頒布の体制が整えられた[9]。

4　広島での集合研修試行の経験から　　得られたものとは

振り返ってみると，開講中には，EPA候補者や支援者をはじめとした多くの方々との交流によって満足感や充実感が得られ，情報交換によって，インドネシアのことやインドネシアの看護のことも，少しではあるが理解できた。このような感覚的な喜びに加え，以下に示した通り，各方面に渡り，具体的で実践的な成果が得られたように思う。

まず，集合研修による振り返りを生かした教材が作成されたことは，大きな

老年期　必修　関連問題

97-10　高齢者の歩行の特徴(characteristic)

> 高齢者に現れやすい歩行の特徴はどれ**か**。
> 1.　歩幅(stride)が広くなる。
> 2.　後傾姿勢(posterior inclination)になる。
> 3.　すり足歩行(足をあまり上げずに歩くこと)になる。
> 4.　上肢(腕)の振りが大きくなる。

後傾姿勢　　　　　　前傾姿勢

医療解説

97-10　高齢者の歩行の特徴(characteristic)

> 正解:3:すり足歩行(足をあまり上げずに歩くこと)になる。
> →1, 2, 4を正しく直してみよう。
> 1.　歩幅は？　　　→　狭くなる。
> 2.　姿勢は？　　　→　前傾姿勢になる。
> 3.　上肢の振りは？　→　小さくなる。
> →「高齢者の特徴」で、歩いてみよう！(姿勢を確認)

図16.1　老年期

出所：小原・岩田他（2013：18, 19）。

成果であろう。実践を重ね，N3レベルの EPA 候補者とやり取りをしながら作成した教材である。インドネシア人 EPA 候補者以外[10]にも，N3レベルで来日し，日本語学校で学ぶ外国人看護師候補者の授業でも使用し，国家試験対策の一助となることが確認された。そのため，非漢字圏のインドネシア人 EPA 候補者支援でもまずまず理解できる看護師国家試験対策（必修対策）用の導入教材が示されたと言える。

　教材以外の成果としては，支援者として研修に参加していた日本語教師として，非常勤職だった複数のメンバーが，この研修後に専門学校や介護福祉施設に常勤雇用されたこともあげられる。常勤雇用されたある日本語教師は，研修参加によって大きな学びや気付きを得たことから，他職から，希望していた日本語教師に転職したとも述べている。

（1）元受講生の現在の様子

　集合研修の成果として，当時の参加者の試験合格状況や，現在の様子にふれたい。まず，研修参加中の2012年の国家試験合格者は１名であった。研修終了後に准看護師試験に合格したのは２名である。うち１名は滞在最終年度には看護師国家試験にも合格したものの，家庭の都合で，家族とともに帰国した。もう１名は准看護師として現在も日本で働いている。残り２名は，試験合格を待たず，早期に帰国し，うち１名は母国で就労中，残る１名は結婚し子育て中である。

　全体として，本研修会参加者５名のうち３名は，日本において何らかの看護師としての資格を取り，就労したことになる（図16.2参照）。

（2）本分野の支援を目指す皆さまへ

　広島における研修会を企画・運営し始めてから今日まで，多くの日本語教育関係者，介護教育関係者，研究者，現場スタッフの方たちと出会うことができた。一時的な関係もあったが，多くは現在に至るまで連携が続いており，この時期の活動は筆者の生き方にも大きな影響を与えた。広い視野で物事を俯瞰的

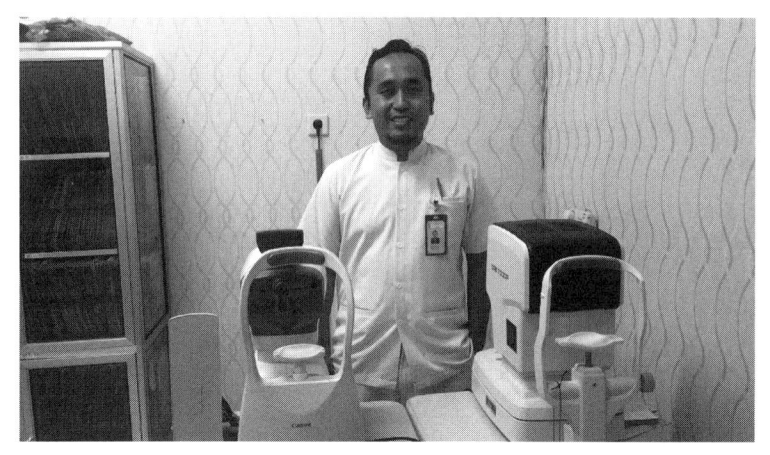

図16.2　合格後帰国しインドネシアの病院で働く元候補者トゥリさん
出所：同僚撮影。

に見る力，マネジメント力の重要性を感じながらも，その後の専門学校勤務時代はマネジメントの難しさ・自らの無力さを感じ，専門的に学ぶことの重要性を痛感した。そのため，本章執筆時現在，大学でキャリア教育・日本語教育の教員として働きながら大学院に在籍し，学びなおしをしながら，キャリアや外国人介護・看護人材の研究（小原 2017a など）を行っている。以上のように，現在の自分自身のキャリアには，この時期の経験が強く影響している。広島における集合研修は，関係スタッフや参加していた EPA 候補者を成長させただけでなく，主催していた筆者をも成長させてくれたように思う。

　現在筆者は，「看護と介護の日本語教育研究会」の副代表幹事として，教師研修に携わる機会がある。当時，筆者が疑問に思っていたことを，現在，同様に思い悩む参加者の方々と情報交換する機会に恵まれている。社会情勢を鑑みると，本分野の支援は今後ますます必要となるであろう。また，それに伴って支援者も増加することが予想される。当時筆者が感じていたように，「支援に関する知識や具体的な情報がほしい，関係者同士の情報交換の場がほしい」という方が，これらのニーズを満たすことのできる会になるよう，研究会の一員として微力ながら役割を果たしていきたいと考えている。

　最後に，現在日本語教育分野に片足を置きながらも主としてキャリア教育に携わる者として，本分野の日本語教師を目指す方々に，看護・介護の日本語教師としてキャリアを積んでいくためにどのような力が必要か私見を述べてみたい。

　もっとも必要とされるのは，「人を巻き込み動かす力」であろう。本分野の日本語教育は，個人の力でも，日本語教師だけの力でもできない。異分野の方々や，行政関係者，EPA 候補者の受入れ先の方々に自分たちの行おうとしていることを，理解の得られる形で伝え，実績を作り，成果を出すためにはかなりのエネルギーを費やす。だがこの経験が，携わった者を大きく成長させる糧となる。また場合によっては，本研修で見たように携わった周囲の関係者の成長をも助けることとなる。何より，支援に携わった EPA 候補者が資格を取り，日本で就労し，有資格者として日本や母国の医療現場に貢献できるのは，望外の喜びであろう。

　広島におけるかつての集合研修は，現在は行われていない。しかしながら，当時の研修があったからこそ，実践をもとにメンバーで試行錯誤しつつ，教材を作成することができた。支援メンバーも EPA 候補者も，成長した。当初，EPA 看護候補者支援を目指して開催された集合研修は，実は EPA 候補者のためになっただけでなく，日本語教師をはじめとした支援者にとってもポジティブな影響をもたらす結果となった。集合研修から我々関係者が学んだこと，そして得られたものは，単なる合格など一時的な小さな成果にとどまらない。集合研修は，EPA 看護候補者・支援者それぞれのキャリアにおける重要な節目となったと言えるだろう。

　日本語教師が，不確実性の高い21世紀の社会をたくましく生きていくための選択肢の１つとして，こういった支援に携わってみることは成長の大きな糧となる。他職種からの転職希望者など，いきなり転職するのは躊躇する場合も多いが，まずはこういった地域の支援活動などに加わってみて，この世界がどのようなものか体感してみるのも悪くないだろう。あるいはむしろ，このような機会を積極的に創出し，成長の糧としていく手もあるだろう。本章が，そのた

めの一助となれば幸いである。

注

1）受入れ制度については，布尾（2016）に詳しい。
2）育児と親の看護・介護などのケアを同時期に二重に担うこと。
3）日本語学習者の読解に役立つツールと読解教材を統合した，学習支援サイトである「リーディングチュウ太」〈http://language.tiu.ac.jp/〉（2019年10月19日）による級別判定では，「膵」は級外五位「炎」は N1語彙。
4）布尾（2011）参照。
5）詳細は，小原・岩田（2011），および小原他（2013）参照。
6）詳細は，岩田（2014）参照。
7）Bandura, A.（1977）では，自己効力感の変容を促す学習経験として，①遂行行動，②代理的経験，③言語的説得，④情緒的喚起の4つをあげており，このうち，①の自分自身が何かを達成したり，成功したりした経験が，自己効力感を高めるためにもっとも重要だとされている。
8）詳細は，小原・岩田（2012）参照。
9）本テキスト作成は「第42回三菱財団社会福祉事業（採択テーマ：EPA 外国人看護師候補者に対する国家試験対策のための基礎研究）代表研究者：岩田一成」の助成を受けて行った。希望者には頒布可能である。詳細は本文末参照。
10）ほかにも，海外における日本向け看護師養成コース等で活用されている。

参考文献

石川陽子（2009）「EPA による外国人看護師・介護福祉士の受け入れと日本語教育―国家試験に関連した動きと展望　外国人看護師に求められる日本語能力―」『2009年度日本語教育学会秋季大会予稿集』45-47.

岩田一成（2014）「看護師国家試験対策と『やさしい日本語』」『日本語教育』第158号，36-48.

岩田一成・小原寿美（2011）「インドネシア人にとってわかりにくい問題とは？―看護師国家試験必修問題の分析―」『2011年度日本語教育学会秋季大会予稿集』83-88.

小原寿美・岩田一成（2012）「EPA により来日した外国人看護師候補者に対する日本語支援―国家試験対策の現状と課題―」『山口国文』第35号，124-114.

小原寿美・岩田一成・細井戸忠延・菅井（大津）陽子（2013）『やさしい解説付き看護師国家試験対策　テキスト』（自主公開モニター版）.

小原寿美（2017a）「元留学生外国人介護福祉士の組織適応に関する事例研究―社会化

エージェントに着目して—」『第13回介護経営学会学術大会抄録集』20.

小原寿美（2017b）「中国人介護福祉士の組織社会化に関する事例研究—元留学生のインタビュー・データから—」『中国日本語教育研究会江蘇省分会2017年日本言語文化国際シンポジウム会議ハンドブック』27-28.

布尾勝一郎（2011）「海外からの看護師候補者に対する日本語教育」『日本語学』第30巻第2号，18-28.

布尾勝一郎（2016）『迷走する外国人看護・介護人材の受け入れ』ひつじ書房.

Bandura, A.（1977）. Self-efficacy: Toward a unifying theory of behavioral change. *Psychological review*, 84(2), 191-215.

付記

看護師候補者支援に関わっていらっしゃる方へ

　本文中で紹介した必修問題対策用『やさしい解説付き看護師国家試験対策テキスト』は，希望する方（支援者限定）に頒布可能です。以下のアドレスにご一報ください。hkohara@h-bunkyo.ac.jp, hhkohara@kb4.so-net.ne.jp（小原寿美）

第17章

現場が求めるEPA候補者育成のための日本語教育とは
——看護師から転職した日本語教師による実践事例から——

島田富子

1 EPA候補者への日本語教育のはじまり

EPA看護候補者を知ったのは、2008年8月のNHKのニュースである。筆者の看護学校時代の経験から、外国人が日本の看護師国家試験を受験する大変さは想像できた。しかしそのときは、自分が日本語教師として関わるとは全く思っていなかった。

筆者が2018年2月現時点で、日本語教師として担当しているのは、EPA看護候補者のインドネシア人2名、EPA介護候補者のベトナム人6名、技能実習生のインドネシア人12名である。彼らの所属の病院、特別養護老人ホーム、企業各々に出向き就労時間中に日本語指導をしている。

日本語指導は業種に関係なく各週に1回、時間は2時間で毎週定期的に実施している。各施設からは継続的な日本語指導で日本語の上達を促し、職場でのコミュニケーションが上手く図れるようにし、職種毎の目標が達成できるようになることを求められている。本章では、これらの取り組みのうちEPA看護候補者への支援を中心に取り上げ記す。

2 EPA候補者の日本語指導の実際

日本語指導の実際は各分野の目標に違いがあるので、それぞれの目標が達成できるように配慮している。EPA看護候補者は日本の看護師国家試験の合格

を，EPA 介護候補者は，日本の介護福祉士国家試験の合格をそれぞれに目指すからである。

　日本での在留期間は，在留資格によって在留年数も違ってくることから，その期間内でそれぞれの目標を達成することは，本人たちにとっても重要な意味を持つことになるが，まず日本語能力を上げていくことが重要となる。しかし，業種ごとに専門用語があり，生活の日常会話の他にそれぞれの専門用語を習得する必要がある。看護師，介護福祉士とも，医療の専門用語が多く，日本語での学習は大変な努力が必要である。

　筆者の日本語指導の経験のなかからそれぞれの業種での取り組みを紹介し，日本語指導で見えてきた留意点をここに記す。

　ベトナム人 EPA 介護候補者 6 名は2017年 5 月に来日し，その後研修センターで日本語等の研修を受け，7 月末に別々の受入施設先の特別養護老人ホームで就労を開始した。入国時には JLPT の N3取得者が 3 名（以下，N3レベル）で，N2取得者が 3 名（以下，N2レベル）であった。2 か所の特別養護老人ホームは東京都内であり，いずれの施設もベトナム人の採用は初体験であった。

　6 名の目標は，4 年間で国家試験受験資格として必要な 3 年以上の実務経験と実務者研修（6 か月／450時間）を経ること，そして国家試験に必要な介護の専門知識と日本語能力を身につけることであった。

　日本語能力の N3と N2の理解力の差を考慮し，別々のグループで学習を行った。N3レベルは「みんなの日本語中級Ⅰ」を，N2レベルは「みんなの日本語中級Ⅱ」を使って日本語の学習を進めた。当然のことながら指導内容についての理解力は，N2レベルの方が早く，会話力もあった。日本語指導開始時，6 名全員がその時取得している JLPT の 1 つ上の級の合格のための日本語学習を希望した。

　来日後約 7 か月目頃から介護関連の学習の方を開始したが，JICWELS の目標に沿って施設の教育担当者が学習を進めるので，筆者の指導が JICWELS のテキスト内容と重複しないように注意をした。JICWELS では，EPA 介護候補者の場合，就労・研修開始 1 年目，2 年目，3 年目における日本語と介護の知

識と介護の技術の３項目の学習目標が決められている。具体的には就労・研修の２年目に，介護分野の頻出漢字と介護の基礎知識を習得，３年目に国家試験過去問題の反復練習が始まる流れとなっている。

　筆者は，６名が日本の介護福祉士について理解することが重要と考え，その対策を考えた。すぐ忘れてしまう学習ではなく，着実に身につく指導方法をである。

①ベトナムにない介護福祉士の仕事

　ベトナムでは高齢者の世話は家族がするものと考え，お金を出してサービスを受ける習慣がなく，介護分野の知識は日本に来てから初めて知ることになるようである。そのため，日本の社会情勢から理解して行く必要があり，法律の名前，介護の専門用語と知識など介護の専門分野を理解する必要がある。そこで筆者は読解力を養うため，知識の定着のためには書いて覚えることが重要と考え，市販されている介護福祉士の受験対策本のなかから支援の目的にあった本を使った。これを１冊読み終わる頃には国家試験に関連する用語，知識についてひと通り耳にし目にすることができるからである。介護の用語は漢字が並んでおり，EPA 介護候補者が読めない漢字も多く，意味も解らないことが多かった。そのため，音読を繰返して漢字を読む練習と，書き言葉と説明文に慣れてもらうことを目標にした。読むことができなかった漢字は，次のページにも繰り返して出てくるので自然と読めるようになっていった。漢字が読めるようになった頃には文章の意味が少しずつ理解できるようになっていった。漢字や専門用語については必要な時に一般的な簡単な言葉で解説した。使用した国家試験対策本には設問があったので，その文言を書き移すことも同時にできたため，専門用語の漢字を書く練習にもなった。

　介護福祉士国家試験に必要な医学や看護系の知識については，母国で６名全員が看護師資格を取得していたため，その看護の専門知識と日本語の専門用語とを紐づけした。日本語で書かれた解剖生理の図を渡してベトナム語に変換することを宿題にしたりして，次の週に答え合わせをした。このベトナムで習得済みの医学や看護系の専門知識を日本語とをつなげる作業は大変効果的であっ

た。

②高齢者の日本語

　彼らが就労して3か月目になった頃,「利用者さんの話すことばが分からない」と言うようになった。具体的にその状況を聞くと,「発音が分からない」「使っている言葉を知らない」「聞きとれない」などだった。彼らの知っている一般的な標準の日本語を高齢者は使わないので,分からないと言うのである。彼らの職場で日々見聞きする日本語は,JLPTの日本語とは異なる。高齢者は方言を使い,その人の生活の歴史が言葉に表れるので,高齢者が使う言葉が分かるようになるには時間がかかることを教えた。

③話せても書くのが苦手

　介護の現場では,毎日,朝と夕方に入居者についての申し送りがある。申し送りの言葉は一般の生活の日本語と違い,大変特殊な言葉使いをする。申し送りは入居者の様子や異変について的確な専門用語で表現することが重要であり,それを介護記録として残さなければならない。就労して1年が過ぎた頃,施設の教育指導担当者から「読むのは上手だが,書くことができなくて困る」と相談を受けた。

　そこで,書くことに慣れてもらうために日記を書いてもらうことにし,それを宿題とした。簡単な日記から始めて,毎回学習開始の時間を使って,彼らが書いた日記の文章の修文をした。日記を修文する前と後で比較し,その違いを知ってもらった。日記を書き始めて約6週間が過ぎた頃から,短い文の羅列だった小学生程度の文章が,「が」「ので」「から」などを使って2つから3つの文を1つの文にし,その内容が読み手に伝えることができる中学校上級生程度の文章になった。例えば「朝,雨が降った」「今日は仕事が休みだ。」「朝ごはんを食べてから駅に行った」の3つが,「今日は朝から雨が降っていたが,仕事が休みなので,朝ごはんを食べて駅に行った」となるなど文書力が上がっていった。

3　EPA 看護候補者が看護師国家試験を受験するまで

　EPA 看護候補者になるには，母国の看護師資格と看護師の実務経験が必要である。母国での実務経験の年数は，国で違いがある。インドネシアとベトナムは 2 年の実務経験が必要で，フィリピンは 3 年の実務経験が必要である。来日 1 年後から看護師国家試験受験が可能であるが，その合格率は低い。3 年間の在留期間に 3 回の受験が可能である。3 年目の看護師国家試験で不合格だった時は，一定の条件を満たすと 1 年間滞在延長が可能であるが，N3の日本語能力があること，病院で就労することなどの条件がある。1 年間滞在延長して在留 4 年目の看護師国家試験に不合格の時は，帰国するしかない。しかし，帰国後も日本の看護師国家試験を再受験する「短期滞在」の方法もある。EPA 看護師候補者にとって合格と不合格の結果の違いは，その後の進む道が正反対になる。看護師国家試験の合格は，EPA 看護候補者にとって悲願である。筆者が今も忘れることのできない EPA 看護候補者 2 名の事例がある。これは，合格と不合格とによる対象的な事例である。以下に記す。

　筆者が 2 名の EPA 看護候補者イブさんとマスくんに会ったのは，2016年 5 月のことである。2 名は，3 年前の2014年にインドネシアから来日し，就労先は都内の約250床の地域医療支援病院であった。

　その病院には，合格後の EPA 看護師も働いていた。多いときには 7 名の EPA 看護候補者がいたが，この時は合格後の 2 名が継続して働いていた。病院の看護部では 1 番長い人は 5 年も在職しているという EPA 看護師の受入れ経験から，働く環境作りのノウハウを持っていた。臨床現場では日本人看護師と EPA 看護師の 2 名がペアとなり，プリセプターシップ[1]を実施していた。イブさんとマスくんの 2 名は就労・研修中で，2017年 2 月の看護師国家試験が在留 3 年目の最後のチャンスだった。最後のチャンスであるこの試験に合格できないと母国に帰らなければならない状況であった。

　来日して 2 年が経過していたので日本語能力は日常会話に不便を感じない程

度であったが，看護師国家試験を1回失敗しており，十分といえる状態ではなかった。これまで日本語教師と看護師国家試験の勉強をし，イブさんは専門学校で看護師国家試験対策講座へ週に1回定期的に通っていたが，マスくんは自分の勉強法と合わないという理由で通っていなかった。イブさんとマスくんは午前中に仕事をして，午後の半日を毎日勉強時間に使うことができた。病院内での学習場所の確保が難しく，自己学習の場所は食堂が多かった。

　受験失敗の経験をした2名の目標は，日本の看護師国家試験に合格して今の病院に継続し就労することで，病院の看護部教育担当者は藁にもすがる思いがあった。

①イブさんとマスくんの問題

　がっしりした体型のマスくんに対して，細くて痩せ気味で長身のイブさんは，対照的な外見であり，それは性格にも反映されていた。その対照的な性格が看護師国家試験の合格と不合格の岐路に影響を与えたともいえる。

　イブさんはとても几帳面な性格で，細やかな周囲への配慮が伺えた。明るいが積極的に行動をするというより，少し消極的な面を持っていた。都内の移動には1人で行けないので，マスくんを頼りにしていた。几帳面な性格は，学習面にも反映されており，解らないことは納得ができるまで調べ，それでも解らないことは質問をし，理解ができるように努力していた。その繰り返しが知識量を増やし，暗記法から脱却することができたと言えた。ただ，細やかな心遣いはときにマイナスにもなり，ストレスを抱えやすくなっていた時もあった。模擬試験の結果が合格ラインに届かないときには，それを気にして体重が減り，痩せてしまったことがあった。細い体が一層細くなり体力的な心配をしたこともあり，そのときにはメンタル部分のケアもした。

　マスくんの性格は，外見のがっしりした体格には似合わず，とても優しくて，ハーモニカが得意な青年だった。マスくんはクリスチャンなので，教会のミサでハーモニカの演奏を披露することがあった。母国の実家は山が近く，山登りと自然が大好きで，真面目で，優しい性格は，職場の評価もよくスタッフから好かれていた。負けず嫌いの頑張り屋の一面もあったが，優しい分ストレスを

抱えやすいところもあった。マスくんは，模擬試験の結果が伸びないこともあり，看護師国家試験に再度不合格になったらという不安感がつねにあり，ストレス太り，吹き出物などの皮膚トラブルが多かった。インドネシア人は，本音を口にしない国民性があるので，筆者はマスくんの対応でどうしたらいいのか分からず困ることがあった。

　出会った当初の2016年5月時点で，2017年2月の106回看護師国家試験合格まで残されている時間は約8.5か月であり，その間に合格ができるレベルの看護の知識と専門用語の底上げをする必要があった。彼らの日本語能力と医療や看護の知識の実力が分からないので，初回の指導時に，一人ひとりから聞き取りで情報収集をした。その後，2017年7月に2名は JLPT の N3を取得した。

　経年の JICWELS が実施する民間の定期模擬試験結果の伸びが悪いので，イブさんとマスくんは困っていた。民間の定期模擬試験は1年に3回あり，2年間続けて受けていた。しかし，模擬試験毎にできる時とできない時があり，点数の変動が大きく，安定した成績を出すことができない状態だった。日本語指導開始時の直近にあった民間の看護師国家試験対策の模擬試験の結果は，2名とも合格ラインに届かなかった状況があり，2名の実力と勉強方法の違いも考慮して個別指導をすることにした。

②合格ラインまであと一歩のイブさん

　1年間にある定期模擬試験の回数は，JICWELS が学力評価に使っている民間の模擬試験の3回と専門学校の模擬試験の2回で合計5回である。看護師国家試験の問題は，5つの選択肢から1つの正解と適切な2つの選択肢を選ぶ問題があり，模擬試験も同じ形式を採用している。

　模擬試験の結果が良くないときのイブさんに，後一歩だったと言うその原因を聞くと，解答に適切な選択肢2つを選ぶ問題のうち，1つめは判るが2つめが判らないと話した。その理由は日本語能力の問題ではなく，専門知識の不足にあった。その知識不足はなぜ起きているのかを考えた。漢字の多い専門用語が読めないのか，それともその部分を習っていないのか，それとも忘れているのかなど，いくつかの原因が考えられた。しかし毎週1回定期的に専門学校の

看護師国家試験対策講座に通っていたので，知識不足ではなく暗記した知識が，正確性に欠けた不安定な記憶になっており，それが決定的な原因だと分かった。

　そこで，イブさんの問題点を次の2つに絞った。1つめは専門知識の理解不足に気づかず，暗記力で対応するために起きる知識の不安定化，2つめは日本の看護の考え方を知らないことであった。

　この2つの問題の対応策に市販の受験対策本を使って正しい専門知識を理解してもらうことにした。受験対策本のまとめは，国家試験に必要な知識を集約してあるので，知識の質と量を全体的に把握し易くなり，大切な知識が一目瞭然に分かる。また，まとめには漢字の専門用語，医学的な説明の語彙が沢山並んでいるので読解力が上がり，知識量の増加にもつながった。

　イブさんの持つ母国と違う日本の看護の考え方と判断基準への不理解は，看護論と日本文化を知らないことが原因と分かったが，イブさんが理解できる言葉での説明には限界があるので，看護師国家試験の過去問題，対策本にある状況設定問題を使って理解を促した。日本の看護について理解することは，EPA看護師となって臨床の現場で働くときにも必要になる，また看護倫理につながるものでもあるため試みた。

　イブさんは専門学校の授業は日本人が多いので，外国人の受講生に合わせた進め方ではないため，分からないといって質問を受けることもあった。この筆者と一緒に勉強していたことが専門学校の授業に出たときは，専門学校の先生の説明がよく解るようになったと喜んでもいた。また対策本のまとめを必読し，解らないことは必ず質問してきた。読む資料がなくなったときは，新しい資料を渡し医療や看護の基礎知識の不足を補ったので，専門用語で読むことができない漢字は少なくなっていった。

　イブさんの医療や看護についての理解度と知識の定着を確認することを目的に，質疑応答の形式で授業を行った。専門性を根拠にした知識が伴わないと言葉で表現して答えられないので，知識が以前より定着しているか知ることができた。

　その結果，イブさんは2017年106回看護師国家試験に合格ができ，EPA看護

師として同じ病院に勤務することが可能となった。合格して約6か月過ぎた頃に久しぶりにイブさんに会うことがあり，最近の現場での様子を聞くと受験とは違う臨床現場の問題が出てきたという。それは看護記録で，看護記録が上手く書けないことであった。それが，目下イブさんが直面するもっとも大きな問題とのことだった。

③合格が視野外のマスくん

　マスくんは以前の日本語教師との相性が悪く，マスくんから学習を辞退していたこと，さらに専門学校の授業の内容が理解できずクラスに付いていけないという理由で通わなくなっていたことが分かった。1人学習が数か月続き，その間の学習方法は JICWELS の定期研修会の資料を読み返し，民間の国家試験対策模擬試験の過去問題を解くだけだった。そして知識を身につける方法がイブさん以上に暗記に頼る方法だった。本人に聞くと，昔から資料を読んで理解するより，暗記力を使った勉強方法だったという。マスくんは，イブさんのように看護師国家試験対策講座には通わなかったので，JICWELS の定期研修の受講と，日本語教師の日本語指導のみの学習だった。そのため専門的な知識の不足があり，医学や看護の基礎知識の補充と基礎固めが必要だった。

　だが，マスくんの受験勉強は過去問題をひたすら解くことで，参考書を読むことはなく，解答を間違えた時はその問題の正解を暗記するだけだった。マスくんの近くに質問する人がいなかったこともより知識不足を加速させ，参考書で調べることもなく，答えの部分だけをひたすら暗記して，理解したと勘違いをしている状況だった。

　答えを間違う問題には，マスくんが読めない専門用語の漢字があり，その意味を自己解釈していた。マスくんがそれまでに知っている漢字のなかから似ている形の漢字を思い出し，その漢字の意味を応用した解釈で解答の選択肢を絞り込んでいたために，意味が全然違う解答を選んでいた。正解からは，ほど遠くなり模擬試験の成績が伸びないのは当然の結果ともいえた。

　マスくんの問題点を整理すると4つあった。1つめに医学と看護の基礎知識の絶対的な不足，2つめに暗記による記憶が不安定であること，3つめに日本

の看護を理解していないこと，4つめに専門用語の漢字が多い参考書を読まないことである。

　N3を取得していたので，職場での会話に困ることはなかったが，上記の4つの理由から看護師国家試験問題文の読解を上手くできないことがあった。特に長文の状況設定問題は，質問されていることが明確に把握できないことがあった。日本語は最後までいかないと意味が理解できない言語なので，読解をしようと文を読んでいく途中で，過ぎてしまった文を忘れてしまい，問われている質問の意味を逆にとってしまうことが時々あった。これは，参考書などの資料を読むことがないので読解力が身についていなかったためと考えられた。

　マスくんの問題点1つめから3つめの対応策として，イブさんと同じ国家試験対策本を主体にし，ウェブにある医療と看護の関連記事や動画も使って視覚情報からも理解を深めるようにした。問題点の4つめについては，参考書を読むことを勧めた。しかし読み始めるが，数週間もすると止めてしまい，再度過去問題に集中していた。参考書を読むことを続けることを促すが好転することがなかった。漢字が苦手と思われたので，質疑応答でやり取りしながらマスくんが頭で考える機会を増やし，ウェブ検索を促し，自発的に解らないことを調べる環境作りをした。繰り返してすると質疑応答の言葉は増えて明確にもなり知識量が増えていた。

④印象に残る暗記法の知識集積を好むマスくん

　筆者の心に一番残っているマスくんの日本語学習支援は以下である。マスくんは，2017年度第106回の看護師国家試験の結果も不合格になった。マスくんが頑張って積み上げてきた3年間の受験対策が無駄にならないようにと，病院の協力もありEPAの枠組み3年を1年間延長することができた。

　今回の不合格の原因を分析した結果，専門知識の不足が大きく影響していることを伝え，過去問題を重視するより参考書を精読することを再度薦めた。しかしこれも長くは続かなかった。3年間滞在したうちのラストチャンスを逃しているので，専門知識の不足の解決策の考え方が変わることを願ったが，それは難しかった。過去問題を解くことに重点を置き，過去問題がなくなると，新

しい問題が欲しいと希望し，暗記が簡単で楽にできる仕方の質問が多くなった。暗記を知識集積の方法にしているマス君の勉強スタイルには，限界があった。難しい内容やカタカナ言葉が多くなると，暗記も難しくなるので，必要な知識を書いて覚えるノートの作成を取り入れた。書くと頭に入りやすくなり，覚える内容の大切なポイントを3つに絞り，それを3つのキーワードで置換えて覚えやすくもした。(図17.1参照) 問題を解いて暗記するマスくんにとって，書くことに慣れていないため，書くことに時間が取られ，看護師国家試験までに残されている制限時間と比較すると焦りがうまれてしまったようである。介護助手業務をしていたので，臨床の現場で看護師の会話に接する機会がないこともマスくんの知識不足に影響を与えた。

　2018年度第107回の看護師国家試験に向けて，質疑応答のやり取りを繰返し，答えを選んだ理由の根拠を必ず質問し，理解の程度を確認した。筆者の質問に返答するには，専門知識を理解しないと根拠が言えない。専門用語も覚えていないと言葉で説明ができないことから，知識が定着しているのかいないのかが分かった。

　最後の1年間で専門知識は2017年度第106回の看護師国家試験のときより増えていた。しかし，暗記中心の学習方法は必須問題の合格点を取ることができても，一般と状況の問題は応用力がないマスくんの知識では，合格点を確保することができなかった。その結果，2018年度107回の看護師国家試験にも不合格となり，インドネシアに帰ることになった。筆者のアドバイスを守ってくれれば合格することも可能だったことが残念でならない。

⑤マス君を通しての学びから活かすベトナム人 EPA 介護候補者支援

　まず，マス君は参考書など漢字の専門用語が沢山ある本を避けていた。専門用語は特殊な読みと篇数が多い漢字が多いので，読むことの抵抗感は強いと思われる。ここから，日本語学習の早い段階から，看護・医学の専門用語に接し読むことができるようにすることが重要だと考えられた。この学びを活かしてベトナム人 EPA 介護候補者に来日約7か月後から市販の介護福祉士国家試験対策本を読むことを取り入れた。

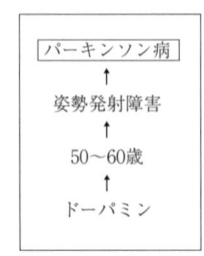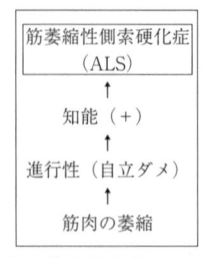

図17. 1　3つのキーワードで覚えるためのノート

　また，専門知識を暗記力で蓄積できるには限界がある。暗記力がよければ過去の問題の答えを覚えて合格点を取ることはできるが，根拠を理解していない専門知識は応用が効かないので，その結果，臨床の現場で分からなくて困ることにもなると考えられた。この学びを活かし，ベトナムの EPA 介護候補生と授業に質疑応答を介すことで根拠を説明してもらっている。

　さらに，日本語ができても日本の看護について理解をするのは難しい。日本の看護の考え方，看護目線の基準などを外国人に教えるのはもっと難しい。文化の違いなどで EPA 看護候補者が理解できないこともあるが，看護師国家試験問題は日本の看護について質問をしているので，日本の看護を理解しておく必要がある。臨床の現場に出たときには，この看護の考え方が重要だからである。一方，ベトナム人 EPA 介護福祉士候補生には，日本の介護を勉強する意識付けを促し，介護を必要とする日本の社会背景も教えている。

4　専門用語を共通語として活かす

　各専門分野で仕事をすることを考えると，専門的用語を早くから知ることが役立つと考える。専門分野に関連のある言葉にふれていると，現場で自然に身につく機会も増え，看護や介護の専門分野での会話がスムーズにできるようになる。会話がスムーズにいくと現場のコミュニケーションも上手くでき，現場で働いている日本人の専門職と心をつなぐことができるからである。

　日本語教育の機会には，日常生活の日本語と専門分野の日本語とを別々にして考える必要があると思われる。仕事で使う専門的な会話は日常会話とは違い，その言葉に含まれる専門的意味があるからである。それを教えるには，各分野の専門知識を持つ人が関わることが必要であると考える。その結果，EPA 候補者，技能実習生が将来働く場所で，自分の仕事を円滑にすることができるコミュニケーションの手段をも日本語という学びを通しながら身につけるからである。

注

1）新人看護職（プリセプティ）と先輩（プリセプター）が同じ勤務を行い，マンツーマンで指導にあたる制度。OJT（On the Job Training:現場教育）の 1 つ。『日本看護協会』キャリアデザインの道〈https://www.nurse.or.jp/nursing/shuroanzen/madoguchi/hatasapo/pdf/2019hatasapo_p63-76.pdf〉（2019年10月19日）。

参考文献

「EPA 看護師に関する調査事業報告書」社団法人国際厚生事業団〈https://www.jicwels.or.jp/files/E69CACE69687.pdf〉（2019年10月19日）.

一般社団法人外国人看護師・介護福祉士支援協議会（2018）『第 9 回 EPA 受入施設及び看護師・介護福祉士候補者調査』一般社団法人外国人看護師・介護福祉士支援協議会.

尾形直子（2011）「EPA 看護師候補との 3 年間『外国人看護師候補の国家学習支援』」『看護教育』vol. 52，960-964.

奥田尚甲（2011）「EPA 看護師候補との 3 年間『看護師国家試験の日本語分析：第99回，第100回『看護師国試の改正』」『看護教育』第52巻第12号，1036-1040.

経済産業省「日インドネシア EPA」〈http://www.meti.go.jp/policy/trade_policy/epa/epa/id/〉（2019年10月19日）.

厚生労働省「EPA 介護福祉士候補者の受入れについて」〈http://www.mhlw.go.jp/stf/shingi/2r985200000261i3-att/2r985200000261r3.pdf〉（2019年10月19日）.

厚生労働省「EPA による外国人介護福祉士候補者等受入れのさらなる活用策」〈https://www.mhlw.go.jp/file/05-Shingikai-12201000-Shakaiengokyokushougaihokenfukushibu-Kikakuka/shiryou1.pdf〉（2019年10月19日）.

厚生労働省「介護福祉士資格の取得方法について」〈http://www.mhlw.go.jp/file/05-

Shingikai-12201000-Shakaiengokyokushougaihokenfukushibu-Kikakuka/siryou1_6.pdf〉（2019年10月19日）.

厚生労働省「介護福祉士試験における介護技術講習制度の実施について」〈https://www.mhlw.go.jp/stf/seisakunitsuite/bunya/hukushi_kaigo/seikatsuhogo/shakai-kaigo-fukushi1/shakai-kaigo-fukushi7.html〉（2019年10月19日）.

厚生労働省「経済連携協定（EPA）に基づくインドネシア人，フィリピン人及びベトナム人看護師・介護福祉士候補者の滞在期間の延長について」〈http://www.mhlw.go.jp/content/11650000/000484238.pdf〉（2019年10月19日）.

厚生労働省「経済連携協定に基づく受入の枠組み」〈http://www.mhlw.go.jp/file/06-Seisakujouhou-11650000-Shokugyouanteikyokuhakenyukiroudoutaisakubu/epa_base_2909.pdf〉（2019年10月19日）.

厚生労働省「経済連携協定（EPA）に基づく外国人看護師・介護福祉士候補者の受入れ概要」〈http://www.mhlw.go.jp/file/06-Seisakujouhou-11650000-Shokugyouanteikyokuhakenyukiroudoutaisakubu/epa_base_2909.pdf〉（2019年10月19日）.

厚生労働省「経済連携協定（EPA）に基づく外国人看護師候補者の看護師国家試験の結果（過去10年間）」〈https://www.mhlw.go.jp/file/04-Houdouhappyou-10805000-Iseikyoku-Kangoka/0000157982.pdf〉（2019年10月19日）.

厚生労働省「公益社団法人国際厚生事業団（JICWELS）」〈https://jicwels.or.jp/?page_id=154〉（2019年10月19日）.

厚生労働省「ベトナム人の看護師・介護福祉士候補者 H29年受入スキーム」〈http://www.mhlw.go.jp/file/06-Seisakujouhou-11650000-Shokugyouanteikyokuhakenyukiroudoutaisakubu/vietnam_scheme_h29.pdf〉（2019年10月19日）.

坂井達雄・橋本尚詞（2016）「ぜんぶわかる人体解剖図―系統別・部位別にわかりやすくビジュアル解説―」成美堂出版.

布尾勝一郎（2017）「外国人労働者受け入れと日本語教育」田尻英三（編）『外国人看護・介護人材の日本語教育』ひつじ書房，139-143.

公益財団法人日本介護福祉会「倫理綱領」〈http://www.jaccw.or.jp/about/rinri.php〉（2019年10月19日）.

付　　録

介護と看護の日本語教育実践のためのケーススタディワークシート

1．活用方法

　読者個人：読者自身の課題を整理するために，または，課題解決へのヒント
　　　　　　を得るために。

　教室活動：介護・看護のための日本語教師養成講座などでの実習授業を活性
　　　　　　化させるために，または，参加者の課題を客体化しアウトプット
　　　　　　させることによって課題解決へのヒントを促すために。

2．ケーススタディワークシートの構成と教室活動の流れ（60分間）

1　実践情報の整理	（10分）

　実践現場の情報を整理します。情報を整理することによってリアルな現場がイメージしやすくなります。

2　実践の客体化	（15分）

　課題をストーリー化させます。その際，だれが（／だれと），いつ，どこで，なにを，どうした／どうしたい／どう困っているの順で，簡潔に書きます。

3　実践の疑似体験化	（15分）

① 課題を紐解き，そこから課題解決のためのヒントを探り出すために，1）〜8）までの設問に応えます。

② 9）では，1）〜8）で得たひらめきやリソースを実働に移すために中長期的なプランを立て，課題解決の道順を見える化します。

4　学びの確認・共有	（20分）

　ケーススタディワークシートによる活動から得た学びを全体で確認，共有しより意識化させます。授業の振り返りの時間とすることもできます。時間に余裕がない場合は，宿題としてもいいでしょう。

※個人で使用する場合の時間配分は適宜で進めてください。

1．実践情報の整理

・実践者の名前：＿＿＿＿＿＿＿＿＿＿＿＿＿＿＿＿＿＿＿＿＿＿

　実践の現場：＿＿＿＿＿＿＿＿＿＿＿＿＿＿＿＿＿＿＿＿＿＿

　実践者の立ち位置：＿＿＿＿＿＿＿＿＿＿＿＿＿＿＿＿＿＿＿

　実践者に課された課題または目指される目標：

　＿＿＿＿＿＿＿＿＿＿＿＿＿＿＿＿＿＿＿＿＿＿＿＿＿＿＿＿＿

　＿＿＿＿＿＿＿＿＿＿＿＿＿＿＿＿＿＿＿＿＿＿＿＿＿＿＿＿＿

・実践の対象学習者の背景

ニックネーム （年齢・性別）	国　籍	在留資格	来日年度

※人数が多い場合は別紙にまとめる

２．実践の客体化

あなたの実践の課題を（　　）さんの事例としてまとめてください。だれが（／だれと），いつ，どこで，なにを，どうした／どうしたい／どう困っているの順で，簡潔に書いてください。

事例のタイトル：

３．実践の疑似体験化

１）．（　　）さんの課題は何ですか？

２）．（　　）さんがまず，考えなければならないことはなんですか？しなければ
　　ならないことはなんですか？

３）．課題に対し，（　　）さんが自分だけでできることはなんですか？できない
　　ことはなんですか？

４）．課題に対し，（　　）さんのできることは，どうやったらうまく進めること
　　ができると思いますか？

5）．課題に対し，（　）さんのできないことは，どうやったらうまく進めることができると思いますか？

6）．上記の4）・5）で課題に対しできることとできないことで重なる部分はありましたか？重ならない部分はありましたか？それはなんですか？

7）．（　）さんの課題を解決するために，上記の4），5），6）から使えそうなリソースはありますか？ある場合，それは何ですか？

8）．7）を実行に移したい場合，（　）さんの実践現場の現実と照らし合わせて，具体的にすぐにできること，少し経ったらできること，かなり先にできることはなんですか？

9）．上記8）に対する中長期的なおおまかなプランを書いてください。

	中期的プラン	長期的プラン
直近		
中期		
長期		

4．学びの確認・共有

（　）さんのケースから「どんなことを問うべき」だと思いますか？「何を考えるべき」だと思いますか？自由に話してみましょう。書いてみましょう。

お わ り に

　2019年5月10日，特定技能における外国人の受入れに関する運用要領のうち，介護分野の基準が一部改正されました。EPA 介護候補者（以下，EPA 候補者）として来日し，4年間の就労や研修に従事した EPA 候補者については，必要な技能水準，および日本語能力水準を満たしているものとして，在留資格「特定技能1号」への移行に当たり，技能試験，および日本語試験が免除されることとなったのです。ただし，直近の介護福祉士国家試験の結果通知上で合格基準点の5割以上の得点があること，すべての試験科目で得点があることが条件となっています。EPA 候補者は，4年間の在留後に「特定技能1号」への移行を選ぶ場合，さらに最長で5年，介護施設などで就労することが可能となったのです。ここまでで9年間，日本での就労が可能ということになります。また，最長5年の在留期間中に介護福祉士国家試験に合格の場合は，在留資格「介護」への移行も可能となりました。EPA 候補者が「特定技能1号」で国家試験に合格の場合は，EPA 候補者として実務経験3年を満たした後に国家試験で合格した場合と同じく，在留期間更新の回数制限はなく，介護施設で就労することができることになりました。つまり，EPA 候補者として来日し，4年間の就労や研修に従事し，条件を満たした場合は，最長で9年間，介護の職種で就労が叶うということとなり，さらに国家試験に合格した暁には，長期的な在留が可能ということとなったのです。EPA 候補者の活躍の場を後押しする動きと捉えることができそうです。EPA 候補者の場合，教育補助金が各受け入れ施設に支給され，日本語教育支援は受入れの要件となっているところから2019年5月の外国人の受入れに関する運用要領の一部改正を受け，今後，ますます，EPA 候補者のための介護の日本語教育への需要は広がるものと思われます。

また，序章で示したように，外国人介護人材の受け入れ枠は，EPA候補者のみならず，在留資格「介護」，技能実習「介護」，「特定技能1号」と拡充を見せており，今後ますます外国人介護人材全体に向けての日本語教育への関心は高まりを見せることでしょう。このいわゆる介護の日本語教育への高まりは，ベトナムやインドネシアといったアジア諸国の送り出し機関にすでに波及しています。実際に視察させていただいた技能実習「介護」の送り出し機関では，10か月ほど（2019年3月視察時点）の教育期間内で，ゼロ初級から身体介護の日本語教育までを，それぞれの創意工夫をもって展開されていました。なかには，能動的な学習者形成を目指した果敢な漢字の授業への取り組みなどもあり，海外における介護の日本語教育のすそ野の広がりを感じずにはいられませんでした。こういった動きは，介護現場の本格的なダイバーシティ化，国際化の幕開けの一端と捉えられるのではないでしょうか。外国人介護従事者が介護施設にいて「あたりまえ」の時代が到来したのです。

　今後，先駆的な取り組みや数々の実践事例の積み上げから，介護・看護の日本語教育における理論が立ち上がっていくことを思い描いています。経験知による対応の履行や閉ざされた議論だけでは，介護・看護現場の国際化とその持続可能性を考えた場合，共通認識の構築は極めて難しく，新旧の変化に際し対応しきれなくなると考えるからです。実践を伝え合い議論し，議論から整理し，そしてそこから得られた知見を書き記し伝えていく。こういった作業の積み重ねから個々の現象を法則的・統一的に説明できる筋道，組み立てられた知識の体系といった，いわゆる「理論」が立ち上がっていきます。この立ち上がった理論は，外国人介護・看護人材のための日本語教育に携わろう，または携わる者への「よりどころ」ともなると考えます。

　本書をお読みいただいた読者の皆さんのなかで，外国人介護・看護人材の日本語教育に携わってみたいとお思いの方は，ぜひ，お仲間になってください。そして，実践を議論し，整理して書き記し，伝えてください。一人ひとりの日本語教育者の実践といういとなみが，持続可能性を考慮した外国人介護・看護人材のための日本語教育という理論構築の後押しとなるからです。

　最後に，本書を紡ぐきっかけと原動力を与えてくれた，インドネシア教育大学看護学科と日本語学科の学生と教員のみなさん，出会ったすべての EPA 候補者，EPA 介護士とその教育関係者のみなさん，およびすべての外国人介護・看護従事者とその教育関係者のみなさんに心から感謝申し上げます。みなさんとともに過ごした貴重な時間がなければ，到底，本書を書きあげることはできませんでした。

　福祉医療現場で就労するすべての外国人介護・看護従事者，および教育関係者の皆さんが，そして介護・看護を受ける方々が日本語教育支援という光とやさしさで包まれることを，また，本書がその一助となることを願ってやみません。

2019年11月　国立国語研究所の窓から

神村初美

索　引

執筆者紹介と実践プロフィール（＊は編著者，執筆順）

＊**神村初美**（かみむら・はつみ）**はじめに，序章，第1章，第5章～第7章，おわりに**
編著者紹介欄参照。
◇実践プロフィール
- ・実践の現場：東京都と首都大学東京による公学連携事業「アジアと日本の将来を担う看護・介護人材の育成事業」介護の日本語部門主担当教員，首都大学東京健康福祉学部特任准教授。
- ・実践に携わった期間：2012年4月～2017年3月。
- ・実践の対象：EPA候補者，EPA介護士，各受け入れ施設の教育担当者。

西郡仁朗（にしごおり・じろう）**第1章**
現在，首都大学東京人文社会学部長（2019年～），首都大学東京人文科学研究科長（2019年～）。
◇実践プロフィール
- ・実践の現場：東京都と首都大学東京による公学連携事業「アジアと日本の将来を担う看護・介護人材の育成」介護の日本語教育部門統括，「首都大学東京オープンユニバーシティ介護の専門日本語講座」コーディネーター，首都大学東京人文科学研究科教授。
- ・実践に携わった期間：2012年4月～2017年3月（「アジアと日本の将来を担う看護・介護人材の育成」），2018年4月～（「首都大学東京オープンユニバーシティ 介護の専門日本語講座」）。
- ・実践の対象：EPA介護候補者。

登里民子（のぼりざと・たみこ）**第2章，コラム1**
現在，独立行政法人国際交流基金アジアセンター日本語教育専門員。
◇実践プロフィール
- ・実践の現場：EPA候補者への訪日前研修と訪日後研修主担当教員，国際交流基金日本語教育専門員。
- ・実践に携わった期間：2008年3月～2014年4月。
- ・実践の対象：EPA候補者。

杉山充（すぎやま・みつる）**第3章**
現在，一般財団法人海外産業人材育成協会（AOTS）日本語教育センター担当長。
◇実践プロフィール
- ・実践の現場：2016年度EPA候補者に対する日本語研修事業，企画・運営・統括者。
- ・実践に携わった期間：2016年4月～2016年12月。
- ・実践の対象EPA候補者。

吉田維子（よしだ・ゆいこ）**第3章**
現在，一般財団法人海外産業人材育成協会（AOTS）東京研修センター研修実施グループ。
◇実践プロフィール
- ・実践の現場：2016年度EPA候補者に対する日本語研修事業，企画・運営・統括者。

・実践に携わった期間：2016年4月〜2016年12月。
・実践の対象：EPA 候補者。

二文字屋修（にもんじや・おさむ）**第4章**
現在，NPO 法人 AHP ネットワークス執行役員。
◇実践プロフィール
・実践の現場：AHP ネットワークスによるベトナム人看護師養成支援事業事務局長。
・実践に携わった期間：1993年4月〜2010年3月。
・実践の対象：ベトナム・ハノイの若者たちの日本への看護留学と病院就労。

三橋麻子（みつはし・あさこ）**第5章，第10章，第11章**
現在，明海大学別科日本語研修課程非常勤講師，資格の大原「介護の日本語」教師養成講座講師。
◇実践プロフィール（第5章）
・実践の現場：東京都と首都大学東京による公学連携事業「アジアの日本の将来を担う看護・
　介護人材の育成事業」介護の日本語部門副担当教員。
・実践に携わった機関：2012年4月〜2015年7月。
・実践の対象：EPA 介護候補者と各受け入れ施設の教育担当者
◇実践プロフィール（第10章）
・実践の現場：大原簿記学校ビジネス日本語（介護福祉士進学コース）非常勤講師。
・実践に携わった機関：2014年4月1日〜2019年3月。
・実践の対象：専門学校で学ぶ留学生。
◇実践プロフィール（第11章）
・実践の現場：社会福祉法人さつき会介護老人保健施設カトレアンホーム（同上）特別養護老
　人ホーム袖ケ浦菜の花苑。
・実践に携わった機関：2008年4月〜現在（執筆時点）まで。
・実践の対象：EPA 介護候補者。

小平めぐみ（こだいら・めぐみ）**第6章**
現在，国際医療福祉大学大学院医療福祉学研究科准教授。
◇実践プロフィール
・実践の現場：東京都と首都大学東京による公学連携事業「アジアと日本の将来を担う看護・
　介護人材の育成事業」の介護の専門教員，国際医療福祉大学大学院医療福祉学研究科助教・
　講師。
・実践に携わった期間：2012年10月〜2015年3月。
・実践の対象：EPA 介護候補者。

中野玲子（なかの・れいこ）**第8章**
現在，すみだ日本語教育支援の会非常勤日本語講師。
◇実践プロフィール
・実践の現場：東京都墨田区委託事業すみだ日本語教育支援の会主催「外国人介護ヘルパーの
　ための日本語支援教室」主担当日本語講師。
・実践に携わった期間：2008年7月〜現在（執筆時点）まで。
・実践の対象：日本人配偶者として定住・永住する外国人介護職。

宮崎里司（みやざき・さとし）**第8章**

現在，早稲田大学国際学術院大学院日本語教育研究科教授。

◇実践プロフィール

- ・実践の現場：東京都墨田区委託事業すみだ日本語教育支援の会主催「外国人介護ヘルパーのための日本語支援教室」コーディネーター，日越大学日本語教育プログラム総括。
- ・実践に携わった期間：2008年7月～現在（執筆時点）まで。
- ・実践の対象：外国人就労者，外国人受刑者。

早川直子（はやかわ・なおこ）**第9章**

現在，独立行政法人国際交流基金バンコク日本文化センター日本語上級専門家。

◇実践プロフィール

- ・実践の現場：EPA 候補者への第8期訪日前研修（於マニラ首都圏）教務副主任，国際交流基金マニラ日本文化センター日本語上級専門家。
- ・実践に携わった期間：2015年11月～2016年5月。
- ・実践の対象：第8期フィリピン人 EPA 候補者。

石川晶子（いしかわ・あきこ）**第9章**

現在，アメリカ・カナダ大学連合日本研究センター非常勤講師。

◇実践プロフィール

- ・実践の現場：EPA 候補者への第8期訪日前研修（於マニラ首都圏）教務副主任，国際交流基金マニラ日本文化センター日本語専門家。
- ・実践に携わった期間：2015年11月～2016年5月。
- ・実践の対象：第8期フィリピン人 EPA 候補者。

國頭あさひ（くにとう・あさひ）**第9章**

現在，ヤンゴン外国語大学日本語専門家（独立行政法人国際交流基金より派遣）。

◇実践プロフィール

- ・実践の現場：EPA 候補者への第8期訪日前研修（於マニラ首都圏）教務副主任，国際交流基金マニラ日本文化センター日本語専門家。
- ・実践に携わった期間：2015年11月～2016年5月。
- ・実践の対象：第8期フィリピン人 EPA 候補者。

丸山真貴子（まるやま・まきこ）**第10章，第11章**

現在，明海大学別科日本語研修課程非常勤講師，資格の大原「介護の日本語」教師養成講座講師。

◇実践プロフィール（第10章）

- ・実践の現場：大原簿記学校ビジネス日本語（介護福祉士進学コース）非常勤講師。
- ・実践に携わった期間：2014年4月1日～2019年3月。
- ・実践の対象：専門学校で学ぶ留学生。

◇実践プロフィール（第11章）

- ・実践の現場：社会福祉法人さつき会介護老人保健施設カトレアンホーム。
- ・実践に携わった期間：2009年1月～現在（執筆時点）まで。
- ・実践の対象：EPA 介護候補者。

斉木美紀（さいき・みき）**第12章**

現在，一般財団法人海外産業人材育成協会（AOTS）登録日本語講師。

◇実践プロフィール

・実践の現場：AOTS 日本語講師派遣の日本語授業，AOTS 登録日本語講師。
・実践に携わった期間：2016年 1 月～2018年 1 月。
・実践の対象：EPA 介護候補者。

植村康生（うえむら・やすお）**第13章**

現在，国際厚生事業団国際・研修事業部主任。

◇実践プロフィール

・実践の現場：特別養護老人ホーム ケアポート板橋 EPA 介護候補者の日本語・国家試験対策施設内研修教育担当者，ケアポート板橋人事企画室職員。
・実践に携わった期間：2010年 2 月～2016年 8 月。
・実践の対象：EPA 介護候補者。

村川浩一（むらかわ・ひろかず）**コラム 2**

現在，東京福祉大学社会福祉学部教授。元・厚生省老人保健福祉局老人福祉専門官。

池田敦史（いけだ・あつし）**第14章**

現在，医療法人社団葵会国際業務部専任講師。

◇実践プロフィール

・実践の現場：法人内での EPA 看護候補者向け国家試験指導授業，担当講師，医療法人社団葵会　国際業務部専任講師。
・実践に携わった期間：2008年11月～現在（執筆時点）まで。
・実践の対象：EPA 看護師および介護福祉士候補者。

奥田尚甲（おくだ・なおき）**第15章**

現在，社会医療法人社団さつき会袖ヶ浦さつき台病院職員。

◇実践プロフィール

・実践の現場：病院内での外国籍看護要員向け日本語授業，袖ヶ浦さつき台病院日本語講師。
・実践に携わった期間：2014年 4 月 1 日～現在（執筆時点）まで。
・実践の対象：定住外国人。

小原寿美（こはら・ひさみ）**第16章**

現在，広島文教大学グローバルコミュニケーション学科講師。

◇実践プロフィール

・実践の現場：自主企画による看護師国家試験対策支援講座，講座の運営責任者。
・実践に携わった期間：2010年10月～2013年 2 月。
・実践の対象：EPA 看護候補者。

島田富子（しまだ・とみこ）**第17章**

現在，Bima conc 外国人看護師・介護福祉士支援協議会日本語教師。

◇実践プロフィール

・実践の現場：地域支援病院（都内），特別養護老人ホーム 2 ヶ所（都内），外国人看護師・介護福祉士支援協議会（BimaCONC）日本語教師。

・実践に携わった期間：2016年5月〜2018年2月（EPA 看護候補者），2017年8月〜現在（執筆時点）まで（EPA 介護候補者）。
・実践の対象：EPA 介護候補者，EPA 看護候補者。

《編著者紹介》

神村初美（かみむら・はつみ）

2012年，首都大学東京大学院人文科学研究科人間科学専攻日本語教育学教室博士後期課程単位取得満期退学。日本語教育学博士（首都大学東京）。現在，ハノイ工業大学外国語学部日本語学科学科長，南富士株式会社ベトナム人材育成特別顧問，国立国語研究所日本語教育研究領域非常勤研究員，首都大学東京人文科学研究科非常勤講師，上智大学言語教育研究センター非常勤講師，「看護と介護の日本語教育研究会」副代表幹事。『外国人介護・看護人材とサスティナビリティ——持続可能な移民社会と言語政策』（共編著，くろしお出版，2018年），『介護のことばづかい——利用者の思いにこたえる』（共著，大修館書店，2019年）ほか。

介護と看護のための日本語教育実践
——現場の窓から——

2019年12月30日　初版第1刷発行　　　〈検印省略〉

定価はカバーに
表示しています

編著者	神　村　初　美
発行者	杉　田　啓　三
印刷者	藤　森　英　夫

発行所　株式会社　ミネルヴァ書房

607-8494 京都市山科区日ノ岡堤谷町1
電話代表　（075）581-5191
振替口座　01020-0-8076

©神村ほか，2019　　　　　亜細亜印刷

ISBN978-4-623-08104-2

Printed in Japan

5か国語でわかる介護用語集　　遠藤織枝
　　　　　　　　　　　　　　　　是枝祥子　編著
　　　　　　　　　　　　　　　　三枝令子
　　　　　　　　　　　　　　　　四六判三八〇頁
　　　　　　　　　　　　　　　　本体二〇〇〇円

ミネルヴァ社会福祉六法2019　　野崎和義　監修
　　　　　　　　　　　　　　　　ミネルヴァ書房編集部　編
　　　　　　　　　　　　　　　　四六判一四八〇頁
　　　　　　　　　　　　　　　　本体二五〇〇円

ケアマネジメント論　　　　　　　白澤政和　編著
　　　　　　　　　　　　　　　　B5判二六四頁
　　　　　　　　　　　　　　　　本体二八〇〇円

よくわかる社会福祉の「経営」　　小松理佐子　編著
　　　　　　　　　　　　　　　　B5判二四〇頁
　　　　　　　　　　　　　　　　本体二四〇〇円

はじめて学ぶ日本語学　　　　　　益岡隆志　編著
　　　　　　　　　　　　　　　　A5判二八八頁
　　　　　　　　　　　　　　　　本体二八〇〇円

──── ミネルヴァ書房 ────
http://www.minervashobo.co.jp/